浙江省文化研究工程指导委员会

主　　任　易炼红
副 主 任　刘　捷　彭佳学　赵　承　胡　伟
　　　　　任少波
成　　员　朱卫江　梁　群　来颖杰　陈柳裕
　　　　　杜旭亮　毛宏芳　尹学群　吴伟斌
　　　　　陈广胜　张　燕　王四清　郭华巍
　　　　　盛世豪　鲍洪俊　高世名　蔡袁强
　　　　　郑孟状　陈　浩　陈　伟　温　暖
　　　　　朱重烈　高　屹　何中伟　李跃旗
　　　　　胡海峰

浙江文化研究工程成果文库

宋代研究文萃丛书
包伟民　总主编

知宋
宋代之儒学

何俊　主编

浙江人民出版社

图书在版编目（CIP）数据

知宋·宋代之儒学 / 何俊主编．— 杭州：浙江人民出版社，2023.11（2024.3重印）
ISBN 978-7-213-11222-5

Ⅰ．①知… Ⅱ．①何… Ⅲ．①儒学-研究-中国-宋代 Ⅳ．①B222.05

中国国家版本馆CIP数据核字（2023）第194011号

知宋·宋代之儒学

何俊　主编

出版发行：浙江人民出版社（杭州市体育场路347号　邮编　310006）
　　　　　市场部电话：(0571)85061682　85176516
丛书策划：王利波　李　信　　营销编辑：陈雯怡　陈芊如　张紫懿
责任编辑：诸舒鹏　金将将　　责任校对：马　玉
责任印务：程　琳　　　　　　封面设计：毛勇梅　袁家慧
宋代研究文萃印章设计：高　阳
电脑制版：杭州天一图文制作有限公司
印　　刷：杭州钱江彩色印务有限公司
开　　本：710毫米×1000毫米　1/16　　印　张：20
字　　数：263.8千字　　　　　　　　　　插　页：6
版　　次：2023年11月第1版　　　　　　 印　次：2024年3月第2次印刷
书　　号：ISBN 978-7-213-11222-5
定　　价：79.00元

如发现印装质量问题，影响阅读，请与市场部联系调换。

"浙江文化研究工程成果文库"总序

  有人将文化比作一条来自老祖宗而又流向未来的河,这是说文化的传统,通过纵向传承和横向传递,生生不息地影响和引领着人们的生存与发展;有人说文化是人类的思想、智慧、信仰、情感和生活的载体、方式和方法,这是将文化作为人们代代相传的生活方式的整体。我们说,文化为群体生活提供规范、方式与环境,文化通过传承为社会进步发挥基础作用,文化会促进或制约经济乃至整个社会的发展。文化的力量,已经深深熔铸在民族的生命力、创造力和凝聚力之中。

  在人类文化演化的进程中,各种文化都在其内部生成众多的元素、层次与类型,由此决定了文化的多样性与复杂性。

  中国文化的博大精深,来源于其内部生成的多姿多彩;中国文化的历久弥新,取决于其变迁过程中各种元素、层次、类型在内容和结构上通过碰撞、解构、融合而产生的革故鼎新的强大动力。

  中国土地广袤、疆域辽阔,不同区域间因自然环境、经济环境、社会环境等诸多方面的差异,建构了不同的区域文化。区域文化如同百川归海,共同汇聚成中国文化的大传统,这种大传统如同春风化雨,渗透于各种区域文化之中。在这个过程中,区域文化如同清溪山泉潺潺不息,在中国文化的共同价值取向下,以自己的独特个性支撑着、引领着本地经济社会的发展。

  从区域文化入手,对一地文化的历史与现状展开全面、系统、扎实、有序的研究,一方面可以借此梳理和弘扬当地的历史传统和文化资源,繁荣和丰富当代的先进文化建设活动,规划和指导未来的文化发展蓝图,增强文化软实力,为全面建设小康社会、加快推进社会主义现代化提供思想保证、精神动力、智力支持和舆论力量;另一方面,这也是深入了解中国文化、研究中国文化、发展中国文化、创新中国文化的重要途径之一。如今,区域文化研究日益受到各地重视,成为我国文化研究走向深入的一个重要标志。我们今天实施浙江文化研究工程,其目的和意义也在于此。

千百年来,浙江人民积淀和传承了一个底蕴深厚的文化传统。这种文化传统的独特性,正在于它令人惊叹的富于创造力的智慧和力量。

浙江文化中富于创造力的基因,早早地出现在其历史的源头。在浙江新石器时代最为著名的跨湖桥、河姆渡、马家浜和良渚的考古文化中,浙江先民们都以不同凡响的作为,在中华民族的文明之源留下了创造和进步的印记。

浙江人民在与时俱进的历史轨迹上一路走来,秉承富于创造力的文化传统,这深深地融汇在一代代浙江人民的血液中,体现在浙江人民的行为上,也在浙江历史上众多杰出人物身上得到充分展示。从大禹的因势利导、敬业治水,到勾践的卧薪尝胆、励精图治;从钱氏的保境安民、纳土归宋,到胡则的为官一任、造福一方;从岳飞、于谦的精忠报国、清白一生,到方孝孺、张苍水的刚正不阿、以身殉国;从沈括的博学多识、精研深究,到竺可桢的科学救国、求是一生;无论是陈亮、叶适的经世致用,还是黄宗羲的工商皆本;无论是王充、王阳明的批判、自觉,还是龚自珍、蔡元培的开明、开放,等等,都展示了浙江深厚的文化底蕴,凝聚了浙江人民求真务实的创造精神。

代代相传的文化创造的作为和精神,从观念、态度、行为方式和价值取向上,孕育、形成和发展了渊源有自的浙江地域文化传统和与时俱进的浙江文化精神,她滋育着浙江的生命力、催生着浙江的凝聚力、激发着浙江的创造力、培植着浙江的竞争力,激励着浙江人民永不自满、永不停息,在各个不同的历史时期不断地超越自我、创业奋进。

悠久深厚、意韵丰富的浙江文化传统,是历史赐予我们的宝贵财富,也是我们开拓未来的丰富资源和不竭动力。党的十六大以来推进浙江新发展的实践，使我们越来越深刻地认识到，与国家实施改革开放大政方针相伴随的浙江经济社会持续快速健康发展的深层原因，就在于浙江深厚的文化底蕴和文化传统与当今时代精神的有机结合，就在于发展先进生产力与发展先进文化的有机结合。今后一个时期浙江能否在全面建设小康社会、加快社会主义现代化建设进程中继续走在前列，很大程度上取决于我们对文化力量的深刻认识、对发展先进文化的高度自觉和对加快建设文化大省的工作力度。我们应该看到，文化的力量最终可以转化为物质的力量，文化的软实力最终可以转化为经济的硬实力。文化要素是综合竞争力的核心要素，文化资源是经济社会发展的重要资源，文化素质是领导者和劳动者的首要素质。因此，研究浙江文化的历史与现状，增强文化软实力，为浙江的现代化建设服务，是浙江人民的共同事业，也是浙江各级党委、政府的重要使命和责任。

2005年7月召开的中共浙江省委十一届八次全会，作出《关于加快建设文化大省的决定》，提出要从增强先进文化凝聚力、解放和发展生产力、增强社会公共服务能力入手，大力实施文明素质工程、文化精品工程、文化研究工程、文化保护工程、文化产业促进工程、文化阵地工程、文化传播工程、文化人才工程等"八项工程"，实施科教兴国和人才强国战略，加快建设教育、科技、卫生、体育等"四个强省"。作为文化建设"八项工程"之一的文化研究工程，其任务就是系统研究浙江文化的历史成就和当代发展，深入挖掘浙江文化底蕴、研究浙江现象、总结浙江经验、指导浙江未来的发展。

浙江文化研究工程将重点研究"今、古、人、文"四个方面，即围绕浙江当代发展问题研究、浙江历史文化专题研究、浙江名人研究、浙江历史文献整理四大板块，开展系统研究，出版系列丛书。在研究内容上，深入挖掘浙江文化底蕴，系统梳理和分析浙江历史文化的内部结构、变化规律和地域特色，坚持和发展浙江精神；研究浙江文化与其他地域文化的异同，厘清浙江文化在中国文化中的地位和相互影响的关系；围绕浙江生动的当代实践，深入解读浙江现象，总结浙江经验，指导浙江发展。在研究力量上，通过课题组织、出版资助、重点研究基地建设、加强省内外大院名校合作、整合各地各部门力量等途径，形成上下联动、学界互动的整体合力。在成果运用上，注重研究成果的学术价值和应用价值，充分发挥其认识世界、传承文明、创新理论、咨政育人、服务社会的重要作用。

我们希望通过实施浙江文化研究工程，努力用浙江历史教育浙江人民、用浙江文化熏陶浙江人民、用浙江精神鼓舞浙江人民、用浙江经验引领浙江人民，进一步激发浙江人民的无穷智慧和伟大创造能力，推动浙江实现又快又好发展。

今天，我们踏着来自历史的河流，受着一方百姓的期许，理应负起使命，至诚奉献，让我们的文化绵延不绝，让我们的创造生生不息。

2006年5月30日于杭州

引言：认识一个时代

我们这一套"知宋"丛书，旨在为有一定文史基础并有兴趣进一步了解两宋历史的读者，提供一个方便学习的门径。

中华民族五千多年文明史的各个发展阶段，都有其独特的历史地位，两宋时期尤其如此。历史的演进，如长河奔流，不舍昼夜，平缓湍急，变化百态，然而必有关键河段，决定着下游走向。如长江之出三峡、黄河之过龙门，终于一泻千里，奔腾入海。由唐入宋，正是这样一个关键节点。不同解释体系，从各自视角出发，截取的起讫时间往往并不一致：陈寅恪先生观察古代文化史流变，以唐代中后期的韩愈为"唐代文化学术史上承先启后转旧为新关捩点之人物"；近数十年来，不少欧美学者从社会阶层演变入手分析，多视两宋之际为转变节点。国内学界更多视唐（五代）宋之际为转折点，除了由于改朝换代具有天然的标识意义外，还因为国家制度大多随着新政权的建立而更新。对这一历史转折的定性，无论视之为"变革"，还是"中国封建社会从前期向后期的演进"，总之可以肯定的是，自南宋以降，我国传统农业社会进入发展后期，从唐末到南宋三四百年间则是它的调整转折时期。前贤曾论今日中国"为宋人之所造就"，就是指自南宋以降奠定了我国传统社会后期基本格局这一点而言的，所以南宋尤其值得重视。

但是，想要全面地认识一个时代，并不容易。人类社会现象之错综复杂，无论怎样强调都不为过。如果说自然界最复杂的事物是宇宙，那么与之相对应的人类社会中最为复杂的事物就是社会本身了。对于我们生于此、长于此的现实世界，且不说域外他国，即便身边的人与事，人们也不免常有孤陋寡闻之叹；更何况对千百年前的历史世界，存世的资料总是那么的零散与片面,想要接近真实就更难了。

具体就10—13世纪的中国历史而言,在传统正史体系中,除《宋史》外,同时有《辽史》《金史》并存。还有其他未能列入正史的民族政权,例如西北的西夏、西南的大理国;更往西或西南,包括青藏高原,都存在众多地方性的族群与统治力量。赵宋政权尽管占据了以黄河与长江两大流域为主的核心经济区,历时也最久,但毕竟不过是几个主要政权中的一个而已。在某些重要方面,例如对西北地域的经略以及国家政治的走向等,赵宋甚至难说代表着一般的发展趋势。

这套文萃选编以两宋为中心,有一定的局限性,并不能等同于10—13世纪全部的中国历史。选编共列出了政治制度、君臣、法律、科举、军事、城市与乡村、货币、交通、科技、儒学、文学、书画艺术、建筑等专题,每题一册,试图尽可能涵盖目前史学研究中关于两宋历史的核心议题,但难免仍有欠缺。出于各种原因,还有其他一些重要议题,例如经济生产、人口性别、社会生活、考古文物等,都暂未能列入。即便是已经列入的这些议题,今人既有的认识——假设它们准确无误,对于极其丰富的真实历史生活而言,恐怕也不过是浮光掠影而已。这既有我们当下的认识能力尚有不足的原因,也因史文有缺,造物主吝于向我们展现先人生活的全貌。总之,我们必须直面历史知识不得不大量留白之憾,切不可为既有的史学成就而沾沾自喜。

但是,人们认识先人生活的努力从未懈怠。自20世纪80年代以来,中国史学成绩蜚然,两宋史领域也不例外。可以说,举凡存世资料相对充分、足以展开讨论的议题,差不多都已经有学者撰写了专书,更不必说数量无法统计的专文了。近半个世纪以来,在两宋史领域,每一个知识点基本上都得到了更新与拓展。在许多议题上,学者们更是相互讨论辩难,意见纷呈,远未取得相对一致的"共识"。那么,在这样先天不足、后天失调的前提之下,以每册区区20余万字的篇幅,来反映目前史学界对宋史领域相关议题的研究成果,又有什么意义呢?或者说,我们将如何坦然面对挂一漏万之讥,以使选编工作对读者,同时也对选编者都能呈现一定的价值呢？

首先必须指出，每一专题对于相关研究文献的择取，都出于选编者自身的理解，具有一定的主观性。也可以说，选编工作本身就体现了对相关专题的某种认识思路，这自然毋庸讳言。

其次，我们请每册主编都撰写了一篇导言，以尽可能客观地总结各不同专题的学术史概况。这既是对每册字数容量有限之憾的弥补，也是对每个专题学术史展开的基本路径的梳理，以供读者参考。也正因此，在尽可能选择最新研究成果的前提之下，选编者还会择取少量发表时间稍早、但在学术史上具有重要地位、迄今仍具有相当影响力的专文。

最后，本套文萃选编的目的不是试图提供关于各个专题的"全面"的知识框架，而是借几篇研究精品，向读者展示本领域研究者如何利用可能获取的历史信息，在大胆假设与小心求证之间驰骋智力，以求重现先人生活某一侧面之点滴的过程与成果。因此，本丛书除了对相关史学领域的初学者在了解两宋历史时提供一些帮助外，相信还能使更广大的资深文史爱好者开卷有益。

以上就是我们出版这一套文萃选编的基本设想，谨此说明。

总主编　包伟民
二〇二三年十月

目 录

导 论 .... 何　俊 / 001

上 编

略谈宋学
　　——附说当前国内宋史研究情况 .... 邓广铭 / 011
陈傅良之宽民力说 .... 徐　规 / 028
略论叶适的学术和事功
　　——纪念叶适诞生840年 .... 徐　规 / 038
宋学通论 .... 陈植锷 / 050
论宋学精神 .... 陈植锷 / 074
朱子与李延平 .... 陈　来 / 102
宋元变革视域下的江南儒学 .... 王瑞来 / 129

下 编

权力世界中的思想盛衰悖论
　　——以湖学为例 .... 何　俊 / 161
程朱理学的话语型塑
　　——以《论孟精义》为中心 .... 何　俊 / 179
本心与实学
　　——兼论象山对心学谱系的疏证 .... 何　俊 / 232
叶适事功学的自我疏证
　　——《习学记言序目》札记 .... 何　俊 / 257

后 记 306

导　论

何　俊

由于"中国所以成于今日现象者，为善为恶，姑不具论，而为宋人之所造就什八九"[①]，因而宋代的思想文化曾不幸地成为追求富强的现代中国在文化上强烈要切割的东西；虽然在20世纪三四十年代曾有过理性的认识，但至中叶仍遭到彻底革命。然而否极泰来，"华夏民族之文化，历数千载之演进，造极于赵宋之世。后渐衰微，终必复振"。[②]1980年，宋明理学研讨会在杭州召开，摧破了长期以来认为宋明理学是封建遗毒的思想自闭症，从而启动了中国大陆在新的历史时期对于宋代思想文化的重新认识与理解，并很快在整体认识、个案研究以及文献整理各方面都取得了很大的成绩。与此同时，港台地区与海外学者的相关研究也逐渐进入大陆学界，人们发现，在此领域中的研究，20世纪中叶的港台地区与海外接续着三四十年代，不仅没有中断，而且成果甚丰。

遭到彻底革命的主要对象是以朱陆为代表的宋代道学，这在现代中国已完全西学化了的学术建制中，归属于中国哲学的研究领域，故而复振中的宋代思想文化研究直接呈现为中国哲学中的宋明理学研究，历史学中的中国思想史的相关研究亦有涉及。至于在宋代哲学与思想的解读模式与分析方法上，20世纪80年代刚刚摆脱蒙昧的大陆学者仍然局限于单一的唯

[①] 严复：《与熊纯如书》(1917年4月26日)，王栻主编：《严复集》第3册，中华书局1986年版，第668页。
[②] 陈寅恪：《邓广铭〈宋史职官志考证〉序》，《金明馆丛稿二编》，上海古籍出版社1980年版，第245页。

物—唯心与阶级分析。不过,这样的解读模式与分析方法最大的问题也许并不在其本身,因为后来不断花样翻新的解读模式与分析方法虽然可能更显得合理,但是从本质上讲,同样存在着这样或那样的外在"格义"与思想文化的"科学化"倾向。唯物—唯心与阶级分析的真正弊病在于它的单一性,以及它挟持着官方意识形态而彰显出来的僵化垄断性。

当大陆学者在解读模式与分析方法逐渐摆脱单一僵化的唯物—唯心与阶级分析以后,宋代哲学与思想呈现出了自有的丰富与深刻,但是相应的问题也不期而至。原来在唯物—唯心模式梳理下的宋代思想研究,学者们为了形成所谓的哲学党性,必须将视野延拓到朱陆两系以外的思想者,比如这时期的代表性著作侯外庐主编的《宋明理学史》。[1]但在解读模式与分析方法的垄断解除以后,多元性的方法被专施于以朱陆两系为代表的思想者,结果方法上的多元性在某种程度上与内容上的局限性形成了一种反衬。这种现象的造成,固然有来自港台与海外学界的影响,但不能否认更多的是来自中国传统儒学史观中的道统意识的束缚。此外,阶级分析法的搁置,加之学科间的隔阂,使得宋代哲学与思想在很大程度上被从广阔的历史背景中抽离出来,呈现为抽象的哲学观念的演绎。

在20世纪80年代的中后期,研究开始有所突破。其一,宋代哲学与思想并不能局限于以朱陆两系为代表的理学,邓广铭的论文《略谈宋学》[2]通过标示传统的"宋学"概念强调了这一意见。赋予了新内涵的"宋学"概念虽然远没有经过严格的界定,但其基本意图是非常明确的,它强调的是更广论域中的宋代思想文化。其二,思想文化史研究中的新典范的出现,余英时的论集《士与中国文化》[3]虽然不是专门研究宋代,但

---

[1] 侯外庐主编:《宋明理学史》上册,人民出版社1984年版;下册,人民出版社1987年版。客观地说,这部《宋明理学史》试图跳出唯物—唯心的分析模式,兼采传统道学的道统观念,但是"两军对立"的思想惯性仍然很重。

[2] 邓广铭:《略谈宋学》,《宋史研究论文集》(1984年宋史年会编刊),浙江人民出版社1987年版。

[3] 余英时:《士与中国文化》,上海人民出版社1987年版。

对宋代思想文化的研究却有着同样的示范意义。这一示范作用在学术上的具体引领无疑因人而异，然而有一点是至为明显的，那就是在历史学注重分析—综合这一最基本也是最重要的方法上，如何拥有并贯彻问题意识。其三，唯物—唯心模式与阶级分析方法的垄断性此时遭到更彻底的解除，新观念与新方法被引来审视宋代的思想文化。前文论及这一现象时，或着意指出随之而来的问题，但其前提仍是充分肯定新观念与新方法审视下的宋代思想文化呈现出了它的丰富与深刻，毫无疑问，这样的前提是基本的、主要的。

上述三者，都有交叠的层面，但侧重也明显。为了叙述的方便，我们将其一归为内容，后二者归为方法，以此来讨论。

在《略谈宋学》中，邓广铭有着否定理学为宋学主流的隐意识，约20年后漆侠在《宋学的发展和演变》[①]中力挺荆公新学是将这种隐意识完全显性化了。但邓广铭文章的基调仍在强调宋学的广阔性，这在陈植锷的《北宋文化史述论》[②]中得到了充分具体的展开。它突破了道统的窠臼，对北宋思想文化进行了纵横交织的梳理，至今仍堪称此一领域的重要论著。概言之，此后关于宋学的研究，虽然对于谁为宋学主流各有见解，但宋学决不限于理学，无论在意识上，还是在具体的研究中，应该是无歧义的。

但是，这并不意味着关于宋学的上述理解在内容上是不可质疑的。众所周知，宋学是清儒为了确立自己的学术定位及其正当性而提出的一个学术史概念。依照这个概念，宋学是一种学术范式，滥觞于中晚唐，完形于两宋，横肆于元明，断非一代之学术。事实上，经历了"国初之学大，乾嘉之学精，道咸以降之学新"三个阶段的清代学术，[③]在"国初"与"道咸以降"两个时段中，宋学仍然构成重要的内容。甚至可以说，整个20世纪中国学术的现代转型也是基于宋学的精神而脱胎于宋学的。因此非常

---

① 漆侠：《宋学的发展和演变》，河北人民出版社2002年版。
② 陈植锷：《北宋文化史述论》，中国社会科学出版社1992年版。
③ 王国维：《观堂集林》卷23《沈乙庵先生七十寿序》，商务印书馆1940年版，石刻本。

清楚，前述关于宋学的理解，根本的问题是作为一个基于断代史研究的述说，它充其量只是突破了理学的篱笆，标示了理学以外各学派的存在，而完全没有中国学术思想史上的一种跨朝代的范式意义上的考虑。

进而言之，如果我们承认，宋学在两宋的完型最终呈现为理学，而理学从南宋后期开始一直到近代中国，不仅作为一种学术范式而存在，更是作为一种近世中国的文化形态而存在，那么前述对宋学的理解更为局限。因为当理学由学术转型为文化以后，以宋学这一新的学术范式所展现出来的新儒学，实际上根本已非思想学术层面上的宋学概念所能笼罩。或者，如果我们沿用宋学这个语词，那么它的内涵应该由学术范式扩展为文化形态。最新的研究其实已经表现出这样的企图，包弼德在他的《历史中的新儒学》[1]中就试图将完型于两宋的新儒学放置在时间上从晚唐到明代，内容上从观念到社会的范围内加以分析。

至此，我们可以对作为认知对象的宋学在性质与内容上尝试着有所界定，认为宋学是中国传统学术思想史的一种范式，并最终衍生为中国传统社会的一种文化形态，它滥觞于中晚唐，完型于两宋，横肆于元明，嬗变于清代，而且构成20世纪中国现代学术与文化的基础。但是，我们随即产生这样的问题：从一个传统的术语，经过某种知识上的考释，变成如此宽泛的一个概念，一个甚至是不严格的术语，是否有必要沿用在现代中国学术的研究中呢？比如刚刚提到的"新儒学"（Neo-Confucianism）这个术语，在一般意义上似乎就可以取代"宋学"，它在西方学术界一直使用，在中文学术界也已被接受，尽管它在内涵上的不清楚可能更有甚于宋学，包弼德的新书其实也折射出了"新儒学"一词界定上的宽泛性与不确定性。

我们似乎也可以由实际的研究来进一步佐证"宋学"作为一个现代学

---

[1] Peter K. Bol, *Neo-Confucianism in History*, Cambridge: Harvard University Asia Center and Harvard University Press, 2008. 在西方学界，Neo-Confucianism 与 New-Confucianism 在使用上略有区别，前者主要指宋明理学，后者主要指当代新儒学，但本文我就用新儒学了。

术术语的无关紧要性。前文言及，宋学在新时期的重新研究最初主要在中国哲学的领域中。由于学科的专门性，限于断代史的宋学界定没有成为中国哲学关于宋明理学研究的某种负担，学者们通常将宋明理学作为完整的对象加以讨论。但是，在这样的研究中，宋学的观念同时也是一个缺席的观念，它几乎没有起到解释框架的作用，关于宋学作为中国传统学术的范式的意识在很大程度上是相当淡化的。以陈来的研究为例略加说明。从《朱熹哲学研究》开始，中经《有无之境——王阳明哲学的精神》，到《诠释与重建——王船山的哲学精神》，[①]在陈来20年的研究中，分涉整个宋学发展过程中最重要阶段的最重要人物及其思想，其解读基本上是透过西方的哲学框架进行的，从早期的本体论、认识论，到后来的存在论、诠释论，传统的宋学观念并没有成为分析考虑的维度，而重要的是，这并不影响他以心知其意的态度来理解古人的哲学建构。

的确，就20世纪中国现代学术的整体性西学化转型而言，袭用并延拓宋学这样的传统学术术语是无关紧要的。但是，如果说建构现代中国学术的目的是为了获得知识——就历史学而言，则是为了获得对历史的认识与理解——那么传统的术语实际上又是无法绕开的，因为正是在宋学这样的传统术语中保留着历史的信息，尤其是为了理解历史文化传统的独特性。不唯如此，建构"现代的"中国学术即便是既不可避免，又理所应当呈以整体性的西学化转型，但承续与更化传统中国学术仍然是其中应有之义，而且是现代"中国的"学术真正得以确立的重要条件，因为普遍性（现代的）固然是学术得以成立的基本条件，但独特性（中国的）却是学术获得意义的根本。这就意味着，无论是就历史的认知，还是就历史学的建构，宋学这样的传统学术观念既构成认知的对象，同时又成为认知的工具。就认知的对象而言，即上述宋学所涵盖的内容；就认知的工具而言，便涉及所谓的方法。

---

① 陈来：《朱熹哲学研究》，人民出版社1988年版；《有无之境——王阳明哲学的精神》，人民出版社1991年版；《诠释与重建——王船山的哲学精神》，北京大学出版社2004年版。

以促成宋学完型的理学而论，当研究者以西方思想的架构来解读时，不仅理学的言说方式及其意蕴，比如解经释史，不可避免地遭到忽视，而且理学的结构与脉络也将被消解。即便在文本的意义上也是如此，比如完整表达理学架构的《近思录》，其体系便很难受到理学研究者的完整对待。相反，如果研究者能够保留传统宋学的维度，那么整个的解读将会沿着更贴近历史对象的方式展开。换言之，当宋学作为一种认知维度引入时，它实际上能够为认知历史本身打开有益而重要的视域。

如此说，并不足以反证西学语境下的宋学透视是不可取的，而只是欲以表明当以西学的架构来透视作为认知对象的宋学时，如何兼顾来自传统学术的认知维度。这样的学理，其实无甚高论，但是真正要成为研究中的自觉意识，却也并不容易，至于落到实际的研究中而能娴熟运用，则更显困难。唯此，前文才述及余英时的著作最初在大陆出版时在中国思想文化史研究中的典范作用，如果专就宋学的领域，他晚近的《朱熹的历史世界》[1]无疑更属于典范性的著作。

20世纪80年代中期以来，在唐中晚期至清前中期的长时段学术思想史领域中，研究内容已拓展得很宽，研究方法也呈现出多元化，当我们以宋学为题来讨论时，一方面无意于以宋学来范围这个广大的研究领域，或左右研究的进路，事实上如有这样的企图，不仅是狂妄的，也是徒劳的；另一方面也无必要去罗列与点评各种研究。我们真正意欲表达的是，如果我们认为，在研究中尊重某种假说，并愿意以之作为研究的一种预设，加以证明或证伪，都是学术获得进步的某种有效方法。比如在唐宋以降的研究中，内藤湖南的唐宋转型说被学者们广引为预设，又比如哈特维尔在《中国750—1550年在人口、政治和社会的转型》[2]中所提出的那些论点，也已构成美国后辈学者研究的重要预设。那么，我们看到，清儒用来概括

---

[1] 余英时：《朱熹的历史世界：宋代士大夫政治文化的研究》，生活·读书·新知三联书店2004年版。

[2] Robert M. Hartwell, "Demographic, Political, and Social Transformation of China, 750-1550," *Harvard Journal of Asiatic Studies* 42, no. 2（1982），pp. 365-442.

前代学术思想范式的宋学概念，经过现代学者的再引用与内涵延拓，同样应该并能够成为我们认知的前提预设，因为它不仅为我们标示出认知的范围，而且为我们提供了某种认知维度。

　　试以具体的研究加以说明。宋学的研究已不泥囿于抽象的哲学分析，道学家也不再只是生活在形而上的世界里，从注经文本到道学话语，从政治文化到社会文化，每个分支都有拓展，但是这些研究极容易被分别归属于从经学史到哲学史、从政治史到社会史的学科壁垒中，而难以被统摄在对作为思想范式与文化形态的宋学的真正认知上。反过来，各有归属的这些研究其实也容易陷入有形无魂的困境。换言之，宋学作为一种统摄性的认知维度是有助于摆脱这种困境的。相对于这种从自身研究内容拓展而引起的宋学维度的消解，对于以精英为主的传统思想史构成另一种巨大挑战的，莫过于葛兆光的《中国思想史》。[①]虽然不能说在这一著作中，葛兆光完全企图用小传统来颠覆大传统，但他无疑是要极力彰显非精英思想来重构思想史。但是，当我们意识到，以宋学而言，新的学术思想范式的形成本来就与宗教有着密切的关系，新的学术思想范式进而衍化为文化形态更是构成非精英思想的土壤，因此，彰显非精英的层面，在研究上，无论是侧重思想史而关注知识、信仰等，还是侧重社会史而关注家族、仪式等，作为思想范式与文化形态的宋学仍足以提供一种有益的认知进路和维度。

（原载《历史研究》2009年第6期，
标题《宋学：认知的对象与维度》）

[①] 葛兆光：《中国思想史》，复旦大学出版社2001年版。

上 编

本编可算"师说部分",依年齿首选邓广铭先生《略说宋学》,次选徐规先生两篇论述陈傅良与叶适的论文,再选陈植锷先生通论宋学及其精神的两篇论文,最后选陈来教授论朱熹与王瑞来教授论江南儒学各一篇。

略谈宋学

——附说当前国内宋史研究情况

邓广铭

一、应当把宋学和理学加以区别

我在此首先纠正我自己的一个错误提法。由翦伯赞主编、于1962年首次印行的《中国史纲要》,其中的宋辽金史部分是由我执笔撰写的,我在这一部分的《两宋的哲学思想》一节中,开头便说道:

> 支配两宋三百多年的哲学思想,是理学。两宋理学是佛教哲学和道家思想渗透到儒家哲学以后出现的一个新儒家学派。

我现在必须说,上面的这几句话是完全说错了的,是亟应加以纠正的。

把理学家们称作一个新儒家学派,并没有什么不可以的,但是,出现在理学家们以前和以后,或与理学家们同时,而却都不属于理学家流派的一些宋代学者,也同样可以称作新儒家学派,这样就容易把他们混同起来。而且理学家这一学术流派的出现,是在程颢、程颐逝世之后,在他们的及门弟子和私淑弟子们大力宣扬其师说之后的事。因此也可以说,是在南宋前期,亦即在12世纪的中叶,才形成了理学家这一学术流派的。这从南宋反对理学家最力的陈亮的著作中可以找到证据。陈亮有一篇《送吴允成运干序》,是写于宋光宗绍熙元年(1190)的,序中有两段说:

> 往三十年时,亮初有识知,犹记为士者必以文章行义自名,居官者必以政事书判自显,各务其实而极其所至,人各有能有不能,辛亦

不敢强也。

　　自道德性命之说一兴，而寻常烂熟无所能解之人自托于其间，以端悫静深为体，以徐行缓语为用，务为不可穷测以盖其所无，……于是天下之士始丧其所有而不知适从矣。为士者耻言文章行义，而曰"尽心知性"；居官者耻言政事书判，而曰"学道爱人"；相蒙相欺以尽废天下之实，则亦终于百事不理而已。（《陈亮集》卷二四）。

陈亮还写有一篇《送王仲德序》，序中也有类似的一段话语：

　　二十年之间，道德性命之说一兴，迭相唱和，不知其所从来，后生小子读书未成句读，执笔未免手颤者，已能拾其遗说，高自誉道，非议前辈以为不足学矣。（《陈亮集》卷二四）

《送王仲德序》虽未著明写作年份，就其语气看来，必与前序相距不会很久，还可能是在1190年之前。由此上推二十几年，则当为宋孝宗即位初期，亦即隆兴、乾道年间（1163—1173）。

依照陈亮在上引两篇序文中所说的那些话语，我们断定理学之形成为一个学术流派，并在当时的部分学士大夫中间形成一种言必谈修养、说性命的风气，乃是在宋高宗在位的晚年和宋孝宗即位初期的事，应当是不会有什么问题的。既然如此，则在北宋后期尽管有二程、张载等人的出现，尽管他们也都收徒讲学，却还远远没有形成一个学术流派，自然更不能说它对整个北宋一代产生过什么支配作用了。

如果把萌兴于唐代后期而大盛于北宋建国以后的那个新儒家学派称之为宋学，我以为是比较合适的。北宋一代的儒学家们，尽管绝大多数还都尊奉儒家学说为正宗，然而他们的思考方法及其所钻研的课题，都已与由汉到唐的儒生们大不相同。他们所具有的共同特点是：（1）都力求突破前代儒家们寻章摘句的学风，向义理的纵深处进行探索；（2）都怀有经世致用的要求。

理学是从宋学中衍生出来的一个支派，我们却不应该把理学等同于宋学。

二、宋学是汉学的对立物，是汉学引起的一种反动

汉代的儒家学者，在其传授经典时，都是着重在章句训诂之学，而且师弟子代代相传，也都注重师法（也叫做家法）：门弟子递禀师承，"训诂相传，莫敢同异，篇章字句亦恪守所闻"。

这样的学风，从汉代一直沿袭到唐代。唐代前期的儒家们所编纂的对诸经书的注疏，依然是承袭了南北朝以来正义义疏的烦琐章句之学，与汉代的儒家们并无多大变化。宋代的学者，则大都趋向于义理的探索，而视名物训诂为破碎琐屑。所以，宋学是作为汉学的对立物而出现的，它乃是汉学所引起的一种反动。

宋学又是儒释道三家的学说，经过长时期的互相交流、互相斗争、互相排斥、互相渗透、互相摄取的一个产物。他们从佛道两家所摄取的，笼统说来是偏重在义理方面和心性修养方面的一些东西，而对儒家的主张一直坚守不变的，则是那个经世致用的原则。理学家则是专讲求修养身心性命之学的那一部分人，他们甚至把经世致用的原理原则也都弃置不问了。南宋的张栻在评述前代的学风时，曾谓当时的"求道者反不涉于事"，出现在南宋期内的理学家们，正就是"求道者反不涉于事"的那样一些人物。他们是把宋学更加深邃化、抽象化了的一些学人。

儒学家们把研究、思考和探索的对象，由章句训诂而转向义理，是从唐代后期就已开始了的。韩愈的文集中有一篇《施先生墓志》，其中有云：

> 古圣人言，其旨密微。笺注纷罗，颠倒是非。闻先生讲论，如客得归。

我们从这几句话所得到的消息是：当时已经有人不肯信奉前代儒生的笺注，而要另辟蹊径，透过字面自行寻求其义蕴了。至于韩愈本人，则更如陈寅恪先生在《论韩愈》一文中所说，他是"奠定后来宋代新儒学之基础""开启后代新儒学家治经之途径"的一个人物。

唐代后期的儒生们之所以感觉到必须开创一个新的治经和治学的途径，是因为他们看到，佛家和道家这两个教派的教义和学术思想均极盛行，都已比儒家学说占有优势，他们便要急起直追，充实、革新以至改造儒家学说的内容，以求与佛道两家相抗衡。汲取佛道两家学说中的某些成分，用以充实儒家学说，正就是为求达到以相抗衡的目的。

三、佛教和佛学对晚唐至北宋的儒家的影响

东汉时期传入中国的佛教，只是一种宗教，而非学术流派。佛学的传入，是指佛教经典著述被大量翻译为汉文而言。此事之开始正是在魏晋南北朝玄学和清谈之风盛行之时，而玄学与清谈，又都是以儒家思想与老庄思想的糅合物为内容的。学术界的这种气氛，对于佛典及其义理的接受准备了良好条件。所以，讲习佛教经、论之风，在南朝就大为兴盛，其时出现了很多知名的"经师"和"论师"。

佛教经、论讲说日久之后，讲说人的意见不免发生分歧，都各自在理论方面有其独特发展，而且也多与儒道两家互相糅杂。于是，各派的学说也不再恪守师说，而多有所改造。例如，著名的天台宗和华严宗，其为说即都非复印度的原貌。禅宗所倡导的"佛性本自具足，三宝不假外求"，"明心见性，即证圣境"和"顿悟成佛"等言论，实皆渊源于魏晋玄学，而一概皆非从印度传来者。所以，禅宗这一佛教宗派，实际上乃是中国僧人所创立。就后来对中国思想的影响来说，也以禅宗为最大。

隋唐时期，佛教的各教派都自称本派为得正法、受真传，借以为本派力争正统地位，于是就都极力抬高本教派的传授历史。例如禅宗本肇始于弘忍（602—675）的"东山法门"，或大鉴禅师慧能（638—713），然而这一派的徒众们却一定要追认由南天竺来华的菩提达摩（？—536）为其始祖。天台教本智𫖮（智者大师，538—597）所创立，而其徒众必上溯至慧文（东魏北齐间人）、慧思（515—577）。陈寅恪先生说，天台宗是佛教各派中吸取道家义理最多的一个宗派。

各个教派之所以大搞上述那种"定祖"活动，主要原因是为了争取法

统（亦称道统）。每个搞学问的佛教徒，此后无不分属于这一宗或那一宗。而这一宗和那一宗之间，又全都壁垒森严，互相攻击。

佛教各派在"定祖"之后，又复离析为一些支派。从而又产生了"传衣钵""传灯""法嗣""血脉"等说，在各支派相互之间，又展开了谁是衣钵真传（亦即道统嫡传）的斗争。如禅宗则又有了北宗和南宗，天台宗则又分为"山家"和"山外"等。

很明显，佛教内部的这些"定祖"和争道统的事件，也给予晚唐以至宋代的儒家们以极大影响。就连平素以"攘斥佛老"自诩的韩愈，也在其《原道》一文中写道：

> 斯道也，何道也？曰：斯吾所谓道也，非向所谓老与佛之道也。尧以是传之舜，舜以是传之禹，禹以是传之汤，汤以是传之文、武、周公，文、武、周公传之孔子，孔子传之孟轲。轲之死不得其传焉。……

这段文字，是兼有"定祖"和明确儒家道统体系的两种意义在内的，其为从佛教徒摹拟而来，自属无可怀疑。而自韩愈第一次倡为此说之后，两宋的儒家，包括理学家们在内，即使对韩愈的学问文章有所不满的人，也都毫无异议地信从其说。及相沿既久，除近代的陈寅恪先生以外，竟也是很少人觉察到韩愈此说的渊源所自了。

佛教各宗派的学说，给予晚唐以至两宋的儒学家们的另一重大影响，则在于：佛学家们的讲论，大都注重于身心性命的所谓内向的修养工夫，其时的儒学家们有鉴于此，便也把注意力转移到这方面来。例如与韩愈同时的李翱，就写了一篇《复性书》，内容是把《小戴礼》的《中庸》篇中的"尽性命之道"的道理加以阐发。认为《中庸》中所讲的这番道理，后世"学者莫能明，是故皆入于庄、列、老、释"。可见他之所以谈论"复性"，乃是要在讲述身心性命之学方面，与佛道两家争夺领地的。到宋代的儒家学者（包括理学家们），更都把《大学》《中庸》提到与《论语》《孟子》同样重要的地位了。

佛教的传教和讲学的活动，给予晚唐以至两宋的儒家的第三种影响，则是书院的出现。

佛教徒集中在寺院里面，他们的生活来源，最初只是靠"行乞"和"受请设会"（即由施主布施）二者，但从南北朝时期起，统治阶级大力提倡佛法，寺院的财产大都极为雄厚，各拥有大量田园。这对各教派的发展起了不小的推动作用。例如，天台宗的创始人智𫖮所在的天台山国清寺，不但拥有大量田园，陈朝的皇帝还下令把始丰县（后改天台县）的全部赋税割归天台山上这座寺庙，因此它就成为传布"天台教法"的基地了。

寺庙具备了经济实力，当然不只是传布佛学的基地，也是发展佛教的基地。在唐代，各地的寺庙中即多频繁地进行"僧讲"（专对寺院内的僧众讲说佛教经典）和"俗讲"（专对不出家的世俗人讲说通俗道理，意在募集钱财）。

佛教和佛学的这种传布方法和发展情况，自然也给予儒家学派一些影响、刺激和启发，使他们想方设法进行反对、斗争，以求与之抗衡。从晚唐、五代即已出现，到北宋而出现较多的儒家们所建立的书院（且不说北宋朝廷下令各州郡设立的那些官办学校），我以为，是应当向佛教的上述种种活动情况寻求其原因的，至少也应是主要原因之一。

四、在建立宋学进程中几名最突出的人物

欧阳修写了一本名叫《归田录》的笔记。在这本笔记的开头处他就记述了这样一个故事：

> 太祖皇帝初幸相国寺，至佛像前烧香，问："当拜与不拜？"僧录赞宁奏曰："不拜。"问其何故，对曰："见在佛不拜过去佛。"[①]
>
> 赞宁者，颇知书，有口辩。其语虽类俳优，然适会上意，故微笑而领之。遂以为定制。至今行幸焚香皆不拜也。议者以为得体。

[①] 宋太祖时，杭州钱氏吴越政权尚未纳土归附，赞宁为钱氏署为两浙僧统，不应为相国寺僧录，欧阳修所记僧名盖误。

这一条记事透露给我们的消息是：佛教的势力，经过从北魏到五代后周所谓"三武一宗"的严重打击，在政治方面已经甘愿居于被统治者的地位了。然而这并不等于说，佛教的思想意识在中国学术界以至整个社会上的势力也都随之而有所削弱。恰恰相反，它的影响仍然是弥漫于社会上各个方面的。甚至北宋政府也还设置了译佛经的机构，继续翻译。

单就宋代的儒家学者钻研学术的风气来说，一方面是和唐代李翱之阐发《中庸》中的微妙道理那样，尽量向儒家经典中所涵蕴的义理深入探索，另一方面则直接把佛家以及道家所宣扬的思想学说搬运进来，借以发扬光大儒家的理致和学说。

《宋元学案》是把胡瑗（993—1059）列居宋代学者首位的。但在胡瑗以前，生活于真仁之际的晁迥，既"宗尚佛乘""归心释教"，又把"老、庄、儒书汇而为一"，而他却始终是以一个儒者面目出现的人物。他的著述，既有属于道家方面的《道院别集》，也有属于释家方面的《法藏碎金》。《郡斋读书后志》引王古语，以为晁迥著作中的"名理之妙，虽白乐天不逮也"。而《宋史·晁迥传》也概括地说：迥"通释老书，以经传傅致为一家之言"。据此当可窥见其学术趋向之一斑。

在北宋一代的学术界，晁迥并不占有什么地位，所以他的名字在《宋元学案》中一次也不曾提到。但是，他把儒释道同等对待，不囿于一家一派的成见，不入主出奴，这种趋向，却是和"宋学"家们研究学术的风尚全相符合的。

被《宋元学案》列于首位的学者胡瑗，在北宋一代的学者中确实是一位影响极大，从而也极具代表性的人物。自来为学人所重视的"明体、达用"二事，在胡瑗的治学、讲学过程中体现得最为明白。据《吕氏家塾记》（自《五朝名臣言行录》转引）所载：

> 安定先生（即胡瑗）自庆历中教学于苏湖间二十余年，束脩弟子前后以数千计。是时方尚辞赋，独湖学以经义及时务〔讲于〕学中，故有经义斋、治事斋。经义斋者，择疏通有器局者居之；治事斋者，

人各治一事，又兼一事，如边防、水利之类……

薛季宣的《浪语集》卷二三有《又与朱编修》，其中也说道：

> 尝谓翼之先生所以教人，……成人成己，众人未足以知之。且君子道无精粗，无小大，是故致广大者必尽精微，极高明者必道中庸。滞于一方，要为"徒法""徒善"。汉儒之陋，则有所谓章句家法；异端之教，则有所谓不立文字。稽于"政在方册，人存乃举"，礼仪威仪，待人以行，智者观之，不待辨而章矣。

蔡襄在其所撰《胡瑗墓志》（《忠惠集》卷三三）中也有云：

> 学徒千数，日月刮劘，为文章皆傅经义，必以理胜，信其师说，敦尚行实。后为太学，四方归之，庠舍不能容，旁拓步军居以广之。五经异论，弟子记之，目为《胡氏口义》。

蔡襄在这里所说的《胡氏口义》，应是包举五经而言，我们今天所能看到的，却只有《周易口义》和《洪范口义》两种。但从《周易口义》即可看到，胡瑗所大异于前代学者的是：他既不讲"互体"，也不讲"象数"，而是开了以义理讲述《周易》的先河。而在《洪范口义》当中，他更能驳正前代儒生的注疏而独抒心得。而从其在苏、湖学中分设经义斋和治事斋来看，则又正如薛季宣所阐明的，体现了《中庸》篇中所说的"致广大而尽精微，极高明而道中庸"的旨意。而这种种，既从一方面反映出他对于由汉以来的儒生们章句训诂之学的抵排，也从另一个方面反映出他从佛教徒们"弘扬教旨"的实践受到了启迪和诱发。

王安石（1021—1086）的出生虽稍晚于胡瑗，然在宋学的建立方面，却毋宁说他是更为重要的一人。

作为一个政治家来说，王安石是一个"援法入儒"的人；作为一个学问家来说，王安石却又是一个把儒释道三家融和为一的人。

王安石对于"先儒传注一切废不用"，是史有明文的，这表明了他对章句训诂之学的最彻底的反对；他与吕惠卿、王雱等人共同撰写的《三经新义》，则又都是以全力阐明各经的义理内涵的。

晁公武的《郡斋读书志》中，在《王介甫临川集》一三〇卷和《王氏杂说》一〇卷下的解题中，都引入了蔡卞所作《王安石传》（可能是《神宗实录》中的附传）中的话，而以《王氏杂说》下所引录的文字较多，今转引于下：

> 蔡卞为《安石传》，其略曰："自先王泽竭，国异家殊，由汉迄唐，源流浸深。宋兴，文物盛矣，然不知道德性命之理。安石奋乎百世之下，追尧舜三代，通乎昼夜阴阳所不能测而入于神。初著《杂说》数万言，世谓其言与孟轲相上下。于是天下之士始原道德之意，窥性命之端云。"

《郡斋读书志》在《字说》二十卷的解题中还说道：

> 蔡卞谓介甫晚年闲居金陵，以天地万物之理著为此书，与《易》相表里云。
>
> 而元祐中言者，指其"糅杂释老，穿凿破碎，聋瞽学者"，特禁绝之。

在《临川集》的解题中也引用了蔡卞所撰《王安石传》中涉及《字说》的几句，与上段引文字句稍异，再摘抄于下：

> 晚以所学，考字画奇耦横直，深造天地阴阳造化之理，著《字说》，包括万象，与《易》相表里。

《杂说》是王安石早年的著作，《字说》是王安石晚年的著作，而其内容却都着重于"原道德之意，窥性命之端"，就连《字说》这部本应专讲文字学的书籍，竟也能透过字画的"奇耦横直"而深入探讨"天地阴阳造化之理"，与《周易》相表里。尽管蔡卞是王安石的女婿，这些话不无夸大阿私之处，但王安石的著作当中始终如一地贯穿着一个探求义蕴的宗旨，却总是无法否认的事吧。而这与朱熹所揭示的"大学始教,必使学者即凡天下之物,莫不因其已知之理而益穷之,以求至乎其极"云云的道理,岂不是全相符合的吗?

在北宋释惠洪的《冷斋夜话》卷六载有一事云:

> 舒王(按即王安石)嗜佛书,曾子固欲讽之,未有以发之也。居一日,会于南昌,少顷,潘延之(接即潘兴嗣)亦至。延之谈禅,舒王问其所得,子固熟视之。已而论人物,曰:"某人可抨。"子固曰:"弇用老而逃佛,亦可一抨。"舒王曰:"子固失言也。善学者读其书,义理之求,有合吾心者,则樵牧之言犹不废;言而无理,周、孔所不敢从。"子固笑曰:"前言第戏之耳!"

在王安石自己所写的《涟水军淳化院经藏记》中,也说道:

> 道之不一久矣。人善其所见,以为教于天下而传之后世。后世学者,或徇乎身之所然,或诱乎世之所趋,或得乎心之所好,于是圣人之大体分裂而为八九。……
>
> 盖有见于"无思无为,退藏于密,寂然不动"者,中国之老庄,西域之佛也。

上面的两段引文都可证明,王安石是只用"义理"作为他决定是非取舍的唯一标尺,而不考虑其说究竟发之于儒家、佛家或道家。所以,那班"元祐学者"说他的《字说》"糅杂释老",是十分正确的。

另外,据《郡斋读书志》及《附志》所载,王安石既曾编撰过《楞严经解》一〇卷,又曾编撰过《老子注》二卷、《庄子解》四卷。而他的儿子王雱,和新党中的吕惠卿、陆佃、刘仲平诸人,也都各编撰了《老子注》二卷。王雱和吕惠卿还都有《庄子注》十卷。这可见,熔儒释道于一炉,偏重义理之学,以求通经致用,在变法派的人物当中是莫不皆然的。这对宋学的建立当然是树立了功勋的。

程颢、程颐兄弟更把儒家学说向着抽象的方向和玄妙精深的方向以及专从事于个人身心修养的方向推进，更由其一传再传的及门弟子们推波助澜，到南宋便形成了理学这一学术流派。

因为要"致广大"，所以要经世致用，都有其治国平天下的抱负；因为要"尽精微"，所以都要对儒家学说的义理进行深入的探索。这二者，可以概括为宋学家们所都具有的特点。倘若这样的概括基本无误，则北宋的范仲淹、欧阳修、李觏、司马光以及三苏等人，也全都可以归入宋学家这一流派之内的，尽管他们相互之间，以及他们与上文所举诸代表人物之间的思想见解有大不相同之处。

司马光编写了一部不朽史学名著《资治通鉴》，只因不曾在个人身心修养方面下功夫，竟至被程颐讥为"未尝学"，只是"资禀过人耳"。程颐专注重个人的身心修养，而被胡瑗的门生顾临讽刺道："欲与程正叔诸人同为山居，专治《通典》一二年，如此则学问应变无不浃洽矣。"（二事均见吕本中《师友杂志》）我以为，从这两个故事，正可以体察出宋学家与理学家的区别所在。

宋廷南迁以后，理学的流派虽已形成，在学术界和思想界虽都已声势很大，影响很大，但仍不能说它已经居于支配的地位。例如当时先后出生在浙东金华、永嘉诸地的吕祖谦、郑伯熊、薛季宣、陈傅良、陈亮、叶适等人，就决不应列入理学家中，而只能被称为"宋学家"。今把这几个人的学术梗概举述于下：

吕祖谦（1137—1181）是金华人。他的学问渊源，是"稽诸中原文献之所传，博诸四方师友之所讲，融液无所偏滞"的（其弟祖俭所撰《圹记》中语）。他特别注意研究历史上的治乱兴衰和典章制度，对于苏轼的文章也深所喜爱。且都因此而受到朱熹的批评。

郑伯熊（？—1181）是永嘉人。他一方面私淑于程门弟子周行己，在经学的研究上却极推崇王安石的弟子龚原，而在写作文章时则取法于苏轼。在行己方面他取法于北宋的吕公著和范祖禹，在论事方面则又羡慕汉的贾谊和唐的陆贽。这也就决定了他的学问趋向，既要探求义理之微眇，也注意考论古今治乱兴衰的关键所在。

薛季宣（1134—1173）也是永嘉人。他虽是程门的再传弟子，而却告诫学者不要"徒诵语录"（当即指当时最流行的二程语录）。他对于六经百家、礼乐兵农以至方术兵书、地形水利，无所不通，而对于历代制度的本原尤所致力，总想通其委曲以求见之事功。

陈傅良（1137—1203）是温州瑞安人。从他的师承来说，吕祖谦、张栻、郑伯熊和薛季宣都应列入。他把那几个人的学术荟萃于一身，更进而精研经史，贯穿百家，考核历代礼乐政刑损益异同之所由然，借以综理当代的一些现实问题。所以，他既是一个把"经制之学"发展到更高阶段的人，又是一个不但"知古"而且最为"知今"的人。

陈亮（1143—1194）是婺州永康县人。他对于周敦颐、二程和张载诸人都相当敬重，而且还曾选取他们的著作编辑为《伊洛正源书》以备日览。元代的刘埙甚至还有"龙川理学以程氏为本"之说。但他有时却又向人说道："亮以豪狂驰骤诸公间，诸公既教以道德性命，非不屈折求合，然终不近。"（《与韩无咎书》）又曾说道："研穷义理之精微，辨析古今之同异，原心于秒忽，较理于分寸，以积累为工，以涵养为主，晬面盎背，则亮于诸儒诚有愧焉；至于堂堂之阵，正正之旗，风雨云雷交发而并至，龙蛇虎豹变见而出没，推倒一世之智勇，开拓万古之心胸，……自谓差有一日之长。"他平生志切抗金复仇，所以治学也以治史为主，他要从史书上考究历代盛衰原因，特别是对于分裂时期的历史，和某个王朝由中衰而复兴的历史，以便能为现实服务。在文章方面他也是喜欢苏轼并取法于他的。

叶适（1150—1223）也是永嘉人。他可以说是一个把南宋浙东诸学者的经义和经制以及经世致用之学集其大成的人。他在义理之学方面有极高深的造诣。他不但傲视当代的那些理学家们，而且拔本塞源，认为理学家们最推崇的《周易》中的《十翼》非尽孔子所作，作《大学》的曾子和作《中庸》的子思，都不是孔门的真传。对于历史和文学，他都极重视，对于吕祖谦所编《宋文鉴》极为推崇，并认为南宋一代的文章之沦坏，应由伊洛学者负其责。

以上，我只是就两宋的学术界中举述一些具有代表性的人物，说明他们乃是当时最有实力因而也最有影响的一些学者，并用以证明，不但因二程、张载等人的学说流行较晚，在北宋一代的学术界不曾取得支配地位；即在南宋一代，尽管有理学大师朱熹、陆九渊等人的出现，然而理学家们的声势仍然未能笼盖了当时的学术界，与之并驾齐驱的，至少就可举出重视经世致用之学的浙东学派，以及专重史学的蜀中的李焘、李心传、王称、彭百川等人。

附说当前国内的宋史研究情况

儒家的学说，如上文所述，是在大量地吸收了佛道二家的义理加以充实之后，才得焕发了新生命，形成了新儒学即宋学，以及由宋学而又衍生出来的理学的。这一事实，对我们当前研究宋史的实践，当具有极大的启发作用：要想使宋史的研究能有日新月异的飞跃发展，是必须有大量新血液的输入，使之起本质的改变才行。当然，这不只是有关宋史研究的问题，就整个中国史的研究来说也全如此。

在这里，我先引用陈寅恪先生在半个世纪以前审查冯友兰著《中国哲学史》下册的《报告》中所提出的一种意见：

> 释迦之教义，无父无君，与吾国传统之学说，存在之制度，无一不相冲突。……其忠实输入不改本来面目者，若玄奘唯识之学，虽震动一时之人心，而卒归于销沉歇绝。……其故匪他，以性质与环境互相方圆凿枘，势不得不然也。……
>
> 窃疑中国自今日以后，即使能忠实输入北美或东欧之思想，其结局当亦等于玄奘唯识之学，在吾国思想史上，既不能居最高之地位，且亦终归于歇绝。其真能在思想上自成系统，有所创获者，必须一方面吸收输入外来之学说，一方面不忘本来民族之地位。此二种相反而适相成之态度，乃道教之真精神，新儒家之旧途径，而二千年吾民族与他民族思想接触史之所昭示者也。

陈先生的这篇《审查报告》是1933年写的。他所说当时来自北美的思想，当系指杜威的实验主义、白璧德的人文主义和罗滨孙的新史学等学术思想流派而言；而他所说来自东欧的思想，则必是指马克思列宁主义而言。用20世纪30年代和40年代内中国思想界的实况加以验证，陈先生所下判断，就前一事例来说，是完全应验了的。北美那些学术流派的学说和理论，在介绍到中国来后，有的虽然也在一段时期内成为显学，但也不过昙花一现，并未能在中国扎根结果；就后一事例来说，则未能应验。来自东欧的马列主义，在其传布的过程中，虽然在政治上历尽艰难险阻，然一旦经由中国共产党把它与中国的革命实际结合起来，终于使它在推翻反动统治者、实现全国人民解放的伟大业绩中，发挥了雷霆万钧之力。

专从作为学术观点的唯物史观来说，除了它也与马列主义同样受到过政治上的强烈压力而外，还受到当时的学术界特别是历史学界不少人的反对。所有信奉唯物史观的史学家被称为"史观派"。而受到另一部分学者（特别是一些"史料派"的学者）的非议和攻击。但是，自从唯物史观输入中土以来，在信奉者中就出现了两种截然不同的学风和作风。其中的一派，只走教条主义的路子，生搬硬套马列主义经典著作中的词句，不与中国历史的具体史实相结合，亦即忘记了自己民族的地位。例如，谈及土地制度则抄引马克思、恩格斯关于古代东方的论述，以为在中国封建社会历史时期内不曾有过土地私有制度，这就不可避免地把唯物史观驾空，使其成为空洞的、呆滞的、僵化的理论，不复具有强大的生命力，如随波逐流而不知返，则其不至"终归歇绝"者，岂不是几希而又几希了吗？所幸是，在产生教条主义者的同时，就也有更多和更强而有力的学者，努力用唯物史观之矢射中国历史之的，把二者紧密结合起来，产生了像郭老的《中国古代社会研究》《青铜时代》等一系列著作，于是迅速地蔚为风气，形成了主流。

再专就宋史研究方面来说，过去也曾受到极左思潮和教条主义的干扰，致使有人把阶级斗争作为推动社会历史发展的唯一动力，把过多的精力集中在研究农民战争的问题上；因为认定农民战争会迫使统治阶级推行

"让步政策"，便编制出一个简单的公式，以为人类社会历史的发展，不是依循辩证法的法则，而是依循他的这个简单公式的；由于专强调阶级观点，竟至因我编写过一本《稼轩词编年笺注》和写过论述辛稼轩的文章，而加我以"为封建文人唱赞歌"的罪名，三番五次地进行口诛笔伐；有人则又只强调宏观研究的重要性，只想去发现历史发展的规律性，而置一切政治事件、历史现象以至典章制度于不顾，于是而，广泛占有史料的问题，透过现象探求本质的问题，便都受到蔑视，认为那只是些应当让迂腐学究们去干的工作了；也有人把"以论带史"的口号带进了宋史研究领域，致使部分研究工作者，只任意挑选一些事实，把它们塞进从经典著作中找来的某个现成结论当中，例如，看到《资本论》中讲到货币地租，便硬要从宋代文献中寻取一些极不切合的事例，强为比附，用以宣称宋代也已有了货币地租。这样的一些做法，并不是认真地运用唯物史观，其结果，既没有使唯物史观得到正确的运用，当然也没有使宋史的研究得到任何好处。

在史无前例的十年浩劫结束之后，随着政治上的拨乱反正，绝大部分学术研究者们，也得以从极左思潮和"四人帮"所设置的各种思想枷锁中解脱出来。在宋史研究领域，也随之而出现了生动活泼的可喜局面。单纯代圣人立言的那种八股腔调的文章已经少见，代之而起的，是一些不把唯物史观作为教条，而只把它作为指南针，用以阐明、分析和解决宋代历史上存在的各种各样的问题和事件。典章制度的研究不再受到鄙视，于是《宋代兵制初探》一类的专著得以印行；而关于宋代的科举和职官制度，不但已有散见于报刊上的许多文章，也还有人正在埋头进行深入的研究；文献资料的整理和研究不再受到鄙视了，于是有人已经开始了整理和重编《辑本宋会要》的重头工作，有了研究郑樵的《通志》、李焘的《续通鉴长编》、李心传的《建炎以来系年要录》和马端临的《文献通考》等书的许多论著；在全国范围内开展了整理古籍的工作之后，宋代学者著作中的主要史籍、文集、方志、笔记等，几乎全部被列入整理研究的计划之内，有的且已校点完毕并已出版了；对唯心主义思想家的研究也不再受到鄙视了，例如对于朱熹，在过去是只能批判而不能有任何肯定，有一段时期且只把他的思想概括为"存天理，灭人欲"六个字，认为反动透顶，大张挞伐，而这几年内则可以平心静气地加以研究了，于是而有《宋明理学》等著作的出现；除如此等等之外，更须加上那个久已被研究者们作为最重要课题的，关于宋代社会经济发展史诸方面的不断出现的成果。这样，在宋史研究领域中，也正在出现一个百家争鸣和百花齐放的崭新势态。其所以出现了这样崭新的势态，就在于已逐步树立起健康学风，能力求把马列主义的普遍真理与中国的历史实际紧密结合之故。

有人认为：社会心理是社会存在的一种反映方式，史学工作者通过社会风尚的演变，可以考察人们在日常活动和相互交往中形成的普遍意识，有助于更准确地描述历史面貌；用心理学的概念、范畴分析历史人物，可以另辟蹊径，丰富和补充阶级分析。这就是说，应当把历史学的研究与社会学、民俗学和心理学等横向联系起来。在我看来，尽管社会学等都是近代新兴的、自成体系的学科，但在这些学科出现之前，在我国传统的历史编纂学的方法中，实质上都已经或多或少地体现了这样的一些联系。我们的任务是，一方面要继承发扬我们的这一优良传统，另一方面，要更加有意识地加强与上述诸学科以及更多有关学科的横向联系，这样就可以使我们的历史研究（包括宋史研究）到达一个新的境界，即突破了极左思潮所制造的那些清规戒律，也不再受到来自外界的这样那样的干扰。在最近的五六年内，对学术研究（包括对宋史的研究）来说，应算是新中国成立以来的最好的时代了。继此以往，当会更好。我们每个宋史研究人员，都打算乘此时机，发奋图强，以求在不远的将来能作出无愧于这一伟大时代的成果，在建设具有中国特色的高度的社会主义精神文明进程中做出应有的贡献。

附记：去年10月份在杭州举行的宋史研究会年会上，我曾就这篇文章的《略谈宋学》部分做过简短的发言，12月份在香港中文大学历史系作学术讲演时才讲述了全文；其《附说当前国内宋史研究情况》部分，则只是在香港中文大学历史系讲演时谈及的。现将前后两部分稍加整理，刊入这本《论文集》内，姑且充作"前言"。

1985年3月写于北京大学

（邓广铭等主编：《宋史研究论文集》前言，浙江人民出版社1987年版）

陈傅良之宽民力说

徐 规

孙仲容先生尝代其尊人琴西太仆撰《薛浪语集序》云："南北宋间，吾乡学派，元丰九先生昌之，郑敷文、薛右史赓之。其学类皆通经学古，可施于世用。永嘉经制之儒，所以能综经义治事之全者，诸先生为之导也。敷文之学，没而无传。右史之学，传于其子艮斋先生，益稽核考索，以求制作之原，甄综道势，究极微眇，遂卓然自为一家。其没也，止斋陈先生实传其学。《宋元学案》表章吾乡学术列为五派，而以先生及止斋为永嘉诸儒之宗。衣言曩在京师，与方闻之士论当时门户之弊，常以为欲综汉、宋之长而通其区畛者，莫如以永嘉之学。"琴西先生喜谈经济，固远绍赵宋乡先儒之传；而仲容先生生平著作，又以《周礼正义》卷帙为最巨，殆亦止斋《周礼说》十二篇之志欤？是则永嘉之学，继往开来，其未有艾也。盖经世济民，时不以古今，地不以中外，其事不可废，其术不可不讲，而是即止斋生平之所重。全谢山为《止斋学案》，言其所得较艮斋更平实，诚非过言。而楼攻媿撰碑铭，痛其赍志以终；叶水心之墓志，叹其收功之薄。此南宋之式微所以尤甚也欤！在不以民为重，在不能用以民为重之士耳。值兹为仲容先生（1848—1908）百岁纪念之会，试略究止斋宽民力之说，聊以见永嘉学统所志之切于实云。

一

读《止斋集》卷四六《祭令人张氏文》，卷四八《承事郎徐公迪哲墓志》，卷五十《族叔祖元成墓志》《令人张氏圹志》，与夫《叶水心集》卷十四《张令人墓志》等，则知止斋（1137—1203）幼孤贫，而其娶也晚。昨岁新婚，今年登第，此固人生之乐事；然在止斋，其时年已三十五、三十六矣。致此之由，多为贫耳；综其一生亦多与贫为伍。高风亮节，士固安贫，然生民疾苦，亦惟安于贫者而后能知之深且切也。个性环境，益以师传力学，此其所以发为宽民力之说。又深痛国势衰微，失土未复，尝言："今敌国之为患大矣！播迁我祖宗，丘墟我陵庙，羶腥我中原，左衽我生灵，自开辟以来，夷狄乱华未有甚于此者也！"（本集卷二八《经筵孟子讲义》）又谓："夷狄安能一旦入中国哉？民心离则天心不享，则其祸必及于此。而渡江诸臣不惟尽循宣和横敛之旧，又益以总制、月桩，令项起发。王朴有言，以此失之，以此兴之可乎？"（本集卷十九《赴桂阳军拟奏事札子第二》）。嗟乎！止斋之所以穷研《春秋》《左氏传》，敌国外患激之也；而用事之臣，方且以重税虐民，其危孰有甚于此者，故力主政府施政，须以收人心为本。

兹且先言止斋治学精神。水心所作墓志曰："古人经制，三代治法，与薛公（艮斋）反复论之。而吕公（东莱）为言：本朝文献相承，所以垂世立国者，然后学之本末内外备矣。公犹不已，年经月纬，昼验夜索，询世旧，翻吏牍，搜断简，采异闻，一事一物，必稽于极而后止。"可知其学务为缜密，而重考验理论与实际之是否相应。又云："公既实究治体，故常本原祖宗德意，欲减重征，捐末利，还之于民，省兵薄刑，期于富厚。"要归于减轻人民负担而已。

止斋于孝宗时，尝通判福州，蔡幼学撰行状载："公在三山（即福州），阅故府所藏累朝诏条，凡财赋源流，国史所不尽载者，考之悉得其要领。"陈振孙《书录解题》卷五，有《长乐（即福州）财赋志》十六卷，云："知漳州长乐何万一之撰。往在鄞学，访同官薛师雍，几案间有书一编，大略述三山一郡财计，而累朝诏令申明沿革甚详，其书虽为一郡设，于天下实相通。问所从得？薛曰：'外舅陈止斋修图经（按：指《淳熙三山志》），欲以为财赋一门，后缘卷帙多，不果入。'因借录之，书无标目，以意命之曰《三山财计本末》。及来莆田，为郑寅道之。郑曰：'家有何一之《长乐财赋志》，岂此邪？'复借观之。良是。其间亦微有增损。"然则何书盖本之止斋旧稿也。是又其验实之证。

止斋尝谓："吾辈为汉民将十馀世，而使吾君忍耻事雠，垂六十年，而学校乡党晏然无进志，其大者则率其徒为清谈，次摘章句，小则学为诗文自娱。"（本集卷三六〈答丁子齐书〉）又其弟子曹叔远曾与朱熹言："乡间诸先生所以要教人就事上理会，教着实，缘是向时诸公多是清谈，终于败事。"（《朱子语类》卷一二三）所谓清谈，殆指道学而言。而止斋为薛艮斋作行状有云："公告学者曰毋为徒诵语录。"（本集卷五十）是其师弟子之学，虽导源伊洛，然于斯派之末流，盖有所不慊也。故止斋务为实事求是，不愿与人争论是非，标立异同，更不肯树植党与，曲相附和，尝言："吾党亦有患，自相推尊患太过，与人无交际患不及。"（本集卷三八《答赵南书》）又《答刘公度书》曰："年来笃信六艺之学，兢业为本，彼此纷纷，亦恐吾人躬未自厚而责人不薄，有以致此。"其持论与吕东莱略同。当是时陈同甫与朱熹争论王霸，止斋《答同父书》有"其间颇近忿争，养心之平，何必及此"之语（本集卷三六）。又《与元晦书》亦言："每怀企慕，二十年间，不在人后。会并差池，未有瞻侍之幸，闻见异同，无从质正，间欲以书扣之，念长者前有长乐之争，后有临川之辨。又如永康往还，动数千言。更相切磋，未见其益，学者转务夸毗，浸失本指。盖刻画太精，颇伤易简，矜持已甚，反涉吝骄。"（本集卷三八）同甫、元晦均有复书，不服其说（《龙川集》卷二一及《朱文公集》卷三八）。而《朱子语类》卷一二三亦尝及此事，略云："陈君举谓某前番不合与林黄中、陆子静诸人辨，以为相与诘难，竟无深益。不知更何如方是深益，若孟子之辟杨、墨，也只得恁地辟。他说刻画太精，便只是某不合说得太分晓，不似他只恁地含糊。他是理会不得，被众人拥从，又不肯道我不识，又不得不说，说又不识，所以不肯索性开口道这个是甚物事，又只恁鹘突了。"乾淳学者之不肯苟同，与作风之异，于此可征。止斋《答长溪王佐之书》云："某无以愈人，独博交当代贤俊之心，出于天然，虽以之得谤讪，或相背弃，不悔！"（本集卷三五）虽未审为何人而发，要亦可知其胸怀洒落也。

李心传《朝野杂记》乙集卷十二载:"近岁吕伯恭最为知古,陈君举最为知今。伯恭亲作《大事记》,君举亲作《建隆编》,世号精密。"《建隆编》据蔡撰行状及陈振孙《书录解题》卷四,止一卷之书,本集卷四十《嘉邸进读艺祖通鉴节略序》云:"自李焘作《续通鉴》,一代之书,萃见于此。然篇帙浩繁,文字重并,未为成书,难以观览。今略依司马迁年表大事记,司马光《稽古录》,与焘《举要》,撮取其要,系以年月,其上谱将相大臣之除罢,而记其政事因革于下方。夫学之为王者事,非若书生务多而求博,虽章句言语皆不忍舍也。诚能考大臣之除罢,而识君子小人进退消长之际;考政事之因革,而识取士养民治军理财之方;其后治乱成败,效出于此。故今所节略通鉴,如群臣奏疏与其他言行,与一时诰令出于代言之臣,苟非关于当年治道之大端,即不抄录;或见于它书,实系治体,不可不闻,而通鉴偶遗,即据某书添入;至于通鉴登载万一有小小违误,亦略附著其说于下;若夫列圣深仁厚泽,垂裕后人,传之万世,尤当循守者,必为之论,但存本指,不加文采,深有冀于省察也。"《通考·经籍考》二十《编年类·建隆编》引止斋自序即此文,是则一书也。又行状云:"公以为王者之学,经世为重,祖宗成宪,尤当先知,乃纂次建隆以来行事之要,每至立国规摹,必历叙累朝因革利害,附见其下,本末粲然,如示诸掌。"是书之内容如此,其有裨于治道,固无疑矣。如心传所云,当世已深重之,惜乎传本之已佚耳。虽然,《通考》载宋太祖时事,每引止斋语,前后不下三十条,尚可见其生平用心所在,今移录数条于下:

《通考·国用考》一,开宝元年诏诸道给舟车辇送上供钱帛条,引止斋之语曰:"国初上供,随岁所入,初无定制,而其大者在粮帛银钱诸路米纲。《会要》,开宝五年令汴、蔡河岁运江、淮米数十万石赴京充军食。太平兴国六年制岁运三百五十万石。景德四年诏淮南、江、浙、荆湖南北路以至道二年至景德二年终,十年酌中之数,定为年额,上供六百万石,米纲立额始于此。银纲,自大中祥符元年诏五路粮储已有定额,其余未有条贯,遂以大中祥符元年以前最为多者为额,则银纲立额始于此。钱纲,自天禧四年四月三司奏请立定钱额,自后每年依此额数起发,则钱纲立额始于此。绢绵纲虽不可考,以咸平三年三司初降之数,则亦有年额矣。然而前朝理财务在宽大,随时损益,非必尽取。上供增额起于熙宁,虽非旧贯,尤未为甚。崇宁三年十一月始立上供钱物新格,于是益重。宣和元年户部尚书唐恪稽考诸路上供钱物之数,荆湖南路四十二万三千二百二十九贯匹两,利州路三万二千五百一十八贯匹两,荆湖北路四十二万七千二百七十七贯匹两,夔州路一十二万三百八十九贯匹两,江南东路三百九十二万四百二十一贯匹两,福建路七十二万二千四百六十七贯匹两,京西路九万六千三百五十一贯匹两,河北路一十七万五千四百六十四贯匹两,广西路九万一千九百八十贯匹两,京东路一百七十七万二千一百二十四贯匹两,广南东路一十八万八千三十贯匹两,陕西路一十五万七百九十贯匹两,江南西路一百二十七万六千九十八贯匹两,成都路四万五千七百二十五贯匹两,潼川路五万二千一百二十贯匹两,两浙路四百四十三万五千七百八十八贯匹两,淮南路一百一十一万一千六百四十三贯匹两,而斛斗地(地字疑衍)杂科不与焉。其取之民极矣。方今版图仅及承平之半,而赋入过宣和之数,虽曰饷军出不得已,要非爱惜邦本之道,此宽民力之说所以为最先务也。"马端临言此段足以尽宋朝上供之委折。《通考·市籴考》一述宋代和买、折帛,又引其言曰:"和预买始于太平兴国七年,然折钱未有定数,如转运使辄加重,诏旨禁绝之。熙宁理财多折见钱,而诸郡犹有添起贯陌不等之弊,朝廷随即行遣。今之困民莫甚于折帛,而预和市尤为无名之敛。然建炎初行折帛,亦止二贯。户部每岁奏乞指挥,未为常率。四年为三贯省,绍兴二年为三贯五百省,四年为五贯二百省,五年七贯省,七年八贯省,至十七年有旨稍损其价。两浙绸绢每匹七贯文,内和买六贯五百文,绵每两四百文。江东路绸绢每匹六贯文。则科折之重至此极矣,不可不务宽之也。"据端临言,折帛原出于和买,其始也,则官给钱以买之;其后也,则官不给钱而白取之;又其后也,则反令以每匹之价,折纳现钱,而谓之折帛。故止斋力主减免此类苛税。《通考·征榷考》

一建隆元年（960）诏所在不得苛留行旅，又诏榜商税则例条，引其言："此薄税敛初指挥也。艺祖开基之岁，首定商税则例，自后累朝守为家法。凡州县小可商税不敢专擅创取，动辄奏禀，三司取旨行下。至淳化三年令诸州县有税，以端拱元年至淳化元年收到课利最多钱数，立为祖额，比校科罚，盖商税额比较自此始。及王安石更改旧制，增减税额，所申省司，不取旨矣。熙宁三年九月中书札子详定编敕，所参详自来场务，课利增亏，并自本州保明，三司立定新额，始牒转运司令本处趁办。往复经动年岁，虚有留滞，莫若令本州自此立定祖额比较。有旨从之。而本州比较自此始。商税轻重皆出官吏之意，有增而无减矣。政和间，漕臣刘既济申明于则例外，增收一分税钱，而一分增收税钱窠名自此起。至今以五分充州用，五分充转运司上供，谓之五分增收钱。绍兴二年令诸路转运司，量度州县收税紧慢，增添税额三分，或五分，而三、五分增收税钱窠名自此始。至今以十分为率，三分本州，七分隶经总制司，谓之七分增税钱。而商税之重，极于今日。"此外所引，如《征榷考》二、四、五之论盐钞、酒课岁额及榷茶等条，于宋代税制，多能探其本末，指陈利弊。通晓当代财政史实者，信无出其右也。又通观马端临所引，盖采《建隆编》之文也。

二

止斋虽云受知三朝，惟淳熙间知桂阳军稍能展其抱负耳。然即此已可见其仁爱于民。行状载："治桂阳，蠲民宿负及县月输之未入者。凡廪藏受输以例取，赢者悉裁之。"又上书孝宗，请求减免苛税（详见本集卷十九《桂阳军乞画一状》）。孝宗内禅，故事，桂阳守臣须贡白金三千两，申请减损三分之二。得旨可其奏，实惠遂及一方（本集卷四二《跋张魏公南轩四益箴》及神道碑）。此关于省赋敛也。行状载："岁小旱，预出钱籴于旁郡，置数场以粜，粜已复籴，循环不乏。又听民以薪易官粟，或就役于官食其力，民无饥者。连帅潘公时以缗钱五千助籴，公益以郡钱，立式贷之，约岁登偿，及期不复索。"此关于讲荒政也。又作《劝农文》鼓励农民努力耕耘，增加生产（本集卷四四）。尝有《劝农诗》云："雨耨风耕病汝多，谁将一一手摩挲。幸因奉令来循垄，恨不分劳去荷蓑。凉德未知年熟不？微官其奈月桩何。殷勤父老曾无补，待放腰镰与醉歌。"（本集卷六）。此关于重农事也。乾道八年，止斋《廷对》有云："今也州县之赋，一按故籍，无秋毫加益焉。而有司巧为斡旋，暗相资奉，旁缘科色，诛求锱铢。"（本集卷二九）。彼掊克之吏，虐民自奉，视止斋判若泾渭。人民因税重，无力供奉，或不免有骚动，则州县官每视同叛逆，而止斋深识其所以然之故。尝《与（弟子）林懿仲书》云："桂阳本一县，置吏养兵与赋输，视他大郡，民力重困，至于甚不能平，则或骚动，非其俗喜乱也。"（本集卷三六）行状言，止斋升任提举湖南常平茶盐事，去郡日，老稚遮送不绝。其为人民所爱戴，可以想见。

绍熙二年，初觐光宗，即奏上三札，专论民力之困。其言曰："艺祖深仁厚泽，垂裕后人，专以爱惜民力为本。臣案故牍，自建隆至景德四十五年，南征北伐，未尝无事，而金银钱帛粮草杂物七千一百四十八万，计在州郡不会，古所谓富藏天下，何以尚此。当是时诸道上供，随所输送，初无定额。盖至大中祥符元年三司始奏立诸道上供岁额，熙宁新法增额一倍，崇宁增至（十）数倍，其他杂敛，熙宁则以常平宽剩、禁军阙额之类，令项封桩；元丰则以盐酒、香矾、铜锡之类，凡十数色，合而为无额上供；宣和则以赡军、籴本与凡应奉司无名之敛，合而为经制；绍兴则又以税契、添酒、茶盐之类，凡二十余色，合而为总制；最后又以系省不系省、有额无额上供、赡军等钱，均拨为月桩大军，迄今为额。而折帛、和买不与焉。夫取之之悉如此，而茶引尽归都茶场，盐钞尽归榷货务，秋苗斛斗十八九归于纲运。州县无以供则豪夺于民，于是取之斛面，取之折变，取之科敷、抑配、赃罚，无所不至，而民困极矣。方今之患，何但夷狄，盖天命之永不永，在民力之宽不宽耳，岂不甚可畏哉！陛下知畏，则宜以救民穷为己任；陛下以救民穷为己任，则大臣不敢苟目前之安；大臣不敢苟目前之安，则群臣陈力何向不济。"（本集卷二十）。此即楼攻媿所谓旧欲奏之孝宗者也。诸税沿革，当日财政当局固不能尽悉，即税类之繁之细，与夫技术上之种种弊害，恐亦多未了了。深居九重者则更无论矣。而人民方呻吟于此重压下而无可赴诉，故止斋不惜穷寻本末，未得达于孝宗，遂不得不诉于光宗，以求民病之能去也。其后转对则乞议免役钱，进故事则乞除身丁钱，其论尤详，以为"折帛固宜减，不如身丁切于穷民"。苛税应去者多，止斋姑先就最苦贫下者为言，治之以渐尔。及宁宗亲政，则又乞出内帑，助版曹经费，少宽催理，以纾民力。然皆言之卒不得见于用。（本集卷二一《转对论役法札子》，卷二六《乞蠲放身丁钱札子》、中书舍人供职后《初对札子》，及行状）

曹叔远序《止斋集》，言书未脱稿者有《周汉以来兵制》及《皇朝财赋兵防秩官志稿》，然今传其《历代兵制》，或即《周汉以来兵制》也。志稿虽未悉其内容，然推其旨要，所谓兵防，殆亦从编制上研究，以求减少兵额，而改善兵质。盖兵费为宋累朝财政上最大支出，兵费能大减，则税于民者自可减轻。本集卷十九《赴桂阳军拟奏事札子第三》云："自州郡各有禁军，而三司之卒不出，不出则常坐食于京师，常坐食于京师，则必尽天下之利归之公上，利尽归之公上，而州郡之益兵已多，则其势必巧取阴夺而后足，于是养兵始为大患。"盖宋代士兵家属衣食，皆仰给县官，竭全国之力以奉之，犹感不足，故主张汰其猥而精其质，以纾民困。然此事处置极难，止斋曾上书光宗论处置之道，略云："天下之力竭于养兵，而莫甚于江上之军。故每欲省赋，朝廷以为可，则版曹不可；版曹以为可，则总领所不可；总领所可，奈何都统司不可也。都统司谓之御前军马，虽朝廷不得知；总领所谓之大军钱粮，虽版曹不得与。于是中外之势分，而事权不一，施行不专。欲宽民力，其道无由。诚使都统司之兵与向者在制置司时无异，总领所之财，与向者在转运司无异，则中外为一体；中外一体，则宽民力可得而议矣。"（本集卷二十）光宗极赞许其议论，然终未能用。

止斋既力主宽民，故评论政策之良窳，亦全视其能否减轻人民负担为准则，如对于熙宁新法，本极表不满，然于募役法，似颇推重，本集卷二一《论役法札子》尝云："所谓免役钱，本以恤民，使出钱雇役而逸其力也。……夫使民出钱募役而逸其力，未为非良法也。"司马温公为相，将荆公若干良法一并撤废。止斋亦深为惋惜，其《与刘清之寺簿书》云："温公元祐变法匆匆，亦是十七八年心力尽在《通鉴》，不肯更将熙丰诸事细心点检。到得天人推出，虽以许大规摹，终少弥密，未为恰好，前辈多恨焉耳。"（本集卷三七）。又《跋苏黄门论章子厚疏》云："余每读章氏《论役法札子》，言温公有爱君爱国之心，而不知变通之术，尝叹息于此，使元祐君子不以人废言，特未知后事如何耳！"（本集卷四二）此种公正不偏，以民为重之态度，在当日士大夫中诚未多觏者也。

以其志切于民生也，故知有能增进人民幸福之地方官，每力予推荐。如绍熙元年八月湖南提举司任内，上状云："近者朝廷集议蠲减，臣实奉行宽大之诏，数内永州减月桩钱五千贯，亦是知州赵谧率先他郡将所蠲减之数，分为等第，均与诸邑，必欲上泽下及于民。今之州郡，大抵上欺监司，而下不恤民。自非谧有志爱民，安能如此。臣以为若谧者可谓不负陛下使令矣。知全州施广文虽本书生，顾为鄙猥之计，及此垂满，略无顾惮，自上供军须至官吏之俸，一切勿问。臣尚以为行且受代，或是储积以遗后人。比及体访，累月以来，郡帑并无见管钱物，且财赋若不在官即须在民，而广文已将今年民户秋苗创行预借一半。方禾未登场之时，民正艰食。奈何有此暴敛。全之民力，自是困矣。臣以为若广文者可谓负陛下使令矣。至如知武冈军王公弼，亦有治状。武冈虽小垒，自公弼为之，阖郡之事，井井有条，士人悦之，军人安之，旁及猺峒，悉听约束。观其才有过人者，但视永州不为甚难，劳效差小耳。"于是止斋主张朝廷应赏功罚罪，以为官吏之劝戒。十月二十七日有旨，赵谧、王公弼各减二年磨勘，施广文与宫观。此外，湖广贤士宋文仲、吴猎、蒋砺、杨炤诸人，为官能行惠民之政，皆荐之于朝（本集卷二十）。又以帅、漕、总领及税官权轻恩薄，卑于士议，故多不乐为之，然所司关系民生甚切。尝上札子于宁宗，极论其弊，其言曰："今天下亦多故矣。独念民力之困，于此为极，而莫与陛下救之者耳。贤士大夫不为不多，曾莫与陛下救斯民者何也？势不行也。何谓势不行？欲救民穷必为帅、为漕、为总领而后可，而三数官者，虽贤士大夫不乐为之故也。外权太轻，虽有所设施而不得骋故也。是故不为法令之所束缚，则为浮言之所动摇，不为时政之所讳恶，则为宦游于其处而不得志者之所中伤。有是四患，虽贤者亦忍事苟岁月耳，而况其馀人乎！且夫人情谁不喜迁而恶滞，谁不好伸而耻屈，谁不趋利而避害。……如前四患则是事权太轻，虽贤者犹不乐为之；如后三说，则是恩数太薄，人人不乐也。窃以为今日之势，莫若稍稍重外。重外之术，必使帅、漕、总领皆可驯致于从官，可以驯致于从官，而后可久任，可久任而可责事功。如此则帅、漕、总领始晓然知朝廷委寄不轻矣。则夫前四患者次第自去，而有为陛下出力救斯民者矣。"（本集卷二六）赵宋累朝相承，重内轻外，如上所言，不过积弊之一端耳。止斋又代胡少钦监酒《上婺守韩无咎书》，略云："筦库之士，自古卑之，而今为甚。今之田赋视古有损，而征榷之入，累数十百倍于古，则筦库云者，不但籍出入、校余欠而已。其督办也有课，其输送也有程。督办之弗集，输送之弗继，在位顾缺然无以为计。故凡物之不登，经费之不支，转而为有司之责，而勾稽扃镝度藏之细不与焉。劳亦累十百倍于古矣。仕乎此者，虽欲徒禄食而无悔咎如古者，不可复得。今夫皆州县官也，皆得以察举于其长，而由幕职、教授若曹官、令佐得之，则人以为宜。由仓库务官，则人以为怪。皆在京官也，皆得以选用于其上，而由检、鼓诸院得之，则人以为宜。由审计、榷货之官，则人以为怪。名实未有分也，而取舍若是，岂一日积哉？夫以征榷之入，岁累十百倍于古，而其官司之劳，亦累十百倍于古，国家方加利焉，而卒卑于士议如此，则自爱者宜知所择矣。"（本集卷三八）缘此之故，税官势多为猥鄙者所窃据，其为生民之病，固不待言。要之，止斋一生所拳拳者乃在宽民力，盖累世相承，至于乾、淳，病民实甚，先去其病，民乃得息，得息而后能养，能养而后能健，民力既健，则敌国外患，不足为虑，此止斋之深旨也。

（原载《浙江学报》第一卷第一期，
《瑞安孙仲容先生百岁纪念专号》，1947年9月）

略论叶适的学术和事功

——纪念叶适诞生840年

徐 规

叶适（1150—1223）是南宋的进步思想家、爱国政论家和博洽学者。他集永嘉事功学之大成，清人全祖望说："乾（道）、淳（熙）诸老既殁，学术之会总为朱、陆二派，而水心断断其间，遂称鼎足。"（《宋元学案》卷五四《水心学案上》序录）这说明以叶适为代表的永嘉事功学派在当时已与朱熹道学、陆九渊心学成为鼎足之势。叶适著作现存的主要有《水心文集》《水心别集》和《习学记言序目》等。

一、家庭、时代、师友

叶适，字正则，原籍处州龙泉，曾祖时始移家温州瑞安，至其父光祖"定为永嘉人"（《水心文集》卷十五《叶公圹志》，卷二五《母杜氏墓志》）。叶适晚年居州城松台山下生姜门（即三角门）外水心村，故学者称为水心先生。

叶家迁到瑞安后，"贫匮三世"。叶适的父亲是一位蒙馆教师，束脩所入甚微，其母间亦从事纺织麻纻，以充家人衣著之需（《母杜氏墓志》）。家庭经济情况长期处于贫困之中。叶适29岁（淳熙五年，公元1178年）登进士第。步入仕途后，才稍稍置有房屋和田产。叶适为其妻所撰之墓志中说："晚岁，三子始育，始有宅居，稍垦田，不市籴，然自处一如其初。"（《水心文集》卷十八《高令人墓志铭》）晚年屏居乡间，常喜与农民往来，他说："余久居水心村落，农襏圃笠，共谈陇亩间。"（《水心文集》卷二九《题周子实所录》）这样的家庭出身和处境，对于叶适的学术见解和政治主张自然会产生一定的影响。

叶适生活的这70多年时间里，长江以南地区已不再遭受金兵的蹂躏，通过劳动人民的辛勤劳动，许多门类的生产事业都有了较大的发展。但封建的生产关系仍阻碍着社会生产力的前进，特别是由于南宋政府对金国采取妥协屈辱的政策，每年奉送大量银两和绢帛，置中原失土于度外，民族矛盾相当突出，士大夫中的抗战派和妥协派的斗争非常尖锐。而且国家统治机构庞大，兵多官冗，财政支出超过北宋熙宁、元丰间。随着统治者剥削和压迫的不断加重，各地人民起义和反抗的事件不断出现。尤其是由于南宋政府厉行茶、盐、酒、矾、香料、金属等的专卖，严重影响一般人民的生活和生计，因而也就不断激起茶商、茶农、盐贩、盐民和矿徒的武装反抗以及商人的罢市。这些事件在《水心文集》中也有记载（卷十八《钱公墓志铭》，卷二三《王公墓志铭》，卷二一《徐文渊墓志铭》，卷二二《舒彦升墓志铭》）。以上民族矛盾、阶级矛盾和时代特点，对于爱国、注重经世致用的叶适，必然会产生巨大的影响。

叶适的家乡温州，在北宋哲宗、徽宗时期（1086—1125）有周行己、许景衡等多人往北方求学，把程颐的"洛学"和张载的"关学"带回家乡来。其后，南宋乾道、淳熙间（1165—1189），又有郑伯熊、薛季宣、陈傅良等著名学者辈出，永嘉学派才正式形成。据叶适晚年在所撰《温州新修学记》中说：

> 昔周恭叔（行己）首闻程（颐）、吕氏（大临，系张载和程颐的门生）微言，始放新经（指王安石的《三经新义》），黜旧疏（前代的旧注疏），挈其俦伦，退而自求，……而郑景望（伯熊）出，明见天理，神畅气怡，笃信固守，言与行应，……故永嘉之学，必兢省以御物欲者，周作于前而郑承于后也。
>
> 薛士隆（季宣，或作士龙）愤发昭旷，独究体统，兴王远大之制，叔末寡陋之术，不随毁誉，必摭故实，……至陈君举（傅良）尤

号精密，民病某政，国厌某法，铢称镒数，各到根穴，……故永嘉之学，必弥纶以通世变者，薛经其始而陈纬其终也。(《水心文集》卷十)

可见永嘉之学原来包含有两个系统、两种作风：其一，从周行己到郑伯熊，这一系统的学者基本上继承"洛学"的作风，所谓"必兢省以御物欲"。其二，从薛季宣到陈傅良，这一系统的学者，就其师承关系来说，也渊源于伊洛，但就其治学的根本精神所谓"必弥纶以通世变"（按：意同"经世致用"，即注重事功）而论，已与程门心性之学判然不同。

如所周知，南宋永嘉之学的根本精神在于"经世致用"，研究"经义"（《五经》的义理）和"经制"（经书中记载的制度），目的在于"治事"（办好当前的政治）。这种学风的开创者，就永嘉学派来说，当推薛季宣。薛的友人金华吕祖谦在《与朱元晦书》中称许他"于田赋、兵制、地形、水利，甚曾下工夫，眼前殊少见其比"。"所学确实有用"（《东莱吕太史别集》卷七、卷八）。陈傅良继承并发扬这种精神，于治经之外，兼精史学，尤其重视当代历史的研究。南宋名史家李心传推崇陈傅良是"最为知今"的学者（《建炎以来朝野杂记》乙集卷十二"昔人著书多或差误"条）。薛、陈二人实为永嘉学派的正宗。

叶适少年时代，曾从永嘉楠溪刘愈（字进之）问学。刘愈是一位隐居不仕、"学佛得空解"的人（《水心文集》卷十七《刘子怡墓志铭》参阅薛季宣《浪语集》卷三四《刘进之行状》）。他对叶适学术思想的影响不大。叶适与前辈郑伯熊的关系，据他自己在《祭郑景望龙图文》中说："某之于公，长幼分殊，登门晚矣，承教则疏。"（《水心文集》卷二八）郑伯熊喜阴阳家言，迷信坟地风水。叶适曾对伯熊这种思想与行为，加以讥议（《水心文集》卷十二《阴阳精义序》）。显然，叶适也不是郑伯熊的学术传人。

至于叶适与陈傅良的关系，他在《陈公墓志铭》中说："余亦陪公游四十年，教余勤矣。"（《水心文集》卷十六）又在《祭陈君举中书文》中说："自我获见，四十余冬。"（《水心文集》卷二八）傅良卒于宁宗嘉泰三年（1203），上推四十余年，约在高宗绍兴三十一年（1161）前后。这时，傅良年二十五左右，叶适以十二岁左右的童子，因与傅良任家庭教师的瑞安林家，乡里毗邻，遂得相识。（《止斋文集》卷二《送叶正则赴浙西宪幕》诗有"相从自束发"之句）自此至傅良逝世，交谊独厚。

叶适在青年时代也曾往谒薛季宣，并投书求教，惜原书已佚。惟季宣答书尚存，其中有云：

> 执事听于涂说，不以某之不肖，惠然肯顾，投以尺书，望我以急难，扣我以学问。执事秀发妙龄，多闻多识，通于古，明于文，行不自贤，不耻下问，一日千里，吾知方发轫焉。（《浪语集》卷二五《答叶适书》）

可知叶适与薛季宣的结交也是较早的。从叶适本人的学术见解、政治主张以及对薛、陈师徒的推重情况看来，他接受薛、陈的教益和影响自较得之他人处为多。

二、学术思想

叶适受到时代的激荡、家庭的影响和师友的熏陶，"志意慷慨，雅以经济（指经世济民）自负"（《宋史》卷四三四《儒林·叶适传》）。他要求自己和门生为学为人的准则是：

> 读书不知接统绪，虽多无益也；为文不能关教事，虽工无益也；笃行而不合于大义，虽高无益也；立志不存于忧世，虽仁无益也。（《水心文集》卷二九《赠薛子长》）

这个主张确能继承和发扬永嘉事功之学的特色。

叶适所谓"读书不知接统绪，虽多无益也"，就是要求当代读书人能够继承尧、舜、禹、汤、文、武、周公、孔子的传统。他认为儒家经典的《五经》，多记载尧、舜、三代为治之道及其"制度器数"，要治国平天下，就必须重视《五经》的研究（《水心别集》卷五《进卷·总义》）。永嘉事功学派重"经制之学"，就是重视对《五经》中制度器数的探索。他们是把经书当作先王之政典来看待的。朱熹也说："永嘉之学，理会制度。"（《宋元学案》卷五一《东莱学案》附录）叶适继承并发展了这个见解，影响及于后世。他虽然特别推尊《五经》，但并非要求大家泥古不化，而是主张开动脑筋，结合具体事物，对古代制度加以分析、检验，认真地吸取古人为治的精意，作为治理后世国家的借鉴，即所谓"会之以心，验之以物"（《进卷·总义》），"治后世之天下，而求无失于古人之意"（《习学记言序目》卷八《王制》），"其（指尧、舜、汤、武）所以为治之道，必有相承而不可废者矣"（《水心别集》卷八《进卷·苏绰》），"不深于古，无以见后；不监于后，无以明前"（《习学记言序目》卷十九《史记·表》）。

叶适在研究《五经》这一工作上，极力反对两种不正确的学风：一种是所谓"祖习训故，浅陋相承者，（学而）不思之类"；一种是所谓"穿穴性命，空虚自喜者，（思而）不学之类"（《习学记言序目》卷十三《论语·为政》）。后一种学风为程、朱学派和陆九渊学派所共有，在当时学术思想界是占主导地位的。程朱学派的道德性命之学风靡当代，引起了"立志存于忧世"的永嘉学者的反对。绍熙二年（1191），陈傅良的学生瑞安曹叔远（字器远）曾对朱熹说："乡间诸先生所以要教人就事上理会，教著实，缘是向时诸公多是清谈，终于败事。"（《朱子语类》卷一二三《陈君举》）永嘉学者认为只有较多地接触实际，了解实际，提高思想水平和办事本领，才能达到挽救国家危机、巩固南宋统治的目标。

叶适与朱熹在学术思想上是不同道的。朱熹继承并发展了周敦颐、程颐一派的道学，成为宋代客观唯心论的集大成者，也是程朱学派的泰斗。叶适则是继承并发展了永嘉事功学派的务实作风与经世致用之学，更接受了中国唯物论的优良传统，在和程朱学派的论争过程中，在当时较进步的科学技术水平的影响下，逐步形成了他的朴素唯物主义思想。

叶适对哲学（义理之学）方面的研究，一向比较注意，尤其是在晚年罢官退居故乡水心村之后的16年间（1208—1223），曾经下过苦功，写定《习学记言序目》一书，对古今各家学说和重要著作加以评论，取得杰出的成绩，由此而被后世公认为永嘉事功之学的集大成者。

在进步的哲学思想指导下，从实事求是的原则出发，叶适曾对当时流行的"道学"的某些论点进行批判。他在《答吴明辅（子良）书》中说：

> 垂谕道学名实真伪之说，《书》："惟学逊志，务时敏，厥修乃来。允怀于兹，道积于厥躬。"言学修而后道积也；《诗》："日就月将，学有缉熙于光明。佛（按：通弼，辅也）时仔肩，示我显德行。"言学明而后德显也；皆以学致道而不以道致学。道学之名，起于近世儒者，其意曰："举天下之学皆不足以致其道，独我能致之"，故云尔。其本少差，其末大弊矣。足下有志于古人，当以《诗》《书》为正，后之名实伪真，毋致辨焉。（《水心文集》卷二七）

在这里，叶适针对道学家的"学皆不足以致道"的唯心说法，提出"学修而后道积""学明而后德显"的主张，要求他的门生治学应以《五经》为据，不可遵循道学家的说教。

叶适又进而在所撰《习学记言序目》一书中指出程朱学派所重视的《十翼》（除其中《彖》《象》外），非孔子之作；揭露他们所尊奉的曾子、子思决不能代表孔门的真传，从而打击了程朱的道统说（参阅《习学记言序目》卷四九《皇朝文鉴·序》，卷三《周易·上下经总论》；孙之弘《习学记言序目·序》。程朱的道统说，见《朱文公文集》卷七六《中庸章句序》，卷八一《书刘子澄所编曾子后》）。又拆穿他们所宣扬的"道"和"性"是属于"尽遗万事"的佛老庄列之学，"程、张（载）攻斥老、佛至深，然尽用其学而不自知"（《习学记言序目》卷七《周礼·天官冢宰》，卷五〇《皇朝文鉴·书》）。叶适的学术批判火力，尤其集中在朱熹身上。朱熹说："《论》《孟》《中庸》《大学》，乃学问根本"（《朱文公文集》卷四七《答吕子约书》）。而叶适却以为："《诗》《书》，义理所聚也；《中庸》《大学》则后矣"（孙之弘《习学记言序目·序》，参阅《记言》卷八

《中庸》《大学》）。朱熹曾把汉儒董仲舒所说的"正其谊（义）不谋其利，明其道不计其功"二语作为白鹿洞书院的学规（《朱文公文集》卷七四《白鹿洞书院揭示》，参见王懋竑《朱子年谱》淳熙六年条）。但叶适则坚决反对这种脱离"事功"（即功利）而空谈"义理"（道义）之无的放矢的学习态度。他说：

> "仁人正谊不谋利，明道不计功。"此语初看极好，细看全疏阔。古人以利与人而不自居其功，故道义光明。后世儒者行仲舒之论，既无功利，则道义者乃无用之虚语尔！（《习学记言序目》卷二三《汉书·董仲舒列传》）

当时，朱熹也在竭力反对永嘉事功之学。他说："永嘉之学，理会制度，偏考究其小小者。"（《宋元学案》卷五一《东莱学案》附录）对叶适更是多方抨击诋毁。朱熹在《答项平父书》中说："中间得叶正则书，亦方似此依违笼罩，而自处甚高，不自知其浅陋，殊可怜悯。"（《朱文公文集》卷五四）又对门生说："叶正则说话，只是杜撰。看他《进卷》，可见大略。"（《朱子语类》卷一二三《陈君举》）

总之，叶适的学术思想既重视实际，又富于批判精神。批判对象非常广泛，古今各家学说和重要著作几乎全都涉及；而批判锋芒又能指向对当时学术思想界影响最大的程朱道学，故格外值得珍视。

三、政治主张和抗金行动

叶适平生志在"事功"。他的政治活动开始于孝宗淳熙元年（1174，25岁），他在南宋行都临安，向签书枢密院事叶衡上过一封书信，对时势详加评论，要求改革旧制，变弱为强。他说：

> 治乱无常势，成败无定谋。……弱可强也，怯可勇也。穰苴之胜，战已败之师；勾践之霸，奋垂亡之国。用今之民，求今之治，则亦变今之势矣。（《水心文集》卷二七《上西府书》。西府是枢密院的

别称，当年的长官姓名，据《宋史·宰辅表》《宋史·孝宗纪》《宋史·叶衡传》考定）

这反映了他的朴素辩证法思想和重视人的主观能动作用，是针对孝宗隆兴元年（1163）北伐失败后南宋士大夫间流行一种"南北有定势，吴越之脆弱不足以争衡于中原"（邓广铭辑校《辛稼轩诗文钞存·美芹十论·自治第四》）的论点而发的。

淳熙五年（1178），叶适考取进士第二名，此后，正式走上仕途。这时，对金国的和战问题仍是南宋政治生活中的重大问题，抗战派与妥协派的斗争相当尖锐。以宋孝宗为首的最高统治集团公然以"乘机待时"为借口，对金国采取妥协政策。叶适针对这种论调，曾多次提出了发愤图强的主张。

为了改变当时国家积弱不振的局面，叶适要求进行政治改革。

首先，他建议更张立国规模。他认为南宋情况与北宋初期绝不相同，极力反对"今日堤防之策乃在内而不在外"（《习学记言序目》卷四三《唐书·宦者列传》）的错误国策。他向南宋最高统治者建议，对中央与地方的职权必须加以调整，提高地方尤其是抗金的前线地区政府的权力，否则，"形势乖阻，诚无展力之地"（《水心别集》卷十五《上殿札子》，淳熙十四年上）。

其次，要求宽民力。叶适认为"今事之最大而当极论之，论之得旨要而当先施行者，一财也，二兵也"（《水心别集》卷一一《兵总论一》）。关于财的问题，叶适指出由于冗兵、冗官、岁币之故（《水心别集》卷二《财计下》），致使"天下之钱，岁入于官者八千万缗，而支费常不足"（《水心别集》卷十五《上殿札子》）。这个岁入总额（实物除外）已超过北宋熙宁、元丰间六千馀万缗之数（《建炎以来朝野杂记》甲集卷十四《国初至绍熙岁收数》条）。南宋版图比北宋将近小一半，户口数亦相对减少，人民负担必然更重。叶适又认为各种赋税之中，以经总制钱、和买、折帛、茶盐四类，最为病民。由于官僚、豪绅、富商等的多方逃避赋税和贪官污吏的种种舞弊，全部负担几乎都落在佃农、自耕农、中小地主以及工商业者的身上。因此，叶适要求皇帝"特诏大臣，使用司详议审度：何名之赋害民最甚，何等横费裁节宜先；减所入之额，定所出之费；不须对补，便可蠲除"（《水心文集》卷一《上宁宗皇帝札子》，开禧二年上。参阅《水心别集》卷十一《财总论》各篇）。他认为只有"能捐横赋而后可以复版图。'俟版图之复而后捐之者'（宋孝宗语），无是道也。能裕民力而后可以议进取。'待进取之定而后裕之者'，无是道也"（《水心别集》卷九《廷对》，淳熙五年上）。对最高统治者无补实际的空言，予以严厉的批驳。关于兵的问题，叶适认为，由于南宋实行募兵制，士兵的"家小口累，仰给于官"，致使兵费开支过大，人民负担过重；而且由于"群校贵将，廪禄无算"，致使士兵食钱不足，"常有饥寒之色"（《上殿札子》），"怨嗟嗷嗷，闻于中外"（《水心别集》卷十二《四屯驻大兵》）。结果，"进不可战，退不可守，百人跳梁则一方震动，而夷狄之侵侮无时而可禁也"（同上书卷十一《兵总论一》）。为了解决兵多而弱的矛盾，为了减轻财政负担，他建议按照不同的兵种逐步实行改革，办法是：

> 边兵者，因其地，练其民，不待内地之兵食而固徼塞也。宿卫兵者，因都邑所近之民，教成而番上，与募士杂，国廪其半而不全养也。大将屯兵者，悉用募士而教其精锐，全养之而已。州郡守兵者，以州郡之人守之而不以州郡之力养之也。故兵制各行而兵力不聚，然后有百万之兵而不困于财矣。故进则能战，退则能守，而不受侮于夷狄。（《兵总论一》）

到了晚年，更进而提出"由募还农"的主张，他说：

> 今自守其州县者，兵须地着，给田力耕；千里之内，番上宿卫，已有诸御前兵，不可轻改，因其地分募乐耕者以渐归本；边关捍御，尽须耕作，人自为战：三说参用，由募还农，大费既省，守可以固，战可以克。（《习学记言序目》卷三九《唐书·兵志》）

同时，也曾为士兵耕田事作出具体的规划。他说：

> 为沿江淮、襄汉、川蜀关外未耕之田，或可种之山，使总领取而自耕自种（原注：田，一兵百亩；山，一兵以所种粟计），以养屯驻大兵，则今岁行之而来岁可减总领之赋矣。若行之数年，民不耕之田尽取而自耕，可种之山尽取而自种，则天下之赋皆可减矣。兵养至百万而不饥，税减至三十取一而藏其馀以待凶年及国之移用。如此，则天下始有苏息之望矣。（《习学记言序目》卷十七《孔子家语·正论解》）

南宋前期，江淮之间以至陕右，屡经兵火，荒闲之田颇多，利用屯驻大兵来垦殖是有条件的。如果能照叶适这个建议实行，不但可以节省兵费，减轻民负，有利于农业的发展；而且兵农可以在一定程度上逐步合一，军队素质提高，战斗力自能增强。

第三，叶适还主张通过扶植工商的政策，来达到缓和阶级矛盾和发展社会生产的目的。他说：

> 按《书》"懋迁有无化居"，周"讥而不征"，春秋"通商惠工"，皆以国家之力扶持商贾，流通货币。……汉高祖始行困辱商人之策，至武帝乃有算船告缗之令，盐铁榷酤之入，极于平准，取天下百货自居之。夫四民交致其用而后治化兴，抑末厚本，非正论也。（《习学记言序目》卷十九《史记·平准书》）

为了发展工商业，他反对政府垄断，建议山泽之利（指盐、铁、铜、铅、金、银、锡、煤等等）应与民共之，茶、酒等业更须归民间经营（《习学记言序目》卷三六《隋书·食货志》，卷四二《唐书·刘晏列传》，卷四七《皇朝文鉴·诏敕》）。又认为政府应适当地给予工商业者以入仕的机会。他说："四民古今未有不以世，至于烝进髦士，则古人盖曰无类，虽工商不敢绝也。"（《习学记言序目》卷十二《国语·齐语》）叶适主张对工商实行让步，一方面，固然是当时工商业已在整个国民经济中取得重要地位，以及工商阶层势力增大和反抗斗争激化的反映；另一方面，也是为了达到"散利薄征，遗孔馀润，民得资以衣食，不至于饿穷流徙而无告"

(《习学记言序目》卷四八《皇朝文鉴·奏疏》）的稳定南宋统治秩序的目的。在当时能够提出工商业和农业并重的主张，可谓远见卓识。

叶适为了南宋统治阶级的长远利益，提出了一系列的政治主张，涉及方面很广。上面仅举出重要的三项。综合这三项主张来看，他认为，只有更张立国规模，才能扭转内重外轻的局面；只有宽民力，扶植工商，才能发挥各阶层人民的积极性和发展社会生产。三者既行，国力必强，然后可以议进取、复版图了。但是，这些建议都没有也不可能受到腐朽无能、畏敌如虎的南宋统治者的重视和采纳。

叶适不仅提出政治改革主张，而且曾一度在建康府（今南京一带）以北地区胜利地抗击了金兵，并制订了一套切实可行的边防计划。

叶适早在淳熙年间就已上疏指斥对金妥协政策，力主发愤图强，恢复失地；后来也曾多次申述这个主张，但都没有得到反响。宁宗即位后，韩侂胄专权，大肆排斥异己，叶适被罢官回乡。开禧二年（1206）春，叶适又被召回朝廷。他立即针对韩侂胄冒险伐金的轻率举动，向宁宗上了三封札子，要求必须"备成而后动，守定而后战"，并提出"修实政""行实德"的具体建议（《水心文集》卷一《上宁宗皇帝札子》），但都没有受到重视。这年五月，南宋朝廷下诏大举北伐。不久，各路宋军全都溃败，金兵闯入淮南，"江南震动"，"中外恐悚"，当此国难临头、生民涂炭的时刻，叶适不辞衰病，挺身而出，接受建康知府兼沿江制置使的重任。到建康后，就"捐重赏，募勇士"，配合官军，渡江劫金营，前后十数次，生俘的金兵和斩得的首级不断送来江南，才使士气稍振，人心稍安。冬间，由于宋方军民坚守江北城壁，"虏求战不许，卤掠无所获。既而大雪数尺，冻饥太半死，皆引去，独留数千人于濠州以缀和"（《水心文集》卷二〇《故吏部侍郎刘公墓志铭》）。叶适在建康地区较好地组织军民抗敌，对这次金兵北撤，无疑起了一定的作用。

开禧三年（1207）二月，金兵北去之后，叶适又兼任江淮制置使，负责措置淮南的屯田工作。当初，金兵南下时，淮南、江北人民尝依山傍水，相聚立堡坞以自卫。叶适总结了历史上防江必先守淮的经验，并顺应当时淮民守土自卫的要求，力图改变南宋妥协派不敢得罪金国以致边备废弛的现状，向南宋政府建议在江淮之间大修堡坞，团结军民，一面耕种，一面战守。他自己又发动军民在建康府长江对面的瓜步、定山、石跋三地筑成三个大堡，并在江北地区"团结山水为寨者四十七处"（以上两段，参见《水心文集》卷二《安集两淮申省状》，《定山瓜步石跋三堡坞状》；《宋史》卷四三四《儒林·叶适传》）。

在这次抗金斗争的实践过程中，叶适认识到不惧敌始能胜敌的真理，这也是对南宋妥协派"恐金病"的切实的抨击：

>……始悟建炎以来，虏轻渡江，敢斗明、越之远者，非真劲悍不可敌也。……当是时（指开禧二年守卫建康时），子重（蔡任之字）专治军事，昼夜不得休息，而余听讼断狱，从容如平常，不然则建康之人，未见敌先遁，堕建（炎）、绍（兴）覆辙矣。盖有智者不待素习，然必无惧而后智行焉。（《水心文集》卷十《叶岭书房记》）

开禧三年（1207）冬，南宋妥协派史弥远等利用北伐失败的机会，掌握了中央政权，诬蔑叶适附和韩侂胄挑起兵戎，把他摈逐下台。虽然叶适要求恢复中原的志向和计划终于无法实现，但是他的爱国抗金的主张和行动永远值得纪念！

（1963年6月初稿，1989年春修定，原载《东南文化》1989年第6期）

宋学通论

陈植锷

宋学是一个十分宽泛的概念：从横的方面讲，它相当于包括哲学、宗教、政治、文学、艺术、史学以及教育等在内的具有划时代意义的赵宋一朝之文化；从纵的方面讲，它是中国儒家传统文化在11世纪初期兴起的一个新流派，一种跨时代的文化模式。前者的用例如明代唐枢的《宋学商求》，该书所列举的"横渠之学""明道之学""伊川之学""金陵之学"和"涑水之学""魏公之学""乖崖之学""安定之学""希夷之学""云溪之学"等，不仅指现代称之为哲学家的张载、程颢、程颐、王安石，而且将从今天的眼光看来主要是史学家的司马光、政治家的韩琦以及宋初西昆体诗人张咏、教育家胡瑗包括在内，而陈抟（希夷）、种放（云溪）两人，则是被儒者斥为"异学"的道教徒了。后者的用例如《四库全书总目提要》，其书卷一《经部·总叙》说："国初诸家，其学征定不诬，及其弊也琐，要其归宿，则不过汉学、宋学两家互为胜负。"所谓国初，指清初。汉学指两汉的训诂之学。伍崇曜跋江藩之《宋学渊源记》曰："汉儒专言训诂、宋儒专言义理，原不可偏废。"可知宋学作为中国封建社会成熟期的文化，上抗传统儒学之全盛时期——汉，下开近代学术革命之前夜——清，正是一种跨越时代限制的庞大学术体系。不过清人囿于传统的经学立场，把汉宋两学之争仅仅看成治学方法的分歧，则未免对宋学作为中国文化史上一种划时代的新生事物所具有的博大精深、无所不包的特点认识不足。

儒家文化，在其初兴之时，本来就具有"包举宇内，囊括天下"的气概。以所谓六经而言，作为早期儒学的代表作，从现代分类法的立场上看，《易》属于哲学，《诗》属于文学，《礼》属于政治制度，《书》《春秋》属于历史著作，已经亡佚的《乐》属于艺术。可知除了当时还没有兴起的宗教之外，精神文化的主要门类，差不多都包括在内。降及汉武帝，定儒术于一尊，实具有文化整合的性质，除了继续保持孔子以来儒学兼涵文史哲各方面内容这一特点之外，又进一步把其他学派如黄老刑名之说融进了儒家传统文化。正如当时的政治局面，儒学仍不乏大一统的气象。《史记》有"儒学"之称而无"经学"之名。班固修《汉书》，始以"儒学"为"经学"，两名通用。儒学的大盛在于西汉，儒学的衰落从东汉末年开始。与此同时则有佛教的传入。

随着佛教的传入，佛经的大量翻译，佛学从魏晋以来，在知识分子中间逐步流行。儒学面临着它有史以来最大的一次来自不同民族的异质文化的挑战。关学门人范育为张载的《正蒙》作序时回顾秦汉以来的儒学发展史说：

> 自孔、孟没，学绝道丧千有余年，处士横议，异端间作，若浮屠、老子之书，天下共传，与六经并行。而其徒侈其说，以为大道精微之理，儒家之所不能谈，必取吾书为正。世之儒者亦自许曰，"吾之六经未尝语也，孔、孟未尝及也。"从而信其书，宗其道，天下靡然同风，无敢置疑于其间，况能奋一朝之辩，而与之较是非曲直乎哉！

可知"分文析字，烦言碎辞，学者罢老且不能究其一艺"[1]的训诂之学，由汉迄唐，一成不变，在越来越强盛的佛学前面，实难成为敌手。于是宋学应运而生，在复兴儒学的同时复苏了儒家旧有的开放精神，完成了中国文化史上最大的一次儒家传统文化对异质文化的融合和吸收。

所谓宋儒专言义理，从治学的门径上说，自然是对汉儒专言训诂的反

---

[1] 〔东汉〕刘歆：《移让太常博士书》。

动,但它的意义却远不止是一场经学史上的革命。"义理"两字,本是从魏晋时代开始佛学用以对付儒门训诂之学的利器。宋儒将它接过之后,引作文化整合的中介,不唯吸掉了佛门的精髓,使佛学蜕变为宋学的一部分,而且渗透到文学、艺术、史学、教育包括自然科学思想等各个文化的层面,蔚为一代民族文化之瑰宝。近人陈寅恪先生为邓广铭先生的《宋史职官志考证》一书作序时说:"吾国近年之学术,如考古、历史,文艺及思想史等,以世局激荡及外缘薰习之故,咸有显著之变迁。将来所止之境,今固未敢断论。惟一言蔽之曰:宋代学术之复兴,或新宋学之建立是已。"此处"宋学"一词,实兼有前文所谓赵宋一代文化之总和及跨时代文化之模式两义。

当前,传统文化与中国现代化的问题越来越引起学术界的注意,将来中国之文化是否真像陈寅恪所讲的"新宋学之建立是已"且暂置勿论。为着深切了解中国传统文化的特点,对"近代中国之面目为宋人所造就者十之八九"(严复语)的天水一朝之文化加以全面的、比较切合实际的研究,则是一件亟待开展的工作。拙文试对"宋学"这一概念作一初步的探索。要描述赵宋一代的文化,除了"宋学"之外,常会碰到的名称,还有"道学"和"理学"。近人前此多以是二名概指两宋之学术,其实均不免以偏概全等纰漏。欲为宋学正名,先须辨明道学、理学两称。

先说"道学"。

南宋末年周密所著的《癸辛杂识续集》卷下有《道学》之专篇,开首引吴兴老儒沈仲固对他所说的一番话,解释"道学"之得名曰:"道学之名,起于元祐,盛于淳熙。"元祐(1086—1094)是北宋哲宗即位的第一个年号,淳熙(1174—1189)则是南宋孝宗的最后一个年号。前者大概指元祐元年程颐任崇政殿说书后于当年六月所进的《上太皇太后书》中的一段话:"臣窃内思,儒者得以道学辅人主,盖非常之遇,使臣自择所处,亦无过于此矣。"[①]后者则指淳熙十年(1183)监察御史陈贾、吏部

---

① 〔北宋〕程颐、程颢:《河南程氏文集》卷六,《二程集》,中华书局1981年版,第542页。

尚书郑丙等人的"近世有所谓道学者，欺世盗名，不宜信用"①之疏。此疏在当时朝野引起了强烈的反响。

其实两篇奏议中的"道学"一词所指不同。先讲前者。先上书太皇太后一年，元丰八年（1085）十月，程颐为其亡兄撰《明道先生墓表》时已明确地提出了倡鸣"道学"的问题。其表略云：

> 周公没，圣人之道不行；孟轲死，圣人之学不传。道不行，百世无善治；学不传，千载无真儒。无善治，士犹得以明夫善治之道，以淑诸人，以传诸后；无真儒，天下贸贸焉莫知所之，人欲肆而天理灭矣。先生生千四百年之后，得不传之学于遗经，志将以斯道觉斯民。②

这里头两句，所谓圣人之道、圣人之学，已隐括"道学"两字在其中了。而其意义，则显然是指所谓周公、孔子以来的儒家传统文化。《上太皇太后书》又曰：

> 窃以圣人之学不传久矣，臣幸得之于遗经，不自度量，以身任道。天下骇笑者虽多，而近年信从者亦众。方将区区驾其说以示学者，岂能传于后世。不虞天幸之至，得备讲说于人主之侧，使臣得以圣人之学，上沃圣聪，则圣人之道有可行之望，岂特臣之幸哉？

可知此书中所说的"道学"，也就是"圣学"。上引头两句，同程颐为其兄所撰的墓表口径完全一致，只不过一是用以抬高自己，一是用以赞许亡兄。以振兴孔、孟之后千四百年不传之道学自任，大抵是程颐元祐初年前后的主要思想动态。后此一年，门人刘绚（1045—1087）、李吁相继亡故，程颐在祭文中也反复宣扬了这一观点。两篇祭文并收入《河南程氏

---

① 〔南宋〕李心传：《道命录》卷五；〔明〕陈邦瞻：《宋史纪事本末》卷八〇《道学崇黜》。按：《道命录》引作"淳熙十五年上"。考《宋史·朱熹传》，陈贾、郑丙上疏实与淳熙十年"诏以熹累乞奉祠，可差主管台州崇道观"同时之事。今据改。
② 〔北宋〕程颐、程颢：《河南程氏文集》卷一一，《二程集》，中华书局1981年版，第640页。

文集》卷一一，内容大同小异。前之所谓程氏"道学"一名实指周、孔以来之传统儒学，盖无可疑。而上引《上太皇太后书》所谓近年信从者亦众，指的也就是刘、李诸人。类似的提法还见于同卷所收撰写于元祐末年的祭门人朱光庭（1037—1094）文[1]，不复赘引。

不过，以"道学"两字作为儒学的别称，非自宋人始，东汉已有此目，如王充在《论衡·量知篇》中引述时人之论云："或曰，文吏笔札之能，而治定簿书，考理烦事，虽无道学，筋力材能尽于朝廷，此亦报上之效验也。"本篇论文吏与儒生之优劣，"道学"即儒学、经学的代名词。故后文既云"人无道学，仕宦朝廷"，又云"吏无经学，曰吾能治民"，名虽异而所讥实同。

宋人言道学者，亦非自程颐始。南宋陈谦《儒志学业传》说："当庆历、皇祐间，宋兴未百年，经术道微，伊洛先生未作，景山独能研精覃思，发明经蕴，倡鸣道学二字，著之话言。"[2]景山即王开祖，号儒志先生，永嘉（今浙江温州）人，皇祐五年（1053）进士。所谓倡鸣道学，著之话言，见其遗文《儒志编》末章："或曰：荀、扬之学何如？曰：奚以问欤！由孟子以来，道学不明，我欲述尧舜之道，论文武之治，杜淫邪之路，辟皇极之门，吾畏诸天者也。吾何敢已哉！"以问答的形式阐明道学之统，推崇孟子而上承尧、舜、文、武，至少比程颐早30余年。王开祖曾与王安石游，《王文公文集》卷八《答王景由书》即载有二人关于"道与艺"问题的讨论。开祖以欧阳修、尹洙、蔡襄等前辈学者比王安石，安石则介绍开祖与他的朋友李觏、曾巩交往。可知这一批江南名士倡明道学实在伊、洛之先，熙宁五年（1072）四月，王安石以"人主所务，在于明道术以应人情无方之变"开导神宗[3]，犹经术之为经学之用，"道术"即见于政务之道学。张载"朝廷以道学，政术为二事，此正自古之可忧

---

[1] 详〔北宋〕程颐、程颢：《河南程氏文集》卷一一《祭朱公掞（光庭）文》，《二程集》，中华书局1981年版，第644页。

[2] 〔北宋〕王开祖：《儒志编·附录》。

[3] 〔南宋〕李焘：《续资治通鉴长编》卷二三二，熙宁五年四月辛未条。

者"云云①，即此之谓。张载是二程的表叔，卒于熙宁十年（1077）。可知早在神宗初期或以前，"道学"一名，已为早于洛学的王学、关学所习用。

据《河南程氏遗书》卷二上《东见录》。二程尝以"道学"二字许洛阳前辈学者邵雍："尧夫豪杰之士，根本不帖帖地。伯淳尝戏以乱世之奸雄中。道学之有所得者，然无礼不恭极甚。"②吕大临（与叔）《东见录》撰于元丰二年己未（1079）。由知即使是程颐本人，元祐之前也已在使用道学一称，且用以指人而非专指自己。所谓道学之有所得者，即于孔孟之道、孔孟之学有一定的体会，故"道学"两字有时也可拆开使用，如程颐论汉代人物曰："陈平虽不知道，亦知学。"③即指在"道学"的"学"这一方面有所得的意思。

要而言之，所谓道学，乃孔、孟以来儒学之通名。欧阳修说："君子之于学也务为道……其道，周公、孔子、孟轲之徒常履而行之者是也；其文章，则六经所载，至今而取信者是也。"④南宋理宗嘉熙三年己亥（1239）李心传撰《道命录·自序》，为道学一词正名曰：

> 夫道学云者，谓以道为学也。其曰"周公殁圣人之道不行，孟轲克圣人之学不传"者，谓道衰学废也。近世学者不知其实，因小人立为"道学"之目，以攻善类，遂并其名而自讳之，可胜叹哉！

作为南宋后期喧传一时的道学崇黜之争的总结，李心传这里采用的，正是欧阳修所下的定义。"周公""孟轲"二句见程颐《明道先生墓表》，后文是，"先生生千四百年之后，得不传之学于遗经，……圣人之道，得

---

① 〔北宋〕张载：《张载集·文集佚存·答范巽之书》，中华书局1978年版。
② 这种意义上的"道学"，也可理解为"道德与学问"之并列组词，为当时所通用。如北宋吕本中《童蒙训》卷中："元祐中，荥阳公在经筵，除司谏。姚舍人辉中动当制，词云：'道孚至于无心，立行至于无愧。心若止水，退然渊静。'当时谓之实录。"又如《河南程氏文集》卷九《上孙叔曼侍郎求写兄墓志书》："（家兄）功业不得施于时，道学不及传之书。"
③ 〔北宋〕程颐、程颢：《河南程氏文集》卷一七，《二程集》，中华书局1981年版，第177页。
④ 〔北宋〕欧阳修：《居士外集》卷一六《与张秀才第二书》。

先生而后明，为功大矣。"把"圣人"之经作为道学传承的中介，正与前引欧阳修之意同。由知道学一名指称孔孟以来的儒家传统文化而非专指宋学，更非特指程氏之学，这一点不仅为北宋学者关于此词的使用与解释所证明，也是程颐本人所承认。乾道四年（1168）朱熹整理《河南程氏遗书》成二十五卷并为之跋曰："夫以二先生倡明道学于孔、孟既没千载不传之后，可谓盛矣。"①可知洛学的传人在提到二程之生平事业时，"道学"二字仍指传统儒学而言。"倡明"云云，与前引陈谦《儒志学业传》以及程颐自己的有关提法正同。

因此，淳熙年间陈贾等请摒弃道学之疏传布之后，马上有太学生写了一道打油诗嘲笑他："周公大圣犹遭谤，伊洛名贤亦被讥。堪叹古今两陈贾，如何专把圣贤非。"②按：《孟子·公孙丑下》载齐宣王不听孟子劝告而伐燕，因而感到"甚惭于孟子"。臣下陈贾却说："王无患焉。"并自请去同孟子辩论。太学生利用同姓名之巧，请出"周公大圣"和贤人孟子为"道、学"正名，意谓请禁道学，矛头所指实是"周公大圣"和贤人孟子之道、之学，讥笑陈贾之徒犯了常识性的错误。此处所用"道学"一词的涵义，正本自程颐的《明道先生墓表》。因此，连当时的最高统治者孝宗皇帝，也不得不说："'道学'岂不美之名，正恐假托为奸，真伪相乱耳！"为了避免误会，"道学之禁"后来也就成了"伪学之禁"③。

不过淳熙年间，朱熹的门徒在事实上是曾经把本派的学术称作"道学"了的。如：

> 某问："已前皆衮缠成风俗。本朝道学之盛，岂是衮缠？"先生曰，"亦有其渐。自范文正以来已有好议论，如山东有孙明复，徂徕有石守道，湖州有胡安定，到后来遂有周子、程子、张子出……"

---

① 〔南宋〕朱熹：《晦庵集》卷七五《程氏遗书后序》。
② 〔南宋〕李心传：《道命录》卷五。
③ 〔明〕陈邦瞻：《宋史纪事本末》卷八〇《道学崇黜》《庆元党禁》。

这一段对话发生在朱熹和他的学生福建莆田人郑可学之间。由朱熹所开列的由范仲淹和孙复、石介、胡瑗等人开始的，以周敦颐、二程、张载为学统的名单来看，所谓本朝道学，显指程朱学派本身而言。郑可学这段记录编入南宋黎靖德所编《朱子语类》卷一二九，该书卷首《朱子语录姓氏》注作"辛亥所闻"。辛亥即南宋光宗绍熙二年（1191），离淳熙十年（1183）"道学之禁"不满十载。《庆元党禁》说："盖自淳熙之末，绍熙之初也，有因为道学以媒孽之者，然犹未敢加以丑名攻诋。"可知在攻击刚刚开始的时候，朱熹及其门徒一面指出程颐倡明"道学"两字的本来涵义加以反驳，一面也乐其名美而承为本派之自称。这种情况到了公元1225年宋理宗即位对"道学"转而采取备极尊崇的积极态度之后，更是明显。关于南宋后期程朱学派以"道学"自命，不可一世的状况，周密《癸辛杂识续集》卷下作了惟妙惟肖的描绘：

> 尝闻吴兴老儒沈仲固先生云："'道学'之名，起于元祐，盛于淳熙。其徒有假其名以欺世者，真可以嘘枯吹生。凡治财赋者，则目为聚敛；开阃捍边者，则目为粗材；读书作文者，则目为玩物丧志；留心政事者，则目为俗吏。其所读者，止《四书》《近思录》《通书》《太极图》《东西铭》《语录》之类，自诡其学为'正心、修身、齐家、治国、平天下'，故为之说曰'为生民立极，为天地立心，为万世开太平，为前圣继绝学'。其为太守、为监司，必须建立书院，立诸贤之祠，或刊注《四书》，衍辑《语录》，然后号为贤者，则可以钓声名、致膴仕，而士子场屋之文必须引用以为文，则可以擢巍科为名士，否则立身如温国，文章气节如坡仙，亦非本色也。于是天下竞趋之，稍有议及，其党必挤之为小人，虽时君亦不得而辨之矣。其气焰可畏如此。然夷考其所行，则言行了不相顾，卒皆不近人情之事，

异时必将为国家莫大之祸，恐不在典午清谈之下也。"①

所谓凡治财赋者，则目为聚敛，大抵本于程颢，程颢于熙宁三年（1070）两上《谏新法疏》，攻击青苗等新法行"而兴利之臣日进，尚德之风浸衰"②，即同此意。"读书作文者，则目为玩物丧志"，见《河南程氏遗书》卷一八所录程颐答门人"作文害道否"③之问。"为生民立极，为天地立心"等四句，则是张载的名言。而《通书》《太极图》，则是周敦颐的著作。据淳熙十五年（1188）兵部侍郎林栗弹劾朱熹奏状，以为"熹本无学术，徒窃张载、程颐之绪余，以为浮诞宗主，谓之'道学'，妄自推尊。所至辄携门生十数人，习为春秋战国之态，妄希孔孟历聘之风"④。足见朱熹结党成派并以"道学"自命，自南宋孝宗一朝已然。为了壮大声势，还将本派的队伍构成上溯到北宋周敦颐、张载、程颐诸人。当然，事实上在北宋并不存在着这一派别（如张载另称"关学"，二程另称"洛学"等等），"道学"一名，所指也并不相同。

要而言之，在北宋，"道学"之称本指孔孟以来的传统儒学。在南宋，朱熹一派借其名以自指而包括周、程、张诸人，但充其量也不过是宋儒之一派，绝不能用以概称两宋、尤其是北宋一代之学术。《宋史》编者囿于后世程朱学派的强大影响，特立《道学传》，据朱熹《伊洛渊源录》的口径，列入北宋周敦颐、二程、张载、邵雍，南宋朱熹、张栻，及程、朱门人各数名。原其初衷，实示尊崇之意而并非以"道学"两字笼盖天水一朝

---

① 周密在记载了这段话后说："余时年甚少，闻其说如此，颇有嘻其甚矣之叹。其后至淳祐间，每见所谓达官朝士者，必愦愦冬烘、敝衣菲食、高巾破履，人望之如为道学君子也。清班要路，莫不如此。然密而察之，则殊有大不然者。然后信仲固之言不为过。盖师宪当国，独握大柄，惟恐有分其执者，故专用此一等人，列之要路，名为尊崇道学，其实幸其不才愦愦，不致掣其肘耳。以致万事不理，丧身亡国，仲固之言，不幸而中。呜呼，尚忍言之哉！"周密生于理宗绍定五年（1232），淳祐元年（1241）十岁。少年时闻老儒沈仲固说时事，长大后亲加验证，信以为真，已是师贾似道（1213—1275）当国的南宋末年之事了。
② 〔北宋〕程颐、程颢：《河南程氏文集》卷一，《二程集》，中华书局1981年版，第458页。
③ 〔北宋〕程颐、程颢：《二程集》，中华书局1981年版，第239页。
④ 〔南宋〕李心传：《道命录》卷六《林栗劾晦庵先生奏状》。又叶适《水心文集》卷二《辩兵部郎官朱元晦状》、《宋史·朱熹传》有转引。

学术之全部。其书在卷四三〇《道学四》之后，别有《儒林传》八卷，即可为证。依其本义，道学、儒林，其用实一，并为孔孟一派之总汇。《宋史》并列两传，本已重出而乖统一之例，后世一误再误，遂以道学一名为程朱学派之特指并进而以偏概全，用以泛称两宋学术之全部，真是差之毫厘，谬以千里。

再讲理学。

理学一名，与道学一样，亦非始自赵宋。如东晋宗炳（375—443）的《明佛论》中就已有"理学"之称。其言曰："远和尚澄业庐山……高洁贞厉，理学精妙，固远流也。"远和尚即慧远（334—416），乃中国佛教早期理论家之一。宗炳是虔诚的佛教信徒，《宋书》本传说他"精于言理"，曾盘桓慧远居地庐山，与他一起"考寻文义"，即讨论佛学之义理。所谓理学，即佛教义理之学。慧远理学，大要见于《法性论》："至极以不变为性，得性以体极为宗。"佛教传入中国之后，性理之学得到长足的发展，即从慧远这两句话开始。理学云云，实佛门义理之学与性理之学之简称。

在中国话中，"道""理"二字，其义本同，儒家既以"道学"一名而自神其说，佛徒遂另标理学之目以相颉颃。从这个意义上说，道学之为儒学之异称，正犹理学之为佛学之别名。宋人在继承儒家传统文化的形式下融合佛学，建立起自己的学术体系，为了表示区别，在引进"道学"以代替被汉唐人用烂了的"儒学"以指称传统儒学的同时，又引进"理学"以自指。其内涵虽与释氏不尽相同，但在旧有文化之外独树一帜的精神则一。仍以陈谦的《儒志学业传》为例，扩引如下："当庆历、皇祐间，宋兴未百年，经术道微，伊洛先生未作，景山独能研精覃思，发明经蕴，倡鸣道学二字，著之话言。此永嘉理学开山祖也。不幸有则亡之叹，后四十余年，伊洛儒宗始出，从游诸公还乡转相授受，理学益行，而滥觞亦有自焉。"此处"道学"指传统文化，"理学"指本朝学术体系，一谓儒学之传承，一谓宋学之创造，其义甚明。所谓永嘉理学，即指以陈傅良、薛季宣、叶适等人为代表的永嘉学派。陈谦（1144—1216）是陈傅良（1137—1203）的从弟，年长于叶适（1150—1223）。叶适《陈公（谦）墓志铭》

说:"隆兴、乾道中,浙东儒学特盛,以名字擅海内数十人,惟公才最高。"①可知陈谦本人也是永嘉理学的重要成员,而且最有才气。

自称本朝、本派之学为理学,是当时一种通行的做法,如陆九渊(1139—1193)在《与李省干书》(二)中谈到复振师道的问题时说:"秦汉以来,学绝道丧,世不复有师,以至于唐,曰师、曰弟子云者,反以为笑,韩退之、柳子厚犹为之屡叹。惟本朝理学,远过汉唐,始复有师道。"②陆九渊之学,通常称作"心学",但根据陆九渊自己的意见,"人皆有是心,心皆具是理,心即理也"③,可知所谓心学,也就是理学。又如朱熹在向生解答"游(酢)、杨(时)诸公解《中庸》,引书语皆失本意"的问题时说:

> 理学最难。可惜许多印行文字,其间无道理底甚多,虽伊洛门人亦不免如此。如解《中庸》,正说得数句好,下面便有几句走作无道理了,不知是如何。旧尝看《栾城集》,见他文势甚好,近日看,全无道理。如《与刘原父书》说藏巧若拙处,前面说得尽好,后面却说怕人来磨我,且恁地鹘突去,要他不来,便不成说话。又如苏东坡《忠厚之至论》说"举而归之于仁",便是不奈他何,只恁地做个鹘突了。二苏说话,多是如此。④

所谓无道理,也就是无义理。"鹘突"即糊涂。如门人余国秀写信向朱熹请教《中庸》"性""情"之解,连带附去自己的看法,朱熹表示认可,并答复说,"此说是,但须是实识得其里面义理之体用,乃为有以明之,不可只如此鹘突说过也。"⑤可知道理、义理并指经书的内容,即圣人之本意,两相通用。

---

① 〔南宋〕叶适:《水心文集》卷二五。
② 〔南宋〕陆九渊:《陆九渊集》卷一。
③ 〔南宋〕陆九渊:《陆九渊集》卷一一。
④ 〔南宋〕黎靖德编:《朱子语类》卷六二,中华书局1986年版,第1485页。
⑤ 〔南宋〕朱熹:《晦庵集》卷六二《答余国秀》。

全祖望说,"乾、淳诸老既殁。学术之会,总为朱、陆二派,而水心(叶适)斸斸其间,遂称鼎足。"①南宋学术分为朱学、陆学、永嘉之学三大派,而三派均自称其学为理学。尤其富有意味的是,上引朱子语录除了洛学门人游、杨之外,还提到了苏辙与苏轼。蜀党、洛党,在学术上本是水火不相容的两大派,作为程颐的嫡传,朱熹把两家学问都称作理学。可知理学一名,在宋人自己的理解中,本无分南北,无分派别,乃赵宋一代儒学之通称。正如后世用以特指程朱学派的"道学",在宋人眼中原是传统儒学之代称,近人以"理学"为程朱学派之专名而排除王学、蜀学、永嘉之学等等在外,并在这种意义上把"道学"与"理学"二词等同起来,显然也不符合实际。

如前所述,理学一名,创自六朝佛学初盛之时,其始本作为性理之学(在这一点上与儒学之强调经世致用相区别)和义理之学(在这一点上与当时之儒学——汉学之专重章句训诂相区别)的简称,而与儒家的道学异辙。作为"表皮上的儒学,骨子里的佛学"(章太炎语),宋人所谓理学,也是在这两种意义上的中国传统文化的变种。

嘉定年间(1208—1224),"伪学之禁"解除,有关人员平反,百官纷纷上书为朱熹等人议谥。如魏了翁嘉定十四年再上为横渠先生请谥状中说:"横渠先生(张载)奋乎关中,阐明理学,穷极道奥,遍览而独造,兼体而不遗。"②太常博士孔炜嘉定八年上《南轩先生张宣公(栻)谥议》曰:"公,丞相魏国忠献之嗣子,五峰先生胡公之门人也。钟美萃灵,英特迈往,亲承忠孝之传,讲切义理之学。"③同年,权考功郎官杨汝明复议曰:"公(张栻)以尧舜君民之心,振一世沉溺,以孔孟性理之学,起一世膏肓。"④在这些议论中,"理学""义理之学""性理之学",虽三而实一。

---

① 〔清〕黄宗羲:《宋元学案》卷五四《水心学案(上)》。
② 〔南宋〕魏了翁:《鹤山集》卷二三《申尚书省乞检会元奏赐横渠先生谥状》。
③ 〔南宋〕李心传:《道命录》卷八。
④ 〔南宋〕李心传:《道命录》卷八。

再看南宋程朱学派对洛学的表述。黄震跋尹焞家传而借题发挥说："本朝之治，远追唐虞，以理学为之根柢也。义理之学独盛本朝，以程（颐）先生为之宗师也。"①林駉论本朝学术源流时说："安定之在湖，以体用学也；康节之在洛，以象数学也；明复之在泰山，以经学也；自周而程，自程而张，又以性理之学也。"②在这里，理学、义理之学、性理之学，也是同等意义上可以互换的概念。

作为简称的理学一词，北宋虽未出现，但以性理之学、义理之学为宋朝学术之特称，早在神宗初年就已经出现了。如古灵先生陈襄熙宁年间在经筵论荐当时担任太子中允监西京洛河竹木务的程颢时说："性行端醇，明于义理，可备风宪职司之任。"③此处"义理"两字，其实也就是指的义理之学。二程论当时学校课程设置曰："今之学者，惟有义理以养其心，若威仪辞让以养其体，文章物采以养其目，声音以养其耳，舞蹈以养其血脉，皆所未备。"④"义理"即为"义理之学"的简称。下面是陈襄对同时论荐的右司谏、直集贤院孙觉的评价："素有乡行，明经术、义理之学；端良信厚，可以镇浮厉世。"⑤这里已直接用上义理之学的全称了。陈襄又荐韩维曰："器质方重，学亦醇正，知尽心、性理之说，得道于内，则可以应物于外矣。"⑥所谓性理之说，也就是性理之学，因前文已曰"学已醇正"，故易以同义之词"说"。

可知"义理之学""性理之学"作为宋代新儒学的代称，在北宋开始出现之时，就是一对在泛指意义上可以互通的相近概念。上述诸人中程颢是洛学的创始者之一，被后世奉为性理之宗师，陈襄荐词却以"明于义理"一言以蔽之，其泛称之义尤为明显。不过细分起来，这两者还是有

---

① 〔南宋〕黄震：《黄氏日钞》卷九一《跋尹和靖家传》。
② 〔南宋〕林駉：《古今源流至论后集》卷一《师道》。
③ 〔北宋〕陈襄：《古灵集》卷一《熙宁经筵论荐司马光等二十三人章稿》。
④ 〔北宋〕程颐、程颢：《河南程氏遗书》卷二上，《二程集》，中华书局1981年版，第21页。
⑤ 〔北宋〕陈襄：《古灵集》卷一《熙宁经筵论荐司马光等二十三人章稿》。
⑥ 〔北宋〕陈襄：《古灵集》卷一《熙宁经筵论荐司马光等二十三人章稿》。

所区别的。从总体上说,"义理之学"和"性理之学,作为宋人对本朝学术的概指,从不同的角度概括了宋学的两个基本特点。

南宋末年大儒黄震讲读《论语》的时候,曾将汉宋两朝学风加以比较,说了两句带总结性的话。一曰:"汉唐老师宿儒泥于训诂,多不精义理。"[1]一曰:"自本朝讲明理学,脱去诂训。"[2]这也是北宋学者的基本意见。如程颐批评汉学时说,"汉之经术安用?只是以章句训诂为事。"[3]王安石手定贡举新制,则云:"务通义理,不须尽用注疏"。[4]可知"务通义理"和"泥于训诂",正是宋学和汉学在治学方法上的主要区别。"义理之学"在这一点上准确地概括了两宋学术的基本特点而与两汉的训诂之学相对峙。

宋学的另一个特点是在摆落汉唐"非惟诂训相传,莫敢同异,即篇章字句,亦恪守所闻"之习而"独研义理"的基础上[5],进一步以前此儒者所罕言的心性问题为主要内容。朱熹说,"伊川'性即理也',自孔孟后,无人见得到此。亦是从古无人敢如此道。"[6]其实关于"性"的问题,孔子也很少提到,如他的高徒即说过:"夫子之言性与天道,不可得而闻也。"[7]孟子则有"性善"之论,但朱熹又说,"孟子只见得是性善,便把才都做善,不知有所谓气禀各不同。"[8]可知把传统儒学变作性理之学,乃是宋儒最重大的创造。把性理之学作为宋学的代称,同样切合赵宋学术的鲜明时代特点。

不过,因为立名的角度不一样,"义理之学"和"性理之学"在涵义上也有所不同。就概念的覆盖面上讲,前者大,后者小;从名称出现的

---

[1] 〔南宋〕黄震:《黄氏日钞》卷八二《讲义·论语·弟子入则孝章》。
[2] 〔南宋〕黄震:《黄氏日钞》卷二《读论语》。
[3] 〔北宋〕程颐、程颢:《河南程氏遗书》卷一八,《二程集》,中华书局1981年版,第232页。
[4] 〔南宋〕李焘:《续资治通鉴长编》卷二二〇,熙宁四年二月丁巳条。
[5] 《四库全书总目》卷一《经部总叙》。
[6] 〔南宋〕黎靖德编:《朱子语类》卷五九,中华书局1986年版,第1387页。
[7] 《论语·公冶长》。
[8] 〔南宋〕黎靖德编:《朱子语类》卷五九,中华书局1986年版,第1386页。

时间看，前者早，后者晚，后者是在前者基础上的深化和发展。下面就依照宋学发展的时间顺序回顾一下这两个名称产生及其演进的历史。

上文说到，宋学虽以赵宋的朝代命名，并以该朝的学术成就为代表，但从纵的方面讲，又是中国文化史上一种跨时代的儒学流派或者说风格之代表。从这一点上讲，只有符合宋学治学精神者方可称之为宋学，并非宋世之人所治皆是宋学，而后世儒者遵循宋学精神治学者，反可称之为宋学（如清代经学即以汉、宋划界）。一般讲，正如宋初文风沿袭唐人之旧一样，宋初学术，也基本上是汉、唐训诂之学和文章之学的延伸。

那么宋学究竟始于何时呢？关于这个问题，《四库全书总目提要》曾提出过一种说法，其书卷三五《经部·四书类》所载北宋邢昺《论语正义》一书的提要说，"是书盖咸平二年诏昺改定旧疏，颁列学官……大抵翦皇（侃）氏之枝蔓，而稍傅以义理。汉学、宋学，兹其转关。"咸平二年（999）乃北宋真宗登极建号的第二年。根据这种意见，汉学和宋学的转折发生在北宋第三个皇帝即位的初期，时间在10世纪末，其标准即是由训诂转为义理。不过从这个标准上说，邢昺等人主持编纂的《论语正义》一书，还有相当的距离，所以《四库全书总目》该条提要紧接着说："是疏出而皇疏微，迨伊洛之说出而是疏又微。故《中兴书目》曰：'其书于章句、训诂、名物之际详矣。'盖微言其未造精微也。"所谓于章句、训诂、名物之际详矣，等于说其书还不符合宋学作为义理之学的基本要求，仍然只是汉学的遗留。《中兴书目》编于南宋初期，去"伊洛之说"（程氏之学）不远，此意见代表了宋学确立之后学者们关于本朝学术与汉唐区分标准的自我评判。在二程等人看来，符合义理之学标准的早期学术著作，大概只有孙复的《春秋尊王发微》和胡瑗的《周易口义》。关于前者，程颐虽微嫌其不足，但肯定了该书在义理方面最见创造性的"始隐"之说。[①]关于后者，程颐在《与金堂谢君（湜）书》中说，"若欲治《易》，

[①] 详〔北宋〕程颐、程颢：《河南程氏外书》卷九《春秋录拾遗》，《二程集》，中华书局1981年版，第402页。

先寻绎令熟，只看王弼、胡先生（瑗）、王介甫（安石）三家文字，令通贯。余人《易》说无取，枉费功。"①三国时王弼（辅嗣）著《周易略例》，"排击汉儒，自标新学"②，历来被认为是以义理解《易》之宗，故宋诗有"辅嗣《易》行非汉学"③之句。王安石的《易解》和《三经义》等著作则集北宋义理之学之大成。程颐在前此许多《易》学著作中独将这三部挑选出来，正是着眼于以义理代替训诂这一角度。

黄震在《黄氏日钞》卷四五《读诸儒书》末了谈到本朝理学之始的时候说："宋兴八十年，安定胡先生、泰山孙先生、徂徕石先生，始以其学教授，而安定之徒最盛，继而伊洛之学兴矣。故本朝理学，虽至伊洛而精，实自三先生而始，故晦庵有伊川不敢忘三先生之语。"北宋建国于公元960年，"宋兴八十年"已是11世纪30年代，相当于北宋中期仁宗即位后的头三个年号天圣（1023—1032）、明道（1032—1033）、景祐（1034—1038）之时。欧阳修《胡（瑗）先生墓表》说："自景祐、明道以来，学者有师惟先生暨泰山孙明复（复）、石守道（介）三人，而先生之徒最盛。"④明道在天圣之后而景祐之前，依文气当作"天圣、明道以来"，而实际上，孙、石等人在范仲淹领导之下开赵宋义理之学之先声的疑传活动，在天圣五年范仲淹主持南京（今河南商丘）应天府学期间已开始，可知黄震所谓"宋兴八十年"，当指仁宗天圣年间。所谓伊川不敢忘三先生之语，即指前面提到的程颐从义理之学的角度赞许胡瑗、孙复等人的著作。黄氏作为当朝人论当朝事，把仁宗即位初期断为北宋义理之学即宋学之始，是为可信。

确认某一时代学风转移的契机，在治学方法上有代表性的著作诚然是一个重要的标志。但引起这一学风转移的动因则还应注意到如下两个更为

---

① 〔北宋〕程颐、程颢：《河南程氏文集》卷九《与金堂谢君书》，《二程集》，中华书局1981年版，第613页。
② 《四库全书总目》卷一《经部·易类一·周易正义》提要。
③ 〔南宋〕赵师秀：《清苑斋集补遗·秋夜偶成》。
④ 〔北宋〕欧阳修：《居士集》卷二五。

重要的方面：一，文化传递方式（具体到本题主要是学校教育）的改变；二，科举考试所规定的对士子知识结构的价值取向。实际上，传统儒学的复兴和义理之学的崛起，同北宋中期从京城到地方所掀起的办学热潮的确有着十分密切的关系。因为在当时，读经治学的主要目的是为了做官，而做官必须通过科举考试。学校的盛建，正是为了适应自宋初太宗以来不断扩大的科举入仕之途的需要。欧阳修《胡先生墓表》说："礼部贡举岁所得士，先生弟子，十常居四五，其高第者知名当时，或取甲科居显仕。"王安石《寄赠胡（瑗）先生》诗亦云，"高冠大带满门下，奋如百蛰乘云雷。"[1]学校知识传授的方式对当时处于掌权地位的官僚知识层学风的影响之大，可以想见。除胡瑗之外，宋学初期的几位主要代表，如石介、孙复、李觏均先后担任过太学的教职。而太学的教学法，据《胡先生墓表》，从庆历年间一开始就取法胡瑗先此在湖州（今属浙江）学中的设施。关于胡瑗在苏、湖学中所采用的教学法，据《吕氏家塾记》等书记载，主要是分"经义""治事"两斋。[2]所谓经义，指的也就是探求经书的义理。程颢说，"学者得识仁体，实有诸己，只要义理栽培。如求经义，皆栽培之意。"[3]朱熹说："安定胡先生（瑗）只据他所知，说得义理平生明白，无一些玄妙。"[4]程颐嘉祐初年在太学的同窗吕希哲关于当时他在太学亲受胡瑗先生教授的实况回忆，尤其说明问题。他说，当时太学实行"以类群居，相与讲习"的办法——这当是湖学分斋教育的进一步发展，胡瑗则定期召见，"使论其所学，为定其理，或自出一义，使人人以对，为可否之。当时政事，俾之折衷。"[5]所谓自出一义，为定其理而论其所学，大体上概括了宋学初期义理之学传递的基本过程。

综合吕希哲、朱熹以及上引其他人的一些记载，可知初期宋学大抵有

---

[1] 〔北宋〕王安石：《王文公文集》卷四三。
[2] 详〔南宋〕朱熹：《五朝明臣言行录》卷一〇。
[3] 〔北宋〕程颐、程颢：《河南程氏遗书》卷二上，《二程集》，中华书局1981年版，第15页。
[4] 〔南宋〕黎靖德编：《朱子语类》卷一二九，中华书局1986年版，第3091页。
[5] 〔南宋〕朱熹：《五朝名臣言行录》卷一〇引李廌记。

以下几个特点：一，通过讲论的形式侧重于探求经书的义理。二，教者"据他所知"自出并为定义理，学者根据个人对义理的体会回答问题。三，可以结合当时政事自由发挥。

这些做法，与千百年来统治了整个学术界的奉先儒传注为圭臬、不得自出新意的汉学正好是背道而驰，尽管所谓论其所学，仍不离经书里头历来为汉唐注疏派所关心的问题。这后一层意思也正是宋学草创期的学者既同汉唐儒者有明显区别，又同宋学繁荣期的学者如王安石、张载、二程、苏轼等人不完全一致的原因所在。以欧阳修为例，对后来成为宋学核心课题的性命之理，便采取了"为君子者，修身治人而已，性之善恶不必究"的决绝态度，将它斥为"无用之空言"。其理由也便是"夫性，非学者之所急，而圣人之所罕言也"①。当一位名叫李诩的学生将自己的习作《性诠》三篇送给他的时候，欧阳修接连写了两封回信将他狠狠教训了一顿。信中除了上引这些话语之外，还详细地列举了《春秋》等儒家经典都不言性，而七十二子也从来不问的统计材料，并明确表示他本人所"学之终身""行之终身"的惟"六经之所载，七十二子之所问者"而"不暇乎其他"②。欧阳修的这一态度大抵代表了义理之学初起之时，居于宋学初期领导地位的学者们的意见。

把宋学由义理之学推进到以心性义理为主学者之一的是仁宗、神宗之际在陕西地方上开门授徒的关学之宗张载。张载（1020—1077）字子厚，人称横渠先生，代表作有《横渠易说》《正蒙》《经学理窟》等。后者辟有《义理》专章，前引魏了翁请谥状所谓奋乎关中，阐明理学，大要即在此中。下引是最有代表性的一段："义理之学，亦须深沉方有造，非浅易轻浮之可得也。盖惟深则能通天下之志；只欲说得便似圣人，若此则是释氏之所谓祖师之类也。"③此文中"义理之学"一词，大抵是留存至今的宋

---

① 〔北宋〕欧阳修：《居士集》卷四七《答李诩第二书》。
② 〔北宋〕欧阳修：《居士集》卷四七《答李诩第二书》。
③ 〔北宋〕张载：《张载集》，中华书局1978年版，第273页。

学著作中最早见的。张载指出，义理之学必须往深刻沉潜处发展，才能有所创造。而"深沉"的标准便是"能通天下之志"。什么叫"能通天下之志"呢？《正蒙·诚明篇》有一段解释："穷理尽性，则性天德，命天理……所谓天理也者，能悦诸心，能通天下之志之理也。"[①]可知在张载看来，义理之学向纵深处发展，也就必须把"穷理尽性"的性命之理当作主要内容，而其最高境界，便是"通天下之志"之理，即"天理"。那么，"性"者圣人之所罕言，先儒之所不究，又当作何解释呢？

张载认为，这是因为孔孟以来儒者传心之言不见于记载了的缘故，性理问题本是从古就有的学问。他在《经学理窟·义理》中指出："古之学者便立天理，孔孟而后，其心不传，如荀（况）、扬（雄）皆不能知。"[②]当前学者的任务，便是将这断线的传心之学接上去。为此张载提出了一个"心解"的新方法，并以孟子对孔子的创造性继承为例说："若孟子言'不成章不达'及'所性''四体不言而喻'。此非孔子曾言，而孟子言之。此是心解也。"[③]孔子罕言性，而孟子有"性善"之说，据张载的解释，正得之于"心传"而非"言传"。那么，一千四百多年后的宋学，自然也可以并且应当把心性义理当作探讨的主要问题了。

张载认为，孔子本来是言过"性"，而只在书面文字上失传了。他说："子贡曰：'夫子之文章，可得而闻也，夫子之言性与天道，不可得而闻也。'子贡曾闻夫子言性与天道，但子贡自不晓，故曰'不可得而闻也。'"[④]历来是儒者反对言性的主要借口，经张载的解释，"不可得而闻"是听不懂、不能理解的意思，而不是没听过的意思。这大概也就是前揭所谓孟子"心解"的根据所在。但如此"心解"，实在是张载强加于前人的。然而张载认为，这种方法正是义理之学取代训诂之学所必至。《经学理窟·义理》给"心解"下的定义便是："心解则求义自明，不必字字相

---

① 〔北宋〕张载：《张载集》，中华书局1978年版，第23页。
② 〔北宋〕张载：《张载集》，中华书局1978年版，第273页。
③ 〔北宋〕张载：《经学理窟·义理》，《张载集》，中华书局1978年版，第275页。
④ 〔北宋〕张载：《张子语录》上，《张载集》，中华书局1978年版，第307页。

校。"①字字相校，也就是"分文析字""惟诂训相传，莫敢同异"。张载提出的原则是："学贵心悟，守旧无功。"②又曰："志于道者，能自出义理，则是成器。"③可知"心传""心解""心悟"是手段，目的还是"自出义理"，只不过其义理主要以圣人所罕言的性命之理为内容罢了。

所谓心传云云，其实来自禅门之"心法"。唐代断际禅师希运（黄檗）的《宛陵录》云："达摩从西天来，唯传一心法，直指一切众生本来是佛，不假修行。但如今识取自心，见自本性，更莫别求。云何识自心？即如今言语者，正是汝心。"宋儒的由义理之学到性理之学，正是吸收并融合儒学心性义理的结果。但在他们自家，则认为这是与佛学争正统的胜利。

可知到张载手中，宋儒义理之学除了继续发扬它的敢于怀疑、长于议论等精神之外，又发展出兼容异学、心解内求等前所未备的新特点。《正蒙》成书于张载晚年④，《经学理窟》据张子《自道》篇，"某学来三十年，自来作文字说义理无限"，当亦后期设帐授徒之语录。张载卒于神宗熙宁十年（1077），其学问成熟，由义理之学进到性理之学，大约是在仁宗后期至神宗初期。作为北宋中后期儒者学风转移之缩影，这一点还为下文接着要介绍的北宋科举考试内容的改革与宋学之兴起和演变之间所呈现的时间断限上的一致所证明。

假如说学校（包括私人书院）是宋学得以酝酿、传播和发展的主要阵地，科举考试便是左右其发展方向的指挥棒。宋初沿袭唐旧，进士以诗赋分等第，明经以帖书、墨义定去留。前者是唐人重文章之风的延伸，后者乃汉学贵记诵之习的遗留。宋初三朝，虽有轰轰烈烈振兴文教之举动，但就学术而论，基本上仍是汉代训诂之学和唐代文章之学的混合性延续，原因即在于此。颇有意味的是，北宋中期先后在太学任教官的孙复、胡瑗、

---

① 〔北宋〕张载：《张载集》，中华书局1978年版，第276页。
② 〔北宋〕张载：《张载集》，中华书局1978年版，第274页。
③ 〔北宋〕张载：《张载集》，中华书局1978年版，第274页。
④ 详〔北宋〕吕大临：《横渠先生行状》；〔北宋〕范育《正蒙序》。

李觏等人，本身都是屡举进士不第的科场失利者。如孙复天圣六年（1028）给新任国子监直讲范仲淹写信，提出废除以先儒传注作为科举考试的唯一标准，建议国子监重新组织编写经注①，即是多年落第之愤慨的发泄。李觏《上叶学士书》，把天圣二年由刘筠始"以策论升降天下士"而擢叶清臣得高第的科举改革尝试作为本朝学风转移之始。②均反映了儒学复兴之时对科举方式的冲击以及考试内容改变对学风趋向的积极推动作用。庆历四年，宋祁、欧阳修等奏论科举改革曰："今先策论，则文词者留心于治乱矣"；"问大义，则执经者不专于记诵矣"③。可知仁宗初期的科举改革，正以革除文章之学与训诂之学的流弊为主旨，而与宋学草创时期趋于义理的方向相一致。

庆历新政虽然很快就归于失败，但科场重策论轻诗赋，以大义代替帖经、墨义的精神则保留下来，为熙宁变法所继承和进一步发展。熙宁四年（1071）二月王安石主持的中书新定贡举之制："进士罢诗赋、帖经，墨义，各占《诗》《书》《易》《周礼》《礼记》一经，兼以《论语》《孟子》。每试四场，初本经，次兼经并大义十道，务通义理，不须尽用注疏。次论一首，次时务策三道，礼部五道。"④"务通义理，不须尽用注疏"，被作为政府文件的形式肯定下来。熙宁六年三月，贡举新制实行的第一届考试结束之后，宋神宗高兴地对执政说："今岁南省所取多知名举人，士皆趋义理之学，极为美事。"⑤从仁宗时期义理之学作为儒学复兴的崭新形式开始登上历史舞台，到此时已战胜训诂之学和文章之学，成为"道德一于上，习俗成于下"的北宋新儒学，为天下士人之所趋。而当时王安石奉诏主持修撰的《三经义》，正是出于"使义理归一"的需要。⑥

---

① 《圣宋文选》卷九《孙明复文·上范天章书》。
② 〔北宋〕《李觏集》卷二七《上叶学士书》；〔南宋〕李焘：《续资治通鉴长编》卷一〇二，"天圣二年三月乙巳"条，《宋史·刘筠传》；《宋史·叶清臣传》。
③ 〔南宋〕李焘：《续资治通鉴长编》卷一四七，庆历四年三月记事。
④ 〔南宋〕李焘：《续资治通鉴长编》卷二二〇，熙宁四年二月丁巳条。
⑤ 〔南宋〕李焘：《续资治通鉴长编》卷二四三，熙宁六年三月庚戌条。
⑥ 〔南宋〕李焘：《续资治通鉴长编》卷二四三，熙宁六年三月记事引神宗语。

从表面上看，这一场改革与庆历新制相同，都是对义理之学的重视和肯定，但在当时人看来，却大不相同。下面的话引自元祐初年刘挚所上《论取士并乞复贤良科疏》："熙宁初，神宗皇帝崇尚儒学，训发义理，以新人才，谓章句破碎大道，乃罢诗赋，试以经义。士儒一变，皆至于道。夫劝士以经，可谓知本。"①这还是在肯定熙宁科举新制"训发义理"的为他所承认的正确一面，接着就是批评了："今之治经以应科举，则与古异矣。以阴阳性命为之说，以泛滥荒诞为之辞，专诵熙宁所颁《新经》《字说》，而佐以庄、列、佛氏之书。"刘挚作为朔学的代表人物之一，立场与学风既不同于王学，又不同于洛学，这里且不论。就此疏看，以王安石、二程、张载等人为代表的宋学主流派所提倡的性理之学连同对佛、老性命之说的兼容精神，已进入科场而左右了北宋神宗一朝的学风，则是一个十分明显的事实。同样的记载屡见于当时人的奏疏，如司马光熙宁二年所撰的《论风俗札子》，苏轼同年五月所上的《议学校贡举状》。陈瓘的《尊尧集·序》说得更加全面和透彻："臣闻'先王所谓道德者，性命之理而已矣'。此安石之精义也。有《三经》焉，有《字说》焉，有《日录》焉，皆性命之理也。蔡卞、蹇序辰、邓洵武等用心纯一，主行其教，所谓大有为者，亦性命之理而已矣；其所谓继述者，亦性命之理而已矣；其所谓一道德者，亦以性命之理而一之也，其所谓同风俗者，亦以性命之理而同之也。"②与刘挚、司马光等人一样，陈瓘自然是站在王安石变法的反对和清算的立场上说这番话的，但宋神宗所谓的"一义理"被他说成"以性命之理而一之也"。可见神宗即位之初，北宋儒者的义理之学已开始进入以性命之说作为深化（即张载所谓沉潜）了的主题的性理之学。前之所谓学校教育和科举考试在知识价值取向上表现出与北宋学风之转移一致的趋势，而以仁宗、神宗两朝为义理、性理之界线，于此可得确证。

南宋孝宗淳熙五年（1178），秘书郎赵彦中上疏论科场风俗曰："科举

---

① 〔北宋〕刘挚：《忠肃集》卷四。
② 转引自〔北宋〕邵博《邵氏闻见后录》卷二三。

之文，成式具在，今乃祖性理之说，以游言浮词相高。士之信道自守，以六经圣贤为师可矣，而别为洛学，饰怪惊愚，士风日弊，人才日偷。望诏执事，使明知圣朝好恶所在，以成士风。"[1]此处反对性理之说，矛头所向不是王学而是二程之洛学。宁宗庆元二年（1196），知贡举、吏部尚书叶翥乞变学风以严党禁，程朱语录、《四书注》并在查禁之列，"是科取士，稍涉义理者，悉见黜落"[2]。所谓稍涉义理，也即稍涉性理之说，可知以心性义理为内容，正王学、洛学、关学之所同。庆元党禁，即"伪学之禁"，如前所述，矛头所指乃程朱学派二程之学，尤其是程颐，后期的确有闭门静坐、空谈心性，不切实际、脱离事功的不良倾向，而朱熹益加崇长，故乾、淳前后曾遭到陈亮言正词厉的痛斥。"道学"平反之后，程朱后学也乐得以"性理"两字以自指，你唱我和，于是"性理之学"及其简称"理学"，同"道学"一样，似乎变成了程朱学派的美名和特称。而排除北宋王学、蜀学，南宋陆学、永嘉之学等宋学重要派别在外。前引黄震《黄氏日钞》论本朝理学自三先生始。除"理学"一词外，其余语句差不多与朱熹论本朝道学之盛亦有其渐一段语录相同（严格地讲，后者乃前者之所本），可知后世以"理学"与"道学"两名相通、交互使用而同指宋儒之程朱学派并进而概指两宋之儒学，实际上从南宋末年就已经开始了。而始作俑者，则是程朱后学本派之人。

综上所述，道学本是北宋学者概指传统儒学之特称，理学本是两宋儒者自称本朝之学之专名。理学，尤其是当它作为义理之学的简称时，颇可包举两宋新儒学之外延，如性理之学兴起之前不言性的欧阳修等初期宋学家，性理之学兴起之后反对侈言性命之理的司马光、刘挚之朔学，南渡之后激烈排击朱熹空谈性命道德的陈亮永康之学，虽在心性义理这一点上与王安石、张、程、朱、陆等人有异，但在讲求义理这一点上则毫无二

---

[1]〔明〕陈邦瞻：《宋史纪事本末》卷八〇《道学崇黜》。
[2]〔明〕陈邦瞻：《宋史纪事本末》卷八〇《道学崇黜》；又〔南宋〕李心传：《道命录》卷七上。

致。而作为性理之学的"理学",假如不像后世所误解的那样只作为程朱学派之特指,也颇足概括两宋学术之主流和天水一朝的时代精神。因为宋学本在复兴儒家传统文化的旗帜下另辟蹊径,使被后世归类为哲学的儒家学说更富于抽象和思辨的色彩,从而成为在各个文化层面中始终居于支配地位的学术之核心,它的独见创造精神的"义理"和"性理"两途,也就显得特别的重要。

(原载《中国社会科学》1988年第4期)

论宋学精神

陈植锷

一、议论精神

讲到宋学精神，首先想起的自然是议论。北宋末年，金军攻打开封，曾有"宋人议论未定，兵已渡河"之语，这当然是对北宋一部分脱离实际的士大夫空谈误国的讥评。但"议论"二字，确实道着了宋代知识分子治国和从政的基本特点。喜欢议论，从政治上讲，是知识分子参与意识的踊跃表现，如范仲淹作《灵乌赋》，即有"宁鸣而死，不默而生"的豪言[①]；欧阳修《镇阳读书》诗，则有"开口揽时事，论议争煌煌"之壮语[②]。从学术上讲，议论便是讲求义理的基本手段，王安石门人陈祥道著《论语详解》开门见山便是："言理则谓之论。言义则谓之议。"

义理、议论两词交叉成文，互藏其义，义理之学作为一种偏重理论阐释和主观判断的学问，也表现在它所采取的著述形式主要是一些便于议论的文体，如论文、书信、语录、口义、讲义等，而与传统的经传之作明显有别。

论文作为普遍采用的体裁，本是北宋古文运动和科举改革的产物，宋学家正好接了过去，用作传道授业解惑的有力工具。如王安石性说，即通过《原性》等一组论文来表述；而程门性理之学的开山之作，即是《颜子所好何学》之论。更早一些如李觏，有《礼论》七篇，欧阳修有《本论》

[①] 〔北宋〕范仲淹：《范文正公集》卷一。
[②] 〔北宋〕欧阳修：《居士集》卷二。

上、下篇等，可知从疑古派和议古派等刚刚由汉学脱胎出来的早期宋学家开始，在形式方面即已以寄义理于论，同传统的寓训诂于注相区别。

苏轼自谓"少时好议论古人"[1]；苏辙论科场考试，主张"所对经义，兼取注疏及诸家议论"[2]；朱熹论本朝学术，以为"自范文正（仲淹）以来已有好议论"，"旧来儒者不越注疏而已。至（欧阳）永叔、（刘）原父、孙明复诸公始自出议论"，叶适以"欧阳（修）氏为本朝议论之宗"[3]等等。"议论"两字，正是随宋学开创而俱至的基本精神。

宋人不唯好议，而且好辩。不但与古人辩，而且与今人辩，前者如欧阳修，后者如李觏。书信（用于书面）与语录（记录口语）是辩论的主要文体。如二程与张载讨论性理问题，既有往复于两地的一组《定性论》，又有门人记录的《洛阳议论》等语录之文。还有一种常见的著述形式——"口义"。

以口义为宋学的著述形式，大抵自胡瑗始。胡瑗教授学生采用的是"以类群居，相与讲习"，并"时召之使论其所学，为定其理，或自出一义使人人以对，为可否之；当时政事俾之折衷"[4]。所谓讲习和折衷，作为经书的讲解方式，也就是议论，记录下来，便成了口义。下面且以皇祐、至和年间在太学听过胡瑗讲说《易》义的王得臣的一段回忆为例，看看当时义理之学讲论的实况：

> 安定胡翼之，皇祐、至和间国子直讲，朝廷命主太学。时千余士，日讲《易》，予执经在诸生列。先生每引当世之事明之，至《小畜》以谓："畜，止也，以刚止君也。"已乃言及中令赵普相艺祖日，上令择一谏臣，中令具名以闻，上却之弗用。异日又问，中令复上前札子，亦却之。如此者三，乃碎其奏掷于地，中令辄怀归。它日复

---

[1] 〔北宋〕苏轼：《苏轼文集》卷四十九《与王庠书》。
[2] 〔北宋〕苏辙：《栾城集》卷三十七《言科场事状》。
[3] 〔南宋〕叶适：《习学记言序目》卷三十九《唐书二》，中华书局1977年版，第585页。
[4] 〔南宋〕朱熹：《五朝名臣言行录》卷十引李觏记。

问，中令仍补所碎札子呈于上。上乃大悟，平（卒）用其人①。

强谏，是北宋知识分子议论朝政的重要途径。赵普此事，屡见于宋学家之称引和笔录，如欧阳修《上杜中丞论举官书》(《居士集》卷四十七)、司马光《涑水记闻》卷一等。拿它来讲解经义，则是胡瑗的首创。

《易·乾卦·小畜》，《彖》曰："柔得位而上下应之曰'小畜'。"《象》曰："风行天上，小畜，君子以懿文德。"王弼传曰："未能行其施者，故可以懿文德而已。"即君子道穷，未能行施自己的政治主张，退而著书立说以传世的意思②。在胡瑗之前，注说《易》卦《小畜》，初无"以刚止君"之义。胡瑗生当台谏权盛、"许以风闻"的仁宗之世，从当时政事出发理解《易》，将传统的"藏身"之象解释为"进取"之义，实本于"六经注我"的宋学实用精神。

宋人之自出议论，有时虽然不以辩论或驳论的形式出现，但努力建立个人的见解则同。仍以《易》学为例，胡瑗作为程颐的老师，深受后者的爱戴。但程氏本人所撰的《易传》关于《乾卦·小畜》的注释，却并不袭用胡氏之义，其文曰：

> 《小畜》《序卦》："比必有所畜，故受之以小畜。"物相比附则为聚。聚，畜也。又相亲比则志相畜，小畜所以次比也。畜，止也，止则聚矣③。

程颐也同意释"畜"为"止"，但他认为"止"的意思是"聚"。而"聚"又有两层意思，一是"物相比附则为聚"，二是"相亲比则志相畜"。由第一点出发他解释"君子以懿文德"的《小畜》之象曰：

> 畜聚为蕴畜之义，君子所蕴畜者，大则道德经纶之业，小则文章

---

① 〔北宋〕王得臣：《麈史》卷上《忠谠》。
② 宋初文学家王禹偁自题其诗文集曰《小畜集》，即用此义。其自序云："偶位不能行道，文可以饰身也，集曰《小畜》，不其然乎?"可以为证。
③ 〔北宋〕程颐：《伊川易传》卷一，下同。

才艺。君子观小畜之象,以懿美其文德。文德方之道义为小也。

道义之聚,《小畜》之象初无此义,程颐将自家重道轻文的观点硬派给圣人,已是对《易经》的曲解,再看他从第二点出发来解释"聚"的"相亲比则志相畜"之义:

> 小畜,众阳为阴所畜之时也……君子为小人所困,正人为群邪所厄,则在下者必攀挽于上,期于同进。在上者必援引于下,与之勠力,非独推己力以及人也,固资在下之助以成其力耳。

假如遮去删节号前面两句,光看下文,很难辨别作者究竟是在说《易》还是在自撰一篇针对性与时代感都很强的《朋党论》。同书卷一《泰卦·初九》"拔茅茹,以其汇征"之传尤足为证:

> 时之否,则君子退而穷处;时既泰,则志在上进也。君子之进,必与其朋类相牵援,如茅之根然,拔其一则牵连而起矣。茹,根之相连者,故以为象。汇,类也,贤者以其类进同志以行其道,是以吉也。君子之进,必以其类,不唯志在相先,乐于与善,实乃相赖以济。故君子小人,未有能独立不赖朋类之助者也。自古君子得位,则天下之贤萃于朝廷,同志协力,以成天下之泰;小人在位,则不肖者并进,然后其党胜而天下否矣。盖各从其类也。

兹将庆历党争期间新政一方关于朋党问题的议论略引如下,以资比较。石介《庆历圣德颂》喜范仲淹、韩琦、富琦、富弼之擢参大政曰:"皇帝明圣。忠邪辨别,举擢贤良,扫除妖魁,众贤之进,如茅斯拔,大奸之去,如距斯脱",[1]欧阳修《朋党论》曰:"大凡君子与君子,以同进为朋,小人与小人,以同利为朋,此自然之理也。……故为人君者,但当

---

[1] 〔北宋〕石介:《徂徕石先生文集》卷一。

退小人之伪朋,用君子之真朋,则天下治矣。"①蔡襄《上仁宗论用韩琦范仲淹不宜使后有谗间不尽所长》曰:"盖以一邪退则其类退,一贤进则其类进。众邪并退而众贤并进,而天下不泰者,无有也!"②上引种种,石是诗,蔡、欧阳是文,且以"论"为题,不妨开口即煌煌争议。《伊川易传》用的是传注形式,写来却如《朋党论》等文一股激浊扬清,议论风发,甚至连措辞设喻,都十分相似。

据朱熹《伊川先生谱》,程颐《易传》成于哲宗元符二年(1099),当时正是新旧党争最激烈的时刻,旧党之间又分为洛党、川党、朔党三派。作为洛党的首领,程颐时常处在朋党斗争的夹击之中。形诸著述,产生如同欧阳修写作《朋党论》时渴望从理论上证明本派存在的必要性和正确性的心情,本无足怪,然则文是文,传注是传注,经传作为著述的形式,基本任务在于逐词逐句注释古人的原意并加以串讲,议论则是散文的专擅,非注释之体所宜。宋人以义理之学取代汉唐注疏之学,虽然仍然保留了传注的形式,但其基本方法已由章句训诂改为议论。从怀疑精神、创造精神和实用精神来看,比前之所引胡瑗讲《易》之口义,有过之无不及。

二、怀疑精神

议论之外,怀疑、创造与实用之成为宋学精神,差不多也是各个时期、各个不同派别之宋儒所共有之特征。《李觏集》卷三十二至三十四收《常语》上、中、下三卷,是北宋疑孟的代表作,据南宋陈振孙《直斋书录解题》卷十七载:

> 泰伯(李觏)不喜孟子,《常语》专办之。尝举茂材不中,世传阁试论题有全不记所出者,曰:"此必《孟子注》也",掷笔而出。

---

① 〔北宋〕欧阳修:《居士集》卷十七;〔南宋〕李焘:《续资治通鉴长编》卷一百四十八,庆历四年四月戊戌条。
② 〔北宋〕蔡襄:《蔡忠惠公集》卷二十三;〔北宋〕赵汝愚:《诸臣奏议》卷十三《君道门》;《宋史·本传》。

此事后世或疑为"小说家言",表示不相信,并引《常语》中间有崇孟之言以证之①。李觏文集现存以明成化本为最早,对《常语》作了较大的删节。如宋人余允文《尊孟辨》所录李觏《常语》,即有十六条不见于《李觏集》②。大抵删去者皆过激之辞,如"孙、吴之智,苏、张之诈,孟子之仁义,其原不同,其所以乱天下,一也"等。陈直斋所谓李觏不喜孟子,不为无据。

李觏试制科不第乃在庆历二年(1042)秋七月。庆历四年五月,召国子监直讲孙复为迩英阁祇候说书,因"杨安国言其讲说多异先儒,乃罢之"③。可知庆历前期,疑古虽在学者间盛行,但在经筵中尚未取得正统的地位。嘉祐年间,欧阳修主盟文坛,利用知贡举的机会提倡义理之学,疑古思潮开始左右科场。如王安石撰《策问》十道,其中多条涉及疑经(说详后)。后来程颐教育门人,更以怀疑精神为治学的先决条件,说:"学者要先会疑。"④《河南程氏粹言》卷一《论书篇》曰:

> 子曰:《礼记》之文多谬误者,《儒行》《经解》非圣人之言也。夏后氏郊鲧之篇,皆未可据也。

程颐又进一步怀疑"《周礼》之书多讹阙"。如:"孟子言三代学制,与《王制》所记不同,《王制》有汉儒之说矣"(《论书篇》)。并批评汉儒曰:

> 孟子之时,去先王为未远,其学比后世为尤详,又载籍未经秦火,然而班爵禄之制,已不闻其详。今之礼书,皆掇拾于煨烬之余,而多出于汉儒一时之傅会,奈何欲尽信而句为之解乎?⑤

---

① 详〔明〕杨慎:《太史升庵集》卷四十八。
② 〔北宋〕李觏:《李觏集》,王国轩点校,中华书局1981年版,已辑附。
③ 〔南宋〕李焘:《续资治通鉴长编》卷一百四十九,庆历四年五月壬申条。
④ 〔北宋〕程颐、程颢:《河南程氏外书》卷十一,《二程集》,中华书局1981年版,第413页。
⑤ 〔北宋〕程颐、程颢:《河南程氏遗书》卷四,《二程集》,中华书局1981年版,第70页;又《河南程氏粹言》卷一《论书篇》,《二程集》,中华书局1981年版,第1206页。

张载虽由《周礼》之书汲取不少政治设施方面的养料，但于其书之作者，也献疑曰：

　　《周礼》是的当之书，然其间必有末世添入者，如盟诅之属，必非周公之意①。

并且提出判别标准说："求之书，合者即是圣言，不合者则后儒添入也。"②根据这一标准，"学者信书，且须信《论语》《孟子》"，《礼记》除《大学》《中庸》外，"则是诸儒杂记"③。再如苏辙撰《诗经传》，则以《诗》之《小序》重复繁衍，类非一人之词，疑出卫宏之手，而仅取其首句，其余一并删去。又疑《周礼》，以为"秦汉诸儒以意损益者众矣，非周公之完书也"④。

关于《诗经》《尚书》《三礼》的怀疑，前此疑经派已提出过，如刘敞《公是集》卷四十六有《疑礼》之专文。《诗》《书》之疑始自欧阳修，王、洛、关、蜀诸家继承了这一精神并有所发展。最见成就的发展，是把怀疑的矛头由作者及经文的真伪之考辨转向经文内容之辨正。细按宋学初期诸派疑古之方式，从大处说，不外驳正传注、考辨作者、订补经文等数种，锋芒所向，主要是汉唐训诂之学。欧阳修、孙复等疑经、疑传派不待言，即如曾经对《孟子》一书从内容上加以批判的李觏，自言其学，亦谓"周公之作、孔子之述，盖多得其根本；汉以来诸儒曲见芜说，颇或击去"⑤，而不敢直指周、孔。

王、张、程、苏诸人则不同。如王安石所撰《策问》十道，所疑多是《诗》《书》《礼》《易》等经典中记事或议论的谬误。兹举二例如下，先看其一：

---

① 〔北宋〕张载：《经学理窟·周礼》。
② 〔北宋〕张载：《经学理窟·义理》。
③ 〔北宋〕张载：《经学理窟·义理》。
④ 〔元〕马端临《文献通考》卷一百八十《经籍考七》。
⑤ 〔北宋〕李觏：《李觏集》卷二十七《上江职方书》。

尧举鲧，于《书》详矣，尧知其不可，然且试之邪，抑不知之也？不知，非所以为圣也；知其不可，然且试之，则九载之民其为病凡亦永矣，……圣人之所以然，愚不能释，吾子无隐焉耳。①

按照儒家的传统观点，生而知之、纯一无疵叫圣人。尧起用禹的父亲鲧治水失败，究竟是明知其不可而用之呢，还是事先并不知道？如果是后一种情况，与圣人"生而知之"矛盾，如果是前一种情况是尧用人失策，也就证明圣人并不是完美无缺的了。王安石对《尚书》关于"尧举鲧"记载的怀疑，实际上已经导向了对儒家传统圣人观的怀疑和批判。再看其九：

问：《易》曰："黄帝、尧、舜垂衣裳而天下治，盖取诸乾坤。"说者曰："垂衣裳以辨贵贱；乾坤，尊卑之义也。"夫垂衣裳以辨贵贱。自何世始？始于黄帝，独曰黄帝可也。于尧、舜，曰尧曰舜可也，兼三世而言之，吾疑焉。二三子姑为之解。②

黄帝、尧、舜之事，本属子虚乌有。从现代的眼光看，只是一些人类文明早期的神话传说。儒家为了宣扬自己的政治主张，炮制了许多关于上古圣君的美谈，作为理想政治加以推广。其虚饰之处，自然漏洞百出。与前引《策问》第一道相同，本条也从《周易》记事的谬误起疑，把矛头直接指向了圣经本身。

王安石疑经还有以《春秋》为"断烂朝报"之嘲，此事虽不一定属实③，但"以《春秋》自《鲁史》亡，其义不可考。故未置学宫"，见之史书所录④，而王安石治平元年所撰《答韩求仁书》，则明斥《春秋》三传为"不足信"⑤。

---

① 〔北宋〕王安石：《王文公文集》卷三十。
② 〔北宋〕王安石：《王文公文集》卷三十。
③ 详〔南宋〕周麟之：《孙氏春秋经解后跋》；〔清〕李绂：《书周麟之孙氏春秋传后序》。
④ 〔南宋〕李焘：《续资治通鉴长编》卷二百四十七，熙宁六年九月年末条载神宗语。
⑤ 〔北宋〕王安石：《王文公文集》卷七。

张载这方面的例子如《经学理窟·丧纪》：

> 《礼》称："母为长子斩三年，"此理未安，父存子为母期，母如何却服斩？

同书《祭祀》篇批评"《诗序》有言：'灵星之尸'，此说似不可取"，并公开提出"天地山川之类非人鬼者，恐皆难有尸"的相反观点。

程颐也曾就《尚书·说命（中）》"知之非艰，行之惟艰"的观点提出批评说：

> 故人力行，先须要知。非特行难。知亦难也。《书》曰："知之非艰，行之惟艰"，此固是也，然知之亦自艰，……以此见知之亦难也。①

"知之亦难"与"知之非艰"，正好是针锋相对的意见。"行难知亦难"，后来竟取代《尚书》，成为儒家传统文化关于知行观方面的一个重要观点。

苏轼平生疑经的实绩不算卓著，如以"武王非圣人"辟孟子"诛独夫"之说②，观点无足取。然引经据典，信口而出，如"三宥"之典近于杜撰，其视圣人如常人，实亦疑古之一大节次，如其《春秋论》曰：

> 圣人岂有以异乎人哉？不知其好恶之情，而不求其言之喜怒，是所谓大惑也……愚故曰《春秋》者，亦人之言而已，而人之言，亦观其辞气之所向而已矣。③

像这样完全把自己摆到圣人的平等位置上发议论，只有富于怀疑精神的宋学家才有可能。

---

① 〔北宋〕程颐、程颢：《河南程氏遗书》卷十八，《二程集》，中华书局1981年版，第187页。
② 〔北宋〕苏轼：《苏轼文集》卷二《论武王》。
③ 〔北宋〕苏轼：《苏轼文集》卷二。

从一定时期社会文化的深层心理结构来分析，宋代知识分子这种治学的怀疑精神，实与他们的批判意识相表里，同时也与著书立说，期于久远的垂芳意识有关。欧阳修谈到自己黜伪说之乱经而不怕一时孤立的决心时说：

> 余以谓孔子没，至今二千岁之间，有一欧阳修者为是说矣，又二千岁，焉知无一人焉与修同其说焉？又二千岁将复有一人焉。然前同者至于三，则后之人不待千岁而有也。同予说者既众，则众人之所溺者可胜而夺也……余之有待于后者远矣，非汲汲有求于今世也。①

这种前无古人和坚信后必有来者的思想，从另一个方面讲，也是宋学继往圣之绝学以自立说的创造精神，开万世太平而为祖师的开拓精神的流露。

三、创造精神和开拓精神

北宋知识分子中，最富创造精神的，当推发动并主持了熙宁变法的王安石。苏轼奉诏所撰的《王安石赠太傅制》中谈到王安石的学术，曾做过如下的概括和评价：

> 少学孔、孟，晚师瞿、聃，网罗六艺之遗文，断以己意；糠秕百家之陈迹，作新斯人。②

如果将"断以己意"和"作新斯人"理解成褒语，则恰好总结了宋学创造精神的两个方面：自得和创造。兹分述如次。

宋学之强调自得和反对雷同，于孙复等疑传派摒弃先儒传注，以己意解经的主张中已先见之。议古派李觏进而明确提出反对以古人之是非为是非的雷同作风。他说：

---

① 〔北宋〕欧阳修：《居士集》卷四十三《廖氏文集序》。
② 〔北宋〕苏轼：《经进东坡文集事略》卷三十九。

学者大抵雷同，古之所是则谓之是，古之所非则谓之非，诘其所以是非之状，或不能知。①

古人之是非既不能简单地代替自己的意见，今人之是非，更是宋学家们所不屑于附和的了。而宋人重独得的创造精神，也就是表现为不与古人同和不与他人同两个方面。前者植根于批判意识，后者则导源于个体意识。以欧阳修为例，他在《孙明复先生墓志铭》中曾经盛赞过孙复的《春秋》研究，但欧阳修自己关于《春秋》的观点，却与孙复不同。如"始隐"问题，是孙复有贬无褒说的基点，欧阳修之见则全异。他在景祐四年（1037）所撰的《春秋论》（中）一文里提出：

隐实为摄，则孔子决不书曰"公"。孔子书为"公"，则隐决非摄融摄。②

连以鲁隐公为"摄"都不同意，更遑论贬了，两人之见孰是且暂置勿论，孙复的、勇断不惑、不迷信古人，和欧阳修的出以己意、不阿同今人，正体现了贵在自得，即宋学的创造精神。

这一精神甚至表现在师友之间，如苏轼是最受欧阳修赏识的了，但在学术问题上，仍敢于提出和这位提携过自己，备受自己尊敬的前辈不同的见解，仍以《春秋》的"始隐"为例。在《隐公论》上篇中，苏轼引用了欧阳修的观点后反驳道：

苏子曰：《春秋》，信史也。隐摄而桓弑，著于史也详矣。周公摄而克复子者也，以周公薨，故不称王。隐公摄而不克复子者也，以鲁公薨，故称公。史有谥，国有庙，《春秋》独得不称公乎？③

苏轼的论点是同意《左传·鲁隐公元年》的解释："不书即位，摄

---

① 〔北宋〕李觏：《李觏集》卷二十九《原文》。
② 〔北宋〕欧阳修：《居士集》卷十八。
③ 〔北宋〕苏轼：《经进东坡文集事略》卷十二《隐公论》（上）。

也。"正好与欧阳修之说针锋相对。

这种人自一说,以异于注疏,异于他人为荣的独得意识,在汉学时代简直无法想象。朱熹谈到《诗经》研究的时候说:

> 唐初诸儒作为疏义,因为踵陋,百千万言,而不能有以出乎二氏(指毛、郑)之区域。至于本朝,刘侍读(敞)、欧阳公(修)、王丞相(安石)、苏(轼)、黄(庭坚)与河南程氏、横渠张氏,始于己意,有所发明。①

在宋学繁荣期,出于己意而有所发明,乃是学者们普遍采用的治学原则,王安石《答韩求仁书》说:

> 某尝学《易》矣,读而思之,自以为如此,则书以待知《易》者质其义。②

王安石在"自以为如此"的思想指导下写成的这部《易》学著作,即《郡斋读书志》卷一上著录的《易义》二十卷,程颐规定为学《易》三部必读书之一。自汉儒以来,治《易》之著不啻汗牛充栋,程颐何独欣赏他在政治上的对头王安石之作?他看中的,正是王安石在《易义》一书中体现的"自以为如此"的精神。实际上,元祐时期新法一一被罢,王学的一些主要著作却并没有遭禁,刘挚在《论取士疏》中说:"其解经应与通用先儒传注,或己之说,而禁不得引用《字解》及释典。"③《字解》即《字说》,是王安石的晚年作品,只有它被元祐大臣列为该禁之书。解经可以用己之说,正是王安石"自以为如此"精神的延续。

自以为如此,在二程的语汇中也叫"自得"和"独见"。《河南程氏粹

---

① 转引自〔南宋〕吕祖谦:《吕氏家塾读诗记》。
② 〔北宋〕王安石:《王文公文集》卷七。
③ 〔北宋〕刘挚:《忠肃集》卷四《论取士并乞复贤良科疏》,原文疑有脱误。元代马端临《文献通考》卷三十一《选举》四,引此文作:"其解经通用先儒传注及自己之说,禁用《字解》、释典,以救文弊。"

言》卷一录二先生之语："义有至精，理有至奥，能自得之，可谓善学矣。"又说：

> 思索经义，不能于简策之外脱然有独见，资之何由深？居之何由安？非特误己，亦且误人也。

可知在二程看来，"自得"或者说"独见"，即自己的独特创造，乃义理之学有所发明的首要条件。张载论学曰：

> 须是自求，已能寻见义理，则自有旨趣，自得之则居之安矣。①
> 志于道者，能自出义理，则是成器。②

以此与前引王、程之言相参，不唯看法一致，连造语也颇相同，足见强调自得，鄙薄雷同，乃南渡之前宋学诸多流派之间共同的价值取向和治学精神，是北宋知识分子心理深处个体意识在学术上的反映。

宋人治学既重"自得"与"独见"，由此再往前进一步也就是求"新"。王安石变法当时称为"新法"，王学石之学被后世称为"荆公新学"，他所主持编定的《三经义》又叫《三经新义》，其"新"字与苏轼《王安石赠太傅制》"作新斯人"的评语一样，在当时多少含有一点贬义，但在学术上反对守旧而求新意，乃和当时与王学鼎足而立的关学、洛学之所同。张载之言曰："学贵心悟，守旧无功。"③"义理有疑，则濯去旧见以来新意。"④程颐论学亦云：

> 君子之学必日新，日新者日进也，不日新者必日退也，未有不进而不退者。⑤

---

① 〔北宋〕张载：《经学理窟·义理》。
② 〔北宋〕张载：《经学理窟·义理》。
③ 〔北宋〕张载：《经学理窟·义理》。
④ 〔北宋〕张载：《经学理窟·学大原下》。
⑤ 〔北宋〕程颐、程颢：《河南程氏遗书》卷二十五，《二程集》，中华书局1981年版，第325页。

可知程、张之徒，与王安石虽然持有不同的政治立场，但在学术方面注重创新则与他完全一致。

这种贵在自得和出新意的创造精神，还进一步形成为宋学的开拓精神，即争当开山祖的独立思想。疑古派在汉唐注疏之外另立山头，如欧阳修立志发前人所未发之覆而期同志于二千年后之宏愿，标志着宋学从一开始便置于开拓精神的指导之下了，张载"继去圣之绝学、开万世之太平"的口号，则将这一精神发展到极致。

宋学家之所以不只停留在个别、局部问题的学术创造之上，而把开辟数千年乃至万世之事业当作自己的奋斗目标，与李唐以还达到全盛的佛老之学传宗立嗣思想的刺激有相当密切的关系。这一来自异学的影响，于拟圣派的实践活动中已见之。如周敦颐、邵雍两人一方面模拟圣人，仿造经典，一方面又模仿佛门传衣之事，于儒家先师之外另找一个在学术方面并没有什么地位的道士陈抟作为学问传承原始，两人后学争称其"先天图"或"太极图"来自陈抟之转相授受，即是一例。

不过从儒家传统文化的立场上看，早期儒学创造之始，本不乏一代祖师所应具有的开拓精神，宋学家对孟子特别推崇，即因其具有这方面的象征意义。这种推崇，首先表现为以孟子的直接继承人自命。宋学初期本以汉之扬雄、隋之王通、唐之韩愈为儒家道统的中介，至繁荣期二程等人，遂将他们一笔勾销。周公殁，圣人之道不行；孟子死，圣人之学不传。于是，宋学各派宗主的名字也就同孔、孟排到了一起，实际上是让自己来充当圣人的。如二程十四岁便学做圣人[1]，张载批评前人，以为"求为贤人而不求为圣人，此秦汉以来学者大蔽也"，而要求自己的学生"学必如圣人而后已"[2]；王安石二十出头写作的《淮南杂说》一书"世谓其言与《孟轲》相上下"，均可为证。

---

[1] 〔北宋〕张载：《经学理窟·学大原上》，《张载集》，中华书局1978年版，第280页。
[2] 《宋史·张载传》。

四、实用精神

关于宋学的实用精神，大抵有两层意思：一是重视实际从政能力的培养，二是重视从经典中寻找治世的依据。前文关于胡瑗教学法的分析。即涵盖了两个方面的内容。宋神宗从实用出发改造和建设官僚队伍，所念念不忘的也便是这种"经义治事，以适士用"的做法。[1]

二程对张载夸奖关学之学风时说：

> 关中之士，语学而及政，论政而及礼乐兵刑之学，庶几善学者。[2]

说的就是实际从政能力方面的"学贵于有用"[3]，王安石《三经义·周礼义》之序言略云：

> 其人足以任官，其官足以行法，莫盛乎成周之时，其法可施于后世，其文有见于载籍，莫具乎《周官》之书。[4]

这里发挥的也便是从经典中寻找变法依据的学以致用精神。

这前一方面，在汉代本是儒生所不屑为的文吏之能，后一方面则略同于汉代经文学派的通经致用，宋学将两者有机地结合起来了。《郡斋读书志》卷一上《新经周礼义》的按语说：

> 熙宁中设经义局，介甫自为《周官义》十余万言，不解《考工记》。按：秦火之后，《周礼》比他经最后出，论者不一……离去人情远甚，施于文则可观，措于事则难行……介甫以其书理财者居半爱

---

[1] 宋神宗《胡瑗先生象赞》，转引自〔清〕黄宗羲：《宋元学案》卷一《安定学案》。
[2] 〔北宋〕程颐、程颢：《河南程氏粹言》卷一《论学篇》，《二程集》，中华书局1981年版，第1196页。
[3] 〔北宋〕程颐、程颢：《河南程氏粹言》卷一《论学篇》，《二程集》，中华书局1981年版，第1196页。
[4] 〔北宋〕王安石：《王文公文集》卷三十六。

之，如行青苗之类，皆稽焉。所以自释其义者，盖以其所创新法，尽傅著经义，务塞异议者之口。

《四库全书总目提要》卷十九《周官新义》对此作了进一步的发挥：

> 《周礼》之不可行于后世，微特人人知之，安石亦未尝不知也。安石之意，本以宋当积弱之后，而欲济之以富强，又惧富强之说必为儒者排击，于是附会经义以钳儒者之口，实非真信《周礼》为可行。

以《周礼》之不可行于后世为宋时人所周知，并不符合事实，自疑传派石介等人开始，宋学家多推崇《周礼》，并认为可施行于当世。石介以《周礼》《春秋》为二大典，其论曰："《周礼》明王制，《春秋》明王道，可谓尽矣。执二大典以兴尧、舜、三代之治，如运诸掌。"①又如李觏著《周礼致太平论》十卷五十一篇，依次析《周礼》之义为"内治""国用""军卫""刑禁""宫人""教道"等六个方面，并在序中点明这样的意图说：

> 噫，岂徒解经而已哉！唯圣人、君子知其有为言之也。

"圣人"指皇帝，"君子"指在上位者，"有为"云云，即可以有所施为于今之世。李觏另有《平土书》《礼论》等著作，目的也是通过解释《周礼》中的井田等古法，为现实中的统治集团提供理想政治的蓝本。

又如张载，《经学理窟》论义理之学诸事，开篇就是《周礼》，内里所言，则是关于井田的种种意见。其中心思想乃"治天下不由井地，终无由得平，周道止是均平"。具体做法是：

> 井田至易行，但朝廷出一令，可以不笞一人而定。盖人无敢据土者，又须使民悦从。其多有田者，使不失其为富，借如大臣有据土千顷者，不过封与五十里之国，则已过其所有，其他随土多少与一官，

---

① 〔北宋〕石介：《徂徕石先生文集》卷七《二大典》。

使有租税人不失故物。治天下之术，必自此始。

据吕大临《横渠先生行状》记载，张氏曾有意将这一设想付诸实施，拟集资合买一处土地，划为数井，在保证支付国家赋税的基础上，私正经界，分宅里，立敛法，广储蓄，兴学校，成礼俗，救灾恤患，敦本抑末，目的是"推先王之遗法，明当今之可行"。

这一乌托邦式的计划，得到过二程的赞同。如洛阳议论，话及"正经界"之法，程颐附和说："井田今取民田使贫富均，则愿者众，不愿者寡。"[1]程颐推崇《周礼》之书"富国之术存焉"，并为张载打气说："（井田）不行于当时，行于后世，一也。"[2]这是熙宁十年（1077）之事。早在熙宁二年，程颐上《论十事札子》即以行"周礼"、复井田为先务，其中知"古者政教始乎乡里，其法起于比闾族党，州乡酂遂""古者四民各有常职""古者冠婚丧祭，车服器用，等差分别，莫敢逾僭"等数事，并出于《周礼》。其第三事则专论井田：

> 天生蒸民，立之君使司牧之，必制其恒产，使之厚生，则经界不可不正，井地不可不均，此为治大本也。唐尚能有口分授田之制，今则荡然无法，富者跨州县莫之止，贫者流离饿莩而莫之恤。幸民虽多，而衣食不足者，盖无纪极，生齿日益繁，而不为之制，则衣食日蹙，转死日多，此乃治乱之机也。岂可不渐图其制之之道哉？此亦非有古今之异者也[3]。

"富者跨州县而莫之止，贫者流离饿莩而莫之恤"二句与李觏《平土书序》"法制不立，土田不均，富者日长，贫者日削"等语[4]，不唯意思相同，措辞也极相符。以"正经界"与"均井地"为"为治之大本"，与张

---

[1] 〔北宋〕程颐、程颢：《河南程氏遗书》卷十，《二程集》，中华书局1981年版，第111页。
[2] 〔北宋〕程颐、程颢：《河南程氏遗书》卷十，《二程集》，中华书局1981年版，第111页。
[3] 〔北宋〕程颐、程颢：《河南程氏文集》卷一，《二程集》，中华书局1981年版，第453页。
[4] 〔北宋〕李觏：《李觏集》卷十九。

载"治天下之术必自此始"的提法也相类。另据《续资治通鉴长编》卷二百十三，熙宁三年（1070）程颐还向神宗提出过"须限民田，令如古井田"的建议，可见其以《周礼》为可行之后世的坚定信念，不减于张载与李觏。

不过四库馆臣关于王安石"实非真信《周礼》为可行"的说法也是符合事实的。一个最明显的证据便是熙宁三年（1070）七月，王安石与神宗议事，曾针对前面提到的程颐关于通过限民田的方式推行井田制于当世的主张说了下引这段话：

> 今朝廷治农事未有法，又非古备建农官大防圩旱之类，播种收获，补助不足，待兼并有力之人而后全具者甚众，如何可遽夺其田以赋贫民？此其势固不可行，纵可行，亦未为例。①

反对兼并和"愿见井地平"②，本是王安石在别的场合也宣传过的理想政治，但一接触到实际情况，深明治经术必须通世务的实干家王安石，自然马上意识到"夺人已有之田为制限"，实为"致乱之道"③。而《周礼》关于井田等等设置，"离去人情远甚，施于文则可观，措于事则难行"了。这正是王学高过其他学派的地方。

既如此说，为什么在熙宁八年（1075）颁布的《三经义》之《周礼义序》中，王安石又有"其法可施于后世"的提法呢？唯一的解释只能是"附会经义以钳儒者之口"。这一点，其实王安石自己就已经指出过了。如早在嘉祐四年（1059）的《上仁宗皇帝万言书》中，就有"法先王之意"的提法，其言曰：

> 夫以今之世去先王之世远，所遭之变、所谓之势不一，而欲一二修先王之政，虽甚愚者犹知其难也，然臣以谓今之失，患在不法先王

---

① 〔南宋〕李焘：《续资治通鉴长编》卷二百十三，熙宁三年七月记事。
② 〔北宋〕王安石：《临川集》卷十二《发廪》，另见卷八十三《慈溪县学记》。
③ 〔南宋〕李焘：《续资治通鉴长编》卷二百十三，熙宁三年七月记事录神宗语。

之政者，以谓当法其意而已。……法其意，则吾所改易更革不至乎倾骇天下之耳目，嚣天下之口，而固已合乎先王之政矣。①

可知"先王之政"之难行于后世，王安石心中早已有数，所谓"不至乎倾骇天下之耳目，嚣天下之口"，即晁公武所说"务塞异议者之口"，而所谓"法其意"，也就是"以其所创新法，尽傅著经义"。

综上所述，在通经致用这一方面，宋学家又有两种不同的措置，一是像程颐那样，真以为古制可行于当世，一是像王安石那样，从经书中寻找根据无非是为了托古改制。从实际事功的结果看，两者之高下优劣不待言而后明，但为解决现实问题而引经据典的实用精神则一。

宋学精神，除了议论、怀疑、创造和开拓之外，比较重要的还有内求和兼容。

五、内求精神

所谓内求，指偏重于心性义理的探索和内省的修养工夫。宋学家们认为，这是本朝之学与汉唐文化的重要区别之一，如程颐说：

> 学也者，使人求于内也。不求于内而求于外，非圣人之学也。何谓不求于内而求于外？以文为主者是也。学也者，使人求于本也。不求于本而求于末，非圣人之学也。何谓不求于本而求于末？考详略，采同异者是也。是二者皆无益于身，君子弗学。②

文章之学求于外，训诂之学求于末，不若圣人之学之求于内和求于本。所谓本，也就是内。程、张以天地之性为本，其心性义理之学，实即返本之学，也即"使人求于内"之学。故程氏又说："孟子言性善，皆由

---

① 〔北宋〕王安石：《王文公文集》卷一。
② 〔北宋〕程颐、程颢：《河南程氏遗书》卷二十五，《二程集》，中华书局1981年版，第319页。

内出……学者须是将敬以直内，涵养此意，直内是本。"①

关于这个问题，二程的学生中，大概只有吕大临回答得最好，吕氏有诗云：

> 学如元凯方成癖，文似相如始类俳；独立孔门无一事，只输颜氏得心斋。②

所谓"心斋"，即指人的内心世界，"得心斋"的方法也就是内求。以颜回为孔门内求之学的模范，并引为宋学之榜样，乃程氏一再强调的思想。当程颐还做学生的时候，便在《颜子所好何学论》的答卷中写上"正其心，养其性而已"而使老辈宋学家胡瑗赞叹不已。（说已见前）到他代父起草《试汉州学策问》，又从此题考诸生曰：

> 后之儒者，莫不以为文章、治经术为务，文章则华靡其词，新奇其意，取悦人耳目而已；经术则解释辞训，较先儒短长，立异说以为己工而已。如是之学，果可至于道乎？仲尼之门，独称颜子为好学，则曰"不迁怒，不贰过"也。与今之学，不其异乎③？

这里以颜子所好学与文章、辞训对比，引导学生得出答案，正是前面提到的"不求于内而求于外，非圣人之学也""不求于本而求于末，非圣人之学也"和"只输颜氏得心斋"的内求精神，故程颐称赞吕大临说："此诗甚好。古之学者，惟务养情性，其它则不学。"④

吕氏原是关学门人，张载死后复过二程之堂。可知以内求为学问的最高境界，乃关、洛两学之所同。由下引王安石关于"颜乐"问题的意见可以进一步了解到，连作为洛学的对立面而大用于世的王学也是如此：

---

① 〔北宋〕程颐、程颢：《河南程氏遗书》卷十五，《二程集》，中华书局1981年版，第149页。
② 〔北宋〕程颐、程颢：《河南程氏遗书》卷十八，《二程集》，中华书局1981年版，第239页。
③ 〔北宋〕程颐、程颢：《河南程氏文集》卷八，《二程集》，中华书局1981年版，第580页。
④ 〔北宋〕程颐、程颢：《河南程氏遗书》卷十八，《二程集》，中华书局1981年版，第239页。

> 颜回之于身，箪食瓢饮以独乐于陋巷之间，视天下之乱若无见者，此亦可谓为己矣。①

所谓"为己"，也即自求于内的意思，故王氏又曰："为己，学者之本也"②，是则"为己"复具"求于本"之义。安石又曰："学者之事必先为己，其为己有余而天下之势可以为人矣"③，这与程氏"须先为己，方能及人，初学只是为己"的观点④，亦复一致。又如王安石曾在《礼乐论》中论颜渊之"四勿"，以为是圣人之学与世人之学的根本区别所在："圣人内求，世人外求，内求者乐得其性，外求者乐得其欲"，"圣人之门，惟颜子可以当斯语矣"。而汉唐之学所以必须摒弃，也就是因为只知外求而不能内求："章句之文胜质，传注之博溺心，此淫辞波行之所由昌，而妙道至言之所为隐。"⑤这些言论，与前引二程语录亦如出一辙，足知内求精神，乃宋学繁荣期各家之所同。明代薛瑄（敬轩）曰：

> 伊川经筵疏，皆格心也论。三代以下，为人臣者但论政事、人才而已，未有直从本原，如程子之论也。⑥

所谓格心之论，即内求之学，薛瑄指出宋学以内求精神施于朝廷政事与前代不同诚是，但以此自伊川始，则不确。《续资治通鉴长编》卷二百三十二，熙宁五年（1072）四月辛未条，载王安石对神宗论小人之洗心革面曰：

> 陛下以道揆事，则岂患人不革面？若陛下未能以道揆事，即未革面之人日夕窥伺圣心，来隙罅为奸私，臣不能保其不乱政也。陛下于

---

① 〔北宋〕王安石：《王文公文集》卷二十六《杨墨》。
② 〔北宋〕王安石：《王文公文集》卷二十六《杨墨》。
③ 〔北宋〕王安石：《王文公文集》卷二十六《杨墨》。
④ 〔北宋〕程颐、程颢：《河南程氏遗书》卷十九，《二程集》，中华书局1981年版，第247页。
⑤ 〔北宋〕王安石：《王文公文集》卷十八《谢除左仆射表》。
⑥ 〔清〕黄宗羲：《宋元学案》卷十六《伊川学案》下附录。

刑名、度数、簿书丛胜之事，可谓悉矣。然人主所务在于明道术，以应人情无方之变，刑名、度数、簿书之间，不足以了此。

所谓以道揆事、明道术以应人情无方之变，比之程颐元祐经筵进格心之论，要早了十多年。以熙宁五年（1072）为界，观王安石与神宗的历次谈话，前此大抵重在政事、理财，各种变法措施因之大体就绪，此后即经常劝谏皇帝重视内求之学，以道术治理天下，并认为后者是更根本性的大事。程颐攻击王安石曰：

> 介甫之学，他便只是去人主心术处加功。故今日靡然而同，无有异者，所谓一正君而国定也。①

所谓心术处加功，即格心之论。程颐施格心之论于经筵，正是王安石正君定国之法的模仿性运用。

格心之论偏重于心性义理的探求，后学或流于空谈，与前文提到的宋学实用精神互相矛盾。但在当时，二者是统一的。程颐说："读书将以穷理，将以致用也。今或滞心于章句之末，则无所用也。"②"滞心"即无所用，"格心"而"穷理"，则是学以致用。上揭安石熙宁之政与伊川元祐经筵，即可为证。据邵伯温《邵氏闻见录》卷十五载：

> 一日，二程先生侍太中公访康节于天津之庐。康节携酒饮月陂上，欢甚，语其平生学术出处之大。明日，怅然谓门生周纯明曰："昨从尧夫先生游，听其论议，振古之豪杰也，惜其老矣，无所用于世。"纯明曰："所言如何？"明道曰："内圣外王之道也。"

"内圣外王"四字十分形象地概括了宋学既重内求，又贵实用，看似矛盾，实则统一的重要特点。

宋学所谓内求，不唯指我内心修养的追求，也指对经书内在思想的体

---

① 〔北宋〕程颐、程颢：《河南程氏遗书》卷二下，《二程集》，中华书局1981年版，第50页。
② 〔北宋〕程颐、程颢：《河南程氏粹言》卷一，《二程集》，中华书局1981年版，第1187页。

认，他们将此叫做"心解"，即以意解之。如张载举《孟子》为例说：

> 若孟子言"不成章不达"及"所性""四体不言而喻"，此非孔子曾言而孟子言之，此是心解也。①

又说：

> 心解则求义自明，不必字字相校。②

"字字相校"自然是传统的训诂之学。宋学家们认为，汉唐注疏之学注重逐字逐句地训释字义，恰恰忘记了一项重要的任务："观书必总其言而求作者之意。"③所谓"总其言"，也就是把全书当作一个整体来看，在这个基础上求得作者寄寓于作品之中的内在意义。由张载所举孟子对待孔子的灵活态度看，宋学家所重视的乃是那些经书已提及但未曾展开详细论述的命题。例如拙稿一再引述过的"颜乐"问题，以及二程对《大学》"格物致知"一义的补充解释。

今传《四书集注》本《大学》第五章《格物致知》，比《礼记》原文多134字，系朱熹所补。但朱熹申明，这是二程的意思，他不过"间尝窃取程子之意以补之"。④程子之意是什么呢？《河南程氏遗书》卷二十五曰：

> 格犹穷也，物犹理也，犹曰穷其理而已也。

又曰：

> "致知在格物"，非由外铄我也，我固有之也。因物有迁，迷而不知，则天理灭矣，故圣人欲格之。

这两段话也便是朱熹所补文字的中心思想。

---

① 〔北宋〕张载：《经学理窟·义理》。
② 〔北宋〕张载：《经学理窟·义理》。
③ 〔北宋〕张载：《经学理窟·义理》。
④ 〔南宋〕朱熹：《四书集注·大学章句》。

"格物致知"，从字面上理解，很像是讲通过对外在物质世界的研究获得知识，这自然与讲求心性义理，重视主观精神世界研究的宋学内求精神背道而驰。好在《礼记》原作者没有展开论述，"穷其意而明之"，给宋学家留下了"盖可以意得而不可以言传也"的余地①，正好能够自由发挥。

程颐说："心即性也"②，"性即理也"③，此处又以"物犹理也"。于是，格物之说，也就变作体现宋学内求精神的格心之论了。"穷理"和"非由外铄我也"，本是《易·说卦》和《孟子·告子上》曾提出过的命题。前者说："穷理尽性以至于命"，后者说，"仁、义、礼、智，非由外铄我也，我固有之，弗思耳"。但《礼记·大学》则未作如是言，二程观其书而"总其言"，将三书串在一起，用以求解作者所未曾明言之义。正如王安石之以"《诗》《礼》足以相解"④，和《易义》之"自以为如此"。充分体现了宋学注重心解，以意为之的内求精神，这在坚持"无征不信"、奉师法为金科玉律的汉学家看来，简直不可思议。但宋人这种以意为主的内求精神，却从儒学开始，贯彻到社会文化的各个层面，如文学创作的重意不重象、绘画艺术的以神不以形，科学研究的唯理不唯物，等等。

六、兼容精神

宋学外部有几个主要的敌人，如训诂、文章之学和佛、道异端等。内部又分为若干派别，如草创期的疑古派、议古派和拟圣派，繁荣期的王学、洛学和关学等。宋学家与异学，（从某种意义上讲，不同派也是异学）在某些时候常常发展为政治上的对立斗争，如前期之排佛，后期之王、洛

---

① 〔北宋〕程颐、程颢：《河南程氏遗书》卷二十五，《二程集》，中华书局1981年版，第316页。
② 〔北宋〕程颐、程颢：《河南程氏遗书》卷十八，《二程集》，中华书局1981年版，第204页。
③ 〔北宋〕程颐、程颢：《河南程氏遗书》卷二十二上，《二程集》，中华书局1981年版，第292页。
④ 〔北宋〕王安石：《王文公文集》卷七《答吴子经书》。

学之争。但从学术上说，基本上可以兼容，包括治学精神的互相影响，也包括学术观点方面的互相吸收。

北宋仁宗朝，疑古派孙复、石介，议古派胡瑗、李觏，均曾供职国子监，孙、胡两人还是嘉祐年间太学的同事，但人际关系并不好，在学校中经常互相回避，然而这并不妨碍二人在治学精神方面的互相吸收。如胡瑗《论语说》论子贡"夫子不可及"之言曰："子贡之言，甚而言之也。孔子固学于人而后为孔子。"此说不仅驳斥了子贡，而且与所谓孔子"生而知之"的观点相左，表现了疑古派同样的怀疑精神。而孙复的代表作《春秋尊王发微》虽仍沿用汉学章句训释的体例，但从写法上讲，以"发微"为名而自出新意，实同于议古派之侧重议论。

在学术观点方面，对立最尖锐的莫过于洛学与王学了。熙宁变法时期，程颐不仅在神宗面前攻击过"王安石之学不是"[1]，而且当面斥责"参政之学如捉风"[2]，甚至认为王安石新学比佛、道异端更可怕："在今日，释氏却未消理会，大患者却是介甫之学。"[3]但在治学的过程中，则也尽可能地吸收王学之优秀成果。以《易》学为例，从拟圣派周敦颐、邵雍开始，通过治《易》或拟《易》的形式发表自己的见解，乃是南渡之前宋学的重大课题。王安石、张载、程颐等人均有《易说》或《易传》《易义》一类的著作。从个人关系讲，二程与周、邵、张，一个从学，一个世交，一个是表叔，自然要密切得多，也融洽得多。但程颐指导门人读《易》，指定的参考书却是王弼、胡瑗、王安石三家，而周、邵、张不与。三家之中，王安石还受到特别的重视。据邵雍之孙邵博说，他曾亲眼见过程颐从弟程颖"出伊川之书盈轴，必勉以熟读王介甫《易说》云云跋下方"[4]，《河南程氏文集》卷九《与金堂谢君书》也有类似的议论。足见

---

[1] 〔南宋〕朱熹：《伊洛渊源录》卷二《明道遗事》；〔北宋〕程颐、程颢：《河南程氏遗书》卷二上。
[2] 〔北宋〕程颐、程颢：《河南程氏遗书》卷十九，《二程集》，中华书局1981年版，第255页。
[3] 〔北宋〕程颐、程颢：《河南程氏遗书》卷二上，中华书局1981年版，第38页。
[4] 〔北宋〕邵伯温：《邵氏闻见录》卷五。

只要学术上有可取之处，宋学家即不因人废言而加以兼容。

由保存下来的二程语录看，除王氏《易义》（即《易说》）外，王安石的一系列著作，学生们都是可以看的，并且允许提问。《河南程氏遗书》卷二十二上、《河南程氏粹言》卷一《论道篇》等均有记载。由下引一段对话看，学生不仅可以提问，而且可以当着二程的面讲王氏之说善，程氏也不以为忤，如：

或问："变与化何别？王氏谓因形移易谓之变，离形顿革谓之化，疑其说之善也。"子曰："非也。变，未离其体也。化，则旧迹尽亡，自然而已矣。故曰'动则变，变则化，惟天下至诚为能化'。"[1]

这在后世严王学、洛学之辨形同水火者，简直不敢想象。其实，公开赞扬并引用王安石之学，二程本人也不乏其例，如：

介甫言律是八分书，是他见得。[2]

又如：

王介甫曰："因物之性而生之，直内之敬也，成物之形而不可易，方外之义也。"子曰："信斯言也，是物先有性，然后坤因而生之，则可乎？"[3]

此外还赞扬王安石的史识与文学：

王介甫咏张良诗，最好。[4]

---

[1] 〔北宋〕程颐、程颢：《河南程氏粹言》卷一《论道篇》，《二程集》，中华书局1981年版，第1181页。
[2] 〔北宋〕程颐、程颢：《河南程氏外书》卷十，《二程集》，中华书局1981年版，第406页。
[3] 〔北宋〕程颐、程颢：《河南程氏粹言》卷二《心性篇》，《二程集》，中华书局1981年版，第1255页。
[4] 〔北宋〕程颐、程颢：《河南程氏遗书》卷十八，《二程集》，中华书局1981年版，第233页。

这一兼容精神，也表现在后起的朔党和蜀党这两个与洛党对立但又同是王安石变法反对派的群体中。朔派刘挚兼容王安石《字说》之外的著作已见前揭，再举蜀派吕陶之言如下：

> 经义之说，盖无古今新旧，惟贵其当。先儒传注，既未全是；王氏之解，亦未必尽非。①

"惟贵其当"，作为宋学兼容精神的判定标准，本身就来自王安石的"善学者读其书，惟理之求"，"苟合于理，虽鬼神异趣要无以易"的开放精神。

所谓开放精神，指宋学对儒家传统文化以外的学说主要是佛老之学的兼容和吸收。北宋后期文人黄裳在其所著《演山集》卷三十五《书自然子书后》自述治学之宗旨时说：

> 尝谓道家之徒蔽于说气，儒家之徒蔽于说理，释氏之徒蔽于说性。……子之为书，泛观而旁采，有可述者，皆其是非有理，取舍有义，本于自然之道。

儒、释、道三家兼容并蓄而统一到性理之学的轨道上来，正是北宋后期学术文化的特点。而这一特点的形成，即与宋学的开放精神有关。

江海不捐细流，故能成其大。宋学之所以在汉学之外独树一帜，取得了超越前古并为元明清诸世所不能及的成就，宋学家这种涵盖一切的兼容精神和开放精神起了重要的作用。在造成宋学这彬彬之盛的一代奇观的各种时代精神中，怀疑是动力，议论是手段，实用是前提，内求是方式，创造和开拓是目的，而兼容和开放，则是一切的基础。

不过必须指出，宋学的兼容和开放还是有一定限度的。司马光在《迂书·兼容》一章中以设问答的形式自明其志说：

---

① 〔南宋〕吕祖谦编：《皇朝文鉴》卷六十一《请罢国子司业黄隐职任》。

或曰:"甚矣,子道之隘也,奚容之不兼?"迁夫曰:"沱潜之于江也,榛楛之于山也,兼容焉可也。莠之于苗也,冰之于火也,欲兼得乎哉!"①

文中对迁夫所发的责备"奚容之不兼",虽出于作者的虚拟,但也代表了当时知识分子的一般价值取向:以兼包并蓄为贵。迁夫的回答则反映了宋学兼容和开放的原则,是有选择、有条件的。也就是说有的可以包容,有的则不可以,须分清主次、以对我有用为前提。即吸收可以利用的观点和方法融化到我们自己的文化体系之中,犹如小河、地下水汇流入大江,小树长在高山上。没用甚至有害的则应抛弃并加以批判。

(原文分上、下篇载《漳州师院学报(社会科学版)》1990年第1、2期)

---

① 〔北宋〕司马光:《温国文正司马公集》卷七十四。

朱子与李延平

陈 来

朱子绍兴二十三年（1153）见李侗于延平，延平告以儒释之辨，此后年岁之间，朱子颇味延平之言，渐觉禅学之非，而立志归本伊洛，此一过程及相关事实考辨，我在《朱子哲学研究》一书的第一章已为详述。[1]本篇则专论朱子与延平授受渊源与思想关系，故以《延平答问》为主要材料。按《延平答问》为李侗答朱熹论学书，其第一书在绍兴丁丑（1157）六月，时朱子28岁，尚在同安为主簿。以其书中之语观之，并非延平与朱子初次通书，以此推知，在此之前延平、朱子之间当已有书。朱子绍兴癸酉（1153）见延平，时24岁，李延平卒于隆兴元年（1163）癸未，时朱子34岁，两人交往近10年。即使自绍兴丁丑至癸未计之，亦近7年之久。李、朱在此期间的思想交往，对朱熹思想发展影响甚大，对李侗晚期思想也有重要意义。本篇因站在朱子思想研究的角度，注重丁丑、戊寅之后朱熹所受李侗的影响，以及朱熹与李侗思想的差异和此种差异在理学史发展中的意义，故对延平晚年思想因受朱子之刺激而发生的变化不予讨论。

一、道南之传

李侗字愿中，福建南剑州剑浦人，因久居延平，学者称"延平先生"。

---

[1] 朱子此一期间之思想智慧，还可参看钱穆所著《朱子新学案》的相关章节。

"考亭朱氏出延平李氏，延平李氏出豫章罗氏"①，李侗是朱熹早年最重要的老师。

李侗曾从学于罗从彦（字仲素，号豫章），罗从彦为程氏门人杨时（龟山）的高弟。《宋史·罗从彦本传》："罗从彦字仲素，剑浦罗源人。曾祖文弼，祖世南，父神继。从彦幼颖悟，不为言语文字之学。及长，严毅清苦，笃志求道。徒步往从杨时受业，见三日，即惊汗浃背，曰'不至是，几虚过一生矣'。时弟子千余人，无及从彦者。尝讲易至乾九四爻，告以曩闻伊川说甚善，从彦即裹粮走洛，见而问之。颐反复以告，亦不外是。乃归卒业，尽得不传之秘。"朱熹也说："罗仲素先生得河洛之学于龟山杨文靖公之门。"又说："初龟山先生倡道东南，士人游其门者甚众，然语其潜思力行、任务诣极如罗公者，盖一人而已。"②龟山亲学于程颢、程颐，当其归家时，程颢尝曰"吾道南矣"，寄望颇殷。政和初，龟山为萧山令，罗从彦已41岁。"徒步往学焉，龟山熟察之，喜曰：'惟从彦可与言道'。"③《宋元学案》称："往洛见伊川，归而从龟山者久之。建炎四年，特科授博罗主簿。官满，入罗浮山静坐。……先生严毅清苦，在杨门为独得其传。龟山初以饥渴害心令其思索，先生从此悟入，故于世之嗜好泊如也。"④罗从彦虽亦亲见伊川，其学问宗旨毕竟得于龟山杨氏，故《宋元学案》虽称其为程杨门人，终归之于龟山门下。而后来竟有"南剑三先生"（杨时、罗从彦、李侗）之说，以罗从彦独得杨时真传而再传于李侗。

政和末，李侗从学于罗从彦⑤，其初见时以书谒，略曰："先生服膺龟山之讲席有年矣，况尝及伊川先生之门，得不传之道于千五百年之后，性

---

① 〔元〕刘将孙：《豫章稿跋》，《李延平集》卷四，丛书集成初编本。
② 《朱子文集》卷九十七《延平李先生行状》。
③ 〔清〕黄宗羲：《宋元学案》卷三十九《豫章学案》黄百家案语，中华书局1986年版，第1277页。
④ 〔清〕黄宗羲：《宋元学案》卷三十九《豫章学案》，中华书局1986年版，第1270页。
⑤ 《罗豫章集》《年谱》，丛书集成初编本。

明而修、行完而洁，扩之以广大、体之以仁恕，精深微妙，各极其至。汉唐诸儒，无近似者。……凡读圣贤之书、粗有见识者，孰不愿得受经门下，以质所疑！"①罗从彦对李侗也颇器重，其与陈默堂书云："承喻'圣道甚微，有能于后生中得一个半个可以与闻于此，庶几传者愈广、吾道不孤，又何难之不易也'，从彦闻尊兄此言，犹著意询访，近有后生李愿中者，向道甚锐，曾以书求教，趋向大抵近正。谩录其书，并从彦所作诗呈左右，未知以为然否。"②李侗从学罗从彦后，颇守其传，从彦孙罗博文与李侗往来甚多，对李侗之学很为推崇，亦言"延平先生之传，乃某伯祖仲素先生之道、河洛之学，源远流长"③。绍兴二十八年（1158）戊寅正月，朱熹自同安罢归，经延平再见李侗。不久朱熹与范如圭有书，中说："李丈名侗，师事罗仲素先生。罗尝见伊川，后卒业于龟山之门，深见称许，其弃后学久矣，李丈独得其阃奥，经学纯明，涵养精粹。"④这也表明，至少在绍兴末，李侗的洛学渊源差不多已是众所周知的了。李侗死后，朱熹为作行状，其中更强调李侗在洛学正传中的地位："已而闻郡人罗仲素先生得河洛之学于龟山杨文靖公之门，遂往学焉。""从之累年，受《春秋》、《中庸》、语孟之说，从容潜玩，有会于心，尽得其所传之奥。"⑤

朱熹曾概述李侗的学问思想：

> 讲诵之余，危坐终日，以验夫喜怒哀乐未发之前气象如何，而求所谓中者。若是者盖久之，而知天下之大本真有在于是也。盖天下之理无不由是而出，既得其本，则凡出于此者，虽品节万殊，曲折历变，莫不该摄洞贯，以次融释，而各有条理，如川流脉络之不可乱。大而天地之所以高厚，细而品汇之所以化育，以至于经训之微言、日用之小物，折之于此，无一不得其衷焉。由是操存益固、涵养益熟，

---

① 《初见罗豫章先生书》，《李延平集》卷一。
② 《与陈默堂书》，引自《李延平集》卷四。
③ 引自《李延平集》卷四。
④ 《朱子文集》卷三十七《与范直阁》。
⑤ 《朱子文集》卷九十七《延平李先生行状》。

精明纯一，触处洞然，泛应曲酬，发必中节。……故其言曰："学问之道不在多言，但默坐澄心、体认天理，若见虽一毫私欲之发，亦退听矣，久久用力于此，庶几渐明，讲学始有力耳。"又尝曰："学者之病，在于未有洒然冰解冻释处，纵有力持守，不过苟免显然悔尤而已。若此者，恐未足道也。"又尝曰："今人之学与古人异，如孔门诸子群居终日，交相切磨，又得夫子为之依归，日用之间观感而化者多矣。恐于融释而脱落处，非言说所及也。不然，子贡何以言夫子之言性与天道不可得而闻也耶？"尝以黄太史之称濂溪周夫子胸中洒落如光风霁月云者为善形容有道者气象，尝讽诵之，而顾谓学者曰："存此于胸中，庶几遇事廓然而义理少进矣。"其语《中庸》曰："圣门之传是书，其所以开悟后学无遗策矣。然所谓喜怒哀乐未发谓之中者，又一篇之指要也，若徒记诵而已，则亦奚以为哉！必也体之于身，实见是理，若颜子之叹，卓然见其为一物而不违乎心目之间也，然后扩充而往，无所不通，则庶乎其可以言《中庸》矣。"……尝语问者曰："讲学切在深潜缜密，然后气味深长，蹊径不差，若概以理一而不察乎其分之殊，此学者所以流于疑似乱真之说而不自知也。"其开端示人大要类此。①

根据朱熹所说，李侗学问大旨有四，即"默坐澄心""洒然融释""体验未发"和"理一分殊"。只是，在这几个方面，李侗自己的表述和侧重与经过朱熹精心调整而加以细微改变后的表述与侧重有所不同。我们将在下面对此作进一步的研究。

二、体验未发

李侗一生得力处在"静中体验未发"。《中庸》说"喜怒哀乐未发谓之中，发而皆中节谓之和"②，程颐与其门人吕大临、苏季明等曾多次讨论

---

① 《朱子文集》卷九十七《延平李先生行状》。
② 《中庸》，第一章。

过"未发"与"已发"的问题,但关于未发已发的心性论和功夫论意义程颐曾有几种不同的说法,而且这个问题在程颐思想中并不占重要地位。二程高弟杨时则把"未发"的问题作为其思想体系的核心。他说:"道心之微,非精一,其孰能执之?惟道心之微而验之于喜怒哀乐未发之际,则其义自见,非言论所及也。"①又说:"《中庸》曰'喜怒哀乐未发谓之中,发而皆中节谓之和',学者当于喜怒哀乐未发之际,以心体之,则中之意自见。执而勿失,无人欲之私焉,发必中节矣。"②由于杨时重视喜怒哀乐未发时的体验,所以强调"静"的功夫,他说:"夫至道之归,固非笔舌能尽也。要以身体之,心验之,雍容自尽,燕闲静一之中默而识之,兼忘于书言意象之表,则庶乎其至矣。"③罗从彦学于龟山,深得此旨,"建炎四年特科授博罗主簿,官满,入罗浮山静坐","先生严毅清苦,在杨门为独得其传。龟山初以饥渴害心令其思索,先生从此悟入,故于世之嗜好泊如也。"④罗从彦入罗浮山静坐,并不是坐禅入定,兀然无事,而是静坐体验未发气象。

罗从彦所以授与李侗者,亦正是"体验未发"。《延平答问》载李侗与朱熹书云:"某曩时从罗先生问学,终日相对静坐,只说文字,未尝一及杂语。先生极好静坐,某时未有知,退入室中亦只静坐而已。先生令静中看喜怒哀乐未发之谓中,未发时作何气象。"⑤李侗初学时只是学罗之静坐,罗从彦告以当于静中体验未发时作何气象,李侗就此用力,一生未变。故朱熹于《延平李先生行状》说:"先生既从之(从彦)学,讲论之余,危坐终日,以验夫喜怒哀乐未发之前气象如何,而求所谓中者。"⑥而李侗用以教授朱熹者,自然是强调静中体验未发的功夫。朱熹答何叔京书

---

① 〔清〕黄宗羲:《宋元学案》卷二十五,中华书局1986年版,第951页。
② 〔清〕黄宗羲:《宋元学案》卷二十五,中华书局1986年版,第952页。
③ 《寄翁好德》,引自《宋元学案》卷二十五,中华书局1986年版,第952页。
④ 〔清〕黄宗羲:《宋元学案》卷三十九《豫章学案》,中华书局1986年版,第1270页。
⑤ 《延平答问》庚辰五月八日书,延平府署藏板。
⑥ 《朱子文集》卷九十七《延平李先生行状》。

云："李先生教人，大抵令于静中体认大本未发时气象分明，即处事应物自然中节，此乃龟山门下相传指诀。"①黄宗羲也说："罗豫章静坐看未发气象，此是明道以来下及延平一条血路也。"②这都指明，理学自二程之后发展至南宋初，以未发功夫为代表的内向直觉体验愈来愈占主导地位。事实上，二程之后，从杨时到李侗，理学的发展正是沿着这样一个方向前进的。

由于李侗承继了龟山门下体验未发这一传统，所以他一开始就力图把朱熹纳入到这一轨道中来。绍兴庚辰李侗与朱熹书云：

> 夜气之说所以于学者有力者，须是兼旦昼存养之功不至梏亡，即夜气清。若旦昼间不能存养，即夜气何有？疑此便是日月至焉的气象也。某曩时从罗先生问学，终日相对静坐。……先生令静中看喜怒哀乐未发之谓中，未发时作何气象，此意不唯于进学有力，兼亦是养心之要。元晦偶有心恙，不可思索，更于此一句内求之静坐看如何，往往不能无补也。③

李侗所说的"更于此一句内求之静坐"就是指《中庸》首章的"喜怒哀乐未发谓之中"。在他看来，《孟子》中所说的"夜气"也是指此而言。孟子说："其曰夜之所息，平旦之气，其好恶与人相近也者几希，则其旦昼之所为，有梏亡之矣。梏之反覆，则其夜气不足以存，夜气不足以存，则其违禽兽不远矣。"④李侗认为，涵养夜气即是中夜不与人物交接时的静中持养，这实际上就是《中庸》讲的未发功夫。只是未发的涵养体验不限于夜气，平旦之中也当静中体验未发。根据他的说法，体验未发与养心和养气相联系，事实上，从实践上看，静坐体验必然与调息息念相关，所以李侗在教朱熹体验未发时，首先是从孟子夜气一章的解释和实践入手的。早在

---

① 《朱子文集》卷四十，《答何叔京》第二书。
② 〔清〕黄宗羲：《宋元学案》卷三十九，《豫章学案》案语，中华书局1986年版，第1277页。
③ 《延平答问》庚辰五月八日书，延平府署藏板。
④ 《孟子·告子上》。

丁丑六月李侗答朱熹书即指出："承喻涵养用力处，足见近来好学之笃也。……孟子夜气之说更熟味之，当见涵养用力处也。于涵养处用力，正是学者之要。"①戊寅十一月与朱熹书说："夜气存，则平旦之气未与物接之时，湛然虚明气象自可见，此孟子发此夜气之说，于学者极有力。若欲涵养，须于此持守可尔。"②夜气这里显然是指夜间静坐以调养心气，而"未与物接之时"的"湛然虚明气象"正是罗从彦以来所说的"未发气象"，在这里，李侗明显是用龟山门下的"体验未发"来诠释孟子的夜气之说，以夜气为未发时功夫。正如朱熹所说，李侗确实从一开始便通过各种方式诱导朱熹从事未发静养的功夫，而这种引导在《延平答问》中处处可见。庚辰七月李侗与朱熹书云："某自少时从罗先生问学，彼时全不涉世故，未有所入。闻先生之言，便能用心静处寻求，至今澉泊忧患磨灭甚矣。四五十年间每遇情意不可堪处，即猛省提撕，以故初心未尝忘废，非不用力，而迄于今更无进步处。"③辛巳十月书说："窃以谓肫肫其仁以下三句，乃是体认到此，达天德之效处，就喜怒哀乐未发之处存养至见此气象，尽有地位也。"④壬午五月书也说："承喻处事扰扰，便似内外离绝、不相该贯，此病可于静坐时收摄将来，看是如何，便如此就偏着处理会，久之知觉即渐渐可就道理矣。"⑤李侗对朱熹抱有特别的期望，他曾与罗博文书称：

> 元晦进学甚力，乐善畏义，吾党鲜有，晚得此人商量所疑，甚慰。此人极颖悟，力行可畏，讲学极造其微处，某因此追求有所省。渠所论难处，皆是操戈入室，须从原头体认来，所以好说话。某昔于罗先生得入处，后无朋友，几放倒了，得渠如此，极有益。渠初从谦开善下功夫，故皆就里面体认，今既论难，见儒者路脉，极能指其差

---

① 《延平答问》丁丑六月二十六日书，绍兴二十七年，朱子28岁。
② 《延平答问》戊寅十一月十三日书，绍兴二十八年，朱子29岁。
③ 《延平答问》庚辰七月书，绍兴三十年，朱子31岁。
④ 《延平答问》辛巳十月十日书，绍兴三十一年，朱子32岁。
⑤ 《延平答问》壬午五月十四日书，绍兴三十二年，朱子33岁。

误处，自见罗先生来，未见有如此者。①

朱熹青年时曾师宗杲弟子开善寺道谦禅师学佛，对心性体认功夫有相当了解，所以李侗说他"皆就里面体认"。但是，这并不意味着朱熹像李侗追随罗从彦时一样终日静坐以验夫未发气象。恰恰相反，尽管李侗对朱熹极口称赞，而朱熹对龟山门下的"体验未发"却始终没有表现出兴趣，李侗死后数年朱熹在与何叔京书中承认："……此乃龟山门下相传指诀，然当时亲炙之时，贪听讲论，又方窃好章句训诂之习，不得尽心于此，至今若存若亡。"②与何又一书也说："昔闻之师，以为当于未发已发之儿默识而心契焉，然后文义事理触类可通，莫非此理之所出，不待区区求之于章句训诂之间也。向虽闻此而莫测其所谓。"③后答林择之书亦云："……二先生盖屡言之，而龟山所谓'未发之际能体所谓中、已发之际能得所谓和'，此语为近之。然未免有病。日闻李先生论此最详，后来所见不同，遂不复致思。今乃知其为人深切，然恨不能尽记其曲折矣。……当时既不领略，后来又不深思，遂成磋过，孤负此翁耳。"④《中和旧说序》："余早从延平李先生学，受《中庸》之书，求喜怒哀乐未发之旨，未达而先生没。"⑤

当然，朱熹从学李侗期间对从龟山到延平的思想也不是毫无用力，在理性上，《中庸》未发之旨乃为学大要，这一点他并不怀疑。所以尽管延平生时他并未"尽心于此"，而有"未达"之叹，而延平死后，在湖南学派的影响下，他用心参悟中和之说达四五年之久。只是，朱熹参悟中和之说的方向已与延平体验未发之说有异。绍兴三十一年朱熹与程允夫书说："往年误欲作文，近年颇觉非力所及，遂已罢去，不复留情其间，颇觉省事讲学。近见延平李先生，始略窥门户，而疾病乘之，未知终得从事于斯

---

① 《李延平集》卷一，《与罗博文书》。
② 《朱子文集》卷四十，《答何叔京》第二书。
③ 《朱子文集》，《答何叔京》第四书。
④ 《朱子文集》卷四十三，《答林择之》。
⑤ 《朱子文集》卷七十五，《中和旧说序》。

否耳。大抵此事以涵养本原为先,讲论经旨特以附此而已。向来泛滥出入,无所适从,名为学问而实何有,亦为可笑耳。"①的确,延平教导朱熹"于涵养处用力正是学者之要",但延平所说的"涵养"更特指包括夜气说在内的整个未发体验功夫。而朱熹在延平生时始终未提体验未发一事,他只是在一般的立场上了解"涵养"与"讲论"的关系。

三、洒落气象

罗从彦要李侗静中看喜怒哀乐未发时气象,这里的"气象"实即指在静坐中所达到的一种特殊的心灵经验,如"湛然虚明"等。李侗要朱熹存养夜气至"日月至焉"的气象,亦类似。而李侗所说"就喜怒哀乐未发处存养至见此(肫肫其仁)气象"则更有一层意义。

"气象"是在理学本指达到某种精神境界后在容貌词气等方面的外在表现。由于气象是某种内在精神的表现,在理学的讨论中常常把气象直接作为一个精神修养的重要课题。事实上,从杨时到李侗,"体验未发"的一个主要目的即是由之以达到某种气象和境界。李侗特别强调,未发的体验是与气象的洒落相联系的。

早在戊寅冬至前二日书中,李侗便令朱熹先"玩味颜子、子夏气象",同年十一月十三日书论未接物时湛然虚明气象,且云:"又见谕云'伊川所谓未有致知而不在敬者,考《大学》之序则不然,如夫子言非礼勿视听言动,伊川以为制之于外以养其中数处,盖皆各言其入道之序如此。'要之敬自在其中也,不必牵合贯穿为一说。又所谓'但敬而不明于理,则敬特出于勉强而无洒落自得之功,意不诚矣',洒落自得气象地位甚高,恐前数说方是言学者下工处,不如此则失之矣。由此持守之久,渐渐融释,使之不见有制之于外,持敬之心,理与心为一,庶几洒落尔。"②己卯长至

---

① 《朱子文集》《朱子别集》卷三,《答程允夫》第四书。
② 《延平答问》戊寅十一月十三日书,绍兴二十八年,朱子29岁。

后三日书云:"今学者之病,所患在于未有洒然冰释处。"①庚辰五月八日书:"某晚景别无他,惟求道之心甚切,虽间能窥测一二,竟未有洒落处。"②不错,李侗所说的"洒然""冰释"有时是指对义理的玩味至融会贯通、无所滞碍而言,但是并非如朱熹所强调的只有此种意义。在李侗,尤以"洒落"为指有道气象:

> 尝爱黄鲁直作濂溪诗序云"舂陵周茂叔,人品甚高,胸中洒落,如光风霁月",此句形容有道者气象绝佳。胸中洒落即作为尽洒落矣。学者至此虽甚远,然亦不可不常存此体段在胸中,庶几遇事廓然,于道理少进。愿更存养如此……某尝谓遇事若能无毫发固滞,便是洒落,即此心廓然大公,无彼己之偏倚,庶几于理道一贯。若见事不彻,中心未免有偏倚,即涉固滞,皆不可也。③

自从李侗拈出黄庭坚"胸中洒落,如光风霁月",这句话便成了此后理学形容"道学气象"的典范。这种对于洒落自得气象的追求,溯其源,始于大程(颢),大程又得之于黄庭坚所称之周敦颐。二程十四五时,其父令二人学于周敦颐,周敦颐教二程"寻颜子仲尼乐处,所乐何事"④。程颢后来又见周敦颐,尝言"自再见周茂叔后,吟风弄月以归,有吾与点也之意"⑤。大程子提倡"仁者与天地万物为一体","仁者浑然与物同体"⑥,又主张:"天地之常,以其心普万物而无心;圣人之常,以其情顺万物而无情。故君子之学,莫若廓然而大公,物来而顺应。"⑦大程子学问,最讲和乐自得之境。濂溪、明道虽未提"洒落"二字,然二者人品境界为廓然洒落,无可怀疑。事实上,"洒落"正是儒家思想体系中用以包

---

① 《延平答问》己卯长至后三日书,绍兴二十九年,朱子30岁。
② 《延平答问》庚辰五月八日书,绍兴三十年,朱子31岁。
③ 《延平答问》庚辰七月书,绍兴三十年,朱子31岁。
④ 《河南程氏遗书》卷二上,《二程集》中华标点本,第16页。
⑤ 《河南程氏遗书》卷三,同上书,第53页。
⑥ 《河南程氏遗书》卷二上,第15、17页。
⑦ 《答横渠张子厚先生书》,《二程集》,第460页。

容佛道超然自由境界的形式。

所以，李侗所说的气象和洒落就不限于内心经验和义理融会的意义了。延平自己亦言，"静处寻求"往往是在"每遇情意不可湛处"时用功。其辛巳上元日书说："昔尝得之师友绪余，以谓问学有未惬处只求诸心，若反身而诚，清通和乐之象见，即是自得处，更望勉力以此而已。"①这正是发明大程子"反身而诚，乃为大乐"之说，他所说就喜怒哀乐未发处存养至肫肫其仁气象"尽有地位"，与"洒落自得气象地位甚高"意义相同。李侗所追求的境界与功夫，表明他是程明道仁者之学的正传。李侗所说的"融释"也不是专指经书义理而言，而亦是无所勉强、不见有制于外的自然自得气象。如己卯冬至后三日书所说："今学者之病，所患在于未有洒然冰释处，纵有力持守，不过只是苟免显然尤悔而已。"延平死前数月癸未五月书也说："近日涵养必见应事脱然处否？须就事兼体用下功夫，久久纯熟，可见浑然气象矣。"②都是以洒然融释指胸中与作为的自得气象。

从程颢开始，理学中一派在强调"体贴天理"的同时，也强调心性修养中的"自然"，反对著力把持，要求从勉强而行更上一境界，特别提倡最高境界的洒落自得的性质。李侗的这些思想，显然不仅指心与理为一而后达到的不勉而中的境界，他尤注意那种洒落自得的精神气象。然而，终朱子一生，他始终对"洒落"不感兴趣，他在中年追寻未发的思考和所要达到的境界与李侗仍不同，而他晚年更对江西之学津津乐道于"与点""自得"表示反感，反复强调道德修养的严肃主义态度，警惕浪漫主义之"乐"淡化了道德理性的境界。所以，他总是把延平的体验未发仅仅说成是"体认天理"，把"洒落融释"仅仅说成是读解义理的脱然贯通，甚至声称"令胸中通透洒落"，"非延平先生本意"。

李侗论孟子养气说亦要朱熹认取"气象"，《延平答问》辛巳八月七日书：

---

① 《延平答问》辛巳上元日书，绍兴三十一年，朱子32岁。
② 《延平答问》癸未五月二十三日书，隆兴元年，朱子34岁。

先生曰:"养气大概是要得心与气合。不然,心是心,气是气,不见所谓'集义'处,终不能合一也。元晦云'睟面盎背,便是塞乎天地气象',与下云'亦沛然行其所无事'二处为得之,见得此理甚好。然心气合一之象,更用体察,令分晓路陌方是。某寻常觉得,于畔援歆羡之时未必皆是正理,亦心与气合,到此若仿佛有此气象,一差则所失多矣,迨所谓浩然之气耶?某窃谓孟子所谓养气者,自有一端绪,须从知言处养来乃不差。于知言处下工夫尽用熟也。谢上蔡多谓'于田地上面下功夫',此知言之说,乃田地也。先于此体认令精密,认取心与气合之时不偏不倚气象是如何……"[1]

孟子本有"知言""养气""集义"等说,李侗指出,养气的过程本质上是心气合一的过程,这里的心主要指精神的思维,气则表征一定的心理与生理感受。理想的身心状态应当是以心统气,由气养心,心气合一。但是心气合一并不是理想境界的本质规定,只是理想境界所需的一种身心状态。从而,心气合一本身并不表示道德理想或人格境界的真正实现,如道教练气过程亦主心气合一,但这只表示身心血气流通的和谐状态,不必代表理想境界与完整人格的全面实现。所以,李侗强调,纯粹的心气合一并不是浩然之气,"浩然"所表示心气状态是以一定的道德观念为基础的。牢固的、坚定的道德信念则不是仅凭心气合一所能获得的,而是由"知言"即明晓义理等途径来保证的。他进一步指出,达到心与气合并不难,重要的是要体验心与气合时的"不偏不倚气象",不偏不倚显然是指"喜怒哀乐未发谓之中"的中,"不偏不倚气象"即是"未发气象",就是说,养气过程归根结底还要注意"验夫喜怒哀乐未发气象",做功夫者要著力体验的并不是心气合一的身心和谐,也不是静默无念的纯粹意识状态,而是一种出《中庸》所规定的"不偏不倚"无累无著的气象。有了这种体验为基础,才能"睟面盎背",才能"沛然行其所无事"。

---

[1] 《延平答问》辛巳八月七日书,绍兴三十一年,朱子32岁。

孟子之养气说本来与其"不动心"相联系,动心就是心理的稳定平衡受到破坏。李侗与朱熹书:"承来谕,令表弟之去,反而思之,中心不能无愧悔之恨。自非有志于求仁,何以觉此!《语录》有云'罪己责躬不可无,然亦不可常留在心中为悔',来谕云'悔吝已显然,如何便销陨得'。胸中若如此,即于道理有碍。有此气象,即道理进步不得点,正不可不就此理会也,某窃以为,有失处,罪己责躬固不可无,然过此以往,又将奈何?常留胸中,却是积下一段私意也。"①胸中常留悔吝、忧虑、烦恼,即为动心,从程明道"情顺万物而无情",到李侗"胸中洒落""遇事廓然""无毫发固滞",乃至王阳明答陆澄忧子不堪之问②,理学中的这一派特别继承了从孟子到李翱的"不动心"传统,强调洒落无累的境界对于人之精神境界的意义。这也是李侗思想的一个重要特点。事实上李侗对未发之中的理解亦与此相关,"中心有偏倚即涉固滞",便非廓然大公,而"不偏不倚气象"才是洒落气象。

四、 境界与本体

从《延平答问》中李侗信中所引述的朱熹问来看,他对李侗的未发说、气象说都未予重视,他从一开始就是从本体论方面来理解李侗的境界说和功夫论的。《延平答问》壬午年有书:

> 问:"'太极动而生阳',先生尝曰'此只是理,作已发看不得'。熹疑既言'动而生阳',即与复卦一阳生而见天地之心何异?窃恐'动而生阳'即天地之喜怒哀乐发处,于此即见天地之心。'二气交感、化生万物'即人物之喜怒哀乐发处,于此即见人物之心。如此做两节看,不知得否?"
>
> 先生曰:"'太极动而生阳',至理之源,只是动静阖辟,至于终万物、始万物,亦只是此理一贯也。到得'二气交感,化生万物'

---

① 《延平答问》癸未六月十四日书,隆兴元年,朱子34岁。
② 《阳明全书》卷一,《传习录》上。

时，又就人物上推，亦只是此理。《中庸》以喜怒哀乐未发已发言之，又就人身上推寻，至于见得大本达道处，又浑同只是此理。此理就人身上推寻，若不于未发已发处看，即何缘知之？盖就天地之本源与人物上推来不得不异，此所以于'动而生阳'难以为喜怒哀乐已发言之。"①

李侗在朱熹从学期间，授以《中庸》未发之旨，令静中体验未发气象分明，但朱熹不能尽心于此，反以周敦颐《太极图说》的本体论来解释《中庸》的已发未发说。照朱熹看来，重要的并不是《中庸》未发已发的心性论意义，而是其本体论意义。他把《太极图说》的"太极动而生阳"看成天地之喜怒哀乐已发，把"二气交感、化生万物"看成人与物之喜怒哀乐已发。在这个说法中，《中庸》的未发已发不只指人之性情而言，而且指宇宙大化的动静过程，"如此分作两节看"。李侗对此指出，从万物一理的角度说，天地、人物及人之性情已发未发，受此统一的"天理"所支配，因为天理是宇宙万物的普遍性法则。而《中庸》的未发已发特指人之思维情感而言，是要由此引出一定的心性修养功夫以体认天理，其自身并没有本体论的意义。所以李侗在另一封信中也指出："某中间所举《中庸》终始之说，元晦以为'肫肫其仁，渊渊其渊，浩浩其天'即全体未发底道理，惟圣人尽心能然。若如此看，即于全体何处不是此气象，第恐无甚气味尔。某窃以为'肫肫其仁'以下三句，乃是体认到此达天德之效处，就喜怒哀乐未发处存养至见此气象，尽有地位也。"②针对朱熹总是从客观性和本体性即"理"的方面理解《中庸》之说，李侗指出，肫肫、渊渊、浩浩都是至诚境界的气象，是某种主体性体验的结果和表现。所以，"在天地只是理也"，谈不到未发已发，未发已发只是指"人身上推寻"而言，其中有天人主客的不同。《延平答问》又载壬午八月七日书：

---

① 《延平答问》辛巳二月二十四日书，绍兴三十一年，朱子32岁。
② 《延平答问》辛巳十月十日书，绍兴三十一年，朱子32岁。

问:"熹昨妄谓仁之一字,乃人之所以为人而异乎禽兽者,先生不以为然。熹因先生之言思之而得其说,敢复求正于左右。熹窃谓天地生物本乎一源,人与禽兽草木之生,莫不具有此理。其一体之中即无丝毫欠剩,其一气之运,亦无顷刻停息,所谓仁也。但气有清浊,故禀有偏正。惟人得其心,故能知其本具此理而存之,而见其为仁。物得其偏,故虽具此理而不自知,而无以见其为仁。然则仁之为仁,人与物不得不同;知人之为人而存之,人与物不得不异。故伊川夫子既言'理一分殊',而龟山又有'知其理一''知其分殊'之说。而先生以为全在知字上用著力,恐亦是此也,不知果是如此否?又详伊川之语推测之,窃谓'理一而分殊',此一句言理之本然如此,全在性分之内本体未发时看。合而言之,则莫非此理,然其中无一物之不该,便自有许多差别,虽散殊错糅不可名状,而纤微之间,同异毕显,所谓'理一而分殊'也。'知其理一所以为仁,知其分殊所以为义',此二句乃是于发用处该摄本体而言,因此端绪而下功夫以推寻之处也。盖'理一分殊'一句,正如孟子所云'必有事焉'之处;而下文两句,即其所以有事乎此之谓也。(朱子自注:先生抹出批云:"恐不须引孟子说以证之,孟子之说若以微言,恐下功夫处落空,如释氏然。孟子之说亦无隐显精粗之间,今录谢上蔡一说于后,玩味之,即无时不是此理也。此说极有力。")大抵仁字正是天地流动之机,以其包容和粹、涵育融漾,不可名貌,故特谓之仁。其中文理密察、各有定体处,便是义。只此二字,包括人道已尽。义固不能出于仁之外,仁亦不离乎义之内也。然则'理一而分殊'者,乃是本然之仁义,前此乃以从此推出分殊合宜处为义,失之远矣。又不知如此上所推测,又还是否,更乞指教。"

先生云:谢上蔡云:"吾尝习忘以养生。"明道先生曰:"施之养则可,于道则有害。习忘可以养生者,以其不留情也。学者则异于是,'必有事焉而正'何谓乎?且出入起居,宁无事者?正心待之,则先事而迎,忘则涉乎去念,助则近乎留情。故圣人心如鉴,所以异于释氏心也。"上蔡录明道此语于学者甚有力。盖寻常于静处体认下功夫,即于闹处使不著,盖不曾如此用力也。自非谢先生确实于日用下功夫,即恐明道此语亦未必引得出来,此语录所以极好玩索,近方看见如此意思显然。①

朱熹所问,本就"仁"的意义而言,因程颐、杨时论"理一分殊"时特与仁和义联系起来,故又转而论理一分殊之义。朱熹所论,即后来其哲学体系中常常论及的"理之同异偏全"的问题。其说以为,人与物同禀天地之理,无所不同。但人禀之气清,所以能知其本具此理而存之;物禀之气浊,虽具此理而不知。同禀天地之理,无所不同,这是"理一";所禀之气各异,而有自觉与不觉的不同,这是"分殊"。朱熹认为,程颐讲的"理一分殊"是指理之本然,而杨时对程颐思想的进一步发挥"知其理一所以为仁,知其分殊所以为义"则是就理之发用而言。发用是端绪,学之功夫即当由之推寻本体。由此可见,当时朱熹对"仁"的理解完全基于本体论的"体—用"模式,着重于宇宙本体和构成的分析。他的着眼点始终在天地之化与性理构成方面。颇有意味的是,对朱熹这一大套客观性建构的理论,李侗并无反应,却在批答中大讲了一套由程明道与谢上蔡问答引发的主体性境界与功夫。这颇能表现出李侗所欲以教授朱熹者和朱熹本人思想之取向的不同。习忘即修习"坐忘",一种纯粹的静坐修持,其益处可以养生,因为习忘的结果是心中无事,忘人己,无内外,不会留情执着于任何事物,也就不会发生情感心理的烦扰和障碍。然而程明道指出,习忘以养生是有意义的,但这并不是学道的入手功夫和终极境界。学道入须如孟子所说"必有事焉"。人在人伦日用中生活,事事须奉行道德准则,修身以敬,这都不能仅以"无心忘之"的态度,而须以"正心待之"的态度去实践、去生活。同时,正如从程颢到李侗都重视的,道德实践的过程应当注意保持心境的平和,孟子说"心勿忘勿助长",忘就是无念,助流

---

① 《延平答问》壬午八月七日书,绍兴三十二年,朱子33岁。

于执着,都是不"自然"的。敬德与自然两者相结合,才是完满的境界。而这些思想在当时并未被朱熹所注意。

五、 涵养与穷理

《延平答问》显示出,在朱熹从学延平期间,从一开始,他就对章句训诂有特殊兴趣。李侗说他"讲学极造其微处""渠所论难处皆是操戈入室",即指朱熹对理论辨析的用力。朱熹自己后来也承认,他在延平生时并未留意于未发体验和涵养气象:"方窃好章句训诂之习,不得尽心于此。"李侗也看出朱熹的章句之好,说朱熹"初讲学时颇为道理所缚",即指朱熹注重概念义理名物的辨析,而忽略涵养和体验。

在这种差异的后面,反映了李侗与后来发展了的朱熹之间对一些重要问题认识的不同立场。如朱熹说:"昔闻之师,以为当于未发之几默识而心契焉,然后文义事理触类可通,莫非此理之所出,不待区区求之章句训诂之间也。"[①]由于朱熹赴任同安之后,听从延平之言,日读圣贤之书,加之生性喜好章句,故其与延平书每以经书义理为问。延平为引导朱熹从事未发体验,即以融通义理为说,告以求之未发默识,不必求之章句训诂,由此便可契识"此理"。而朱熹则误以为未发功夫只是为了读书有疑时所用,其功能亦只是静中触类旁通文义事理而已,完全未理会道南未发功夫所寻求的体验和境界。

如果朱熹的复述无误,可以认为,李侗学问功夫反对用力于章句诵读,要求在静中体验未发,反映了他对"理"及"穷理"的基本思想与态度。如果说李侗反对或者不看重由读书以讲明义理这种后来朱熹最为注重的格物穷理方法,而是认为义理的通畅与获得只须依赖内向的未发体验,那就表示,李侗认为"理"是内在的,穷理不须向外求索,只须向内体验。

自然,像程明道所代表的追求与物同体的浑然气象及洒落自然的孔颜

[①] 《朱子文集》卷四十,《答何叔京》第四书。

乐处，这种"为道"取向本来与"为学"不同，在功夫上必然注重内在体验而忽视甚至反对外在积累，从而与后来发展起的"心学"功夫合流。李侗的思想也表示，在对"理"的认识上和对待学问功夫的态度上，李侗确实显示出一些与从陆九渊到王阳明心学的共同点。当然，这不是说李侗在整体上已有陆王心学"心即是理""心外无理"的思想，因为李侗不仅重视内在体验，也提出重视分殊。但在某种意义上说，李侗学问思想确有所谓"心学"的倾向，虽然其出发点与后来的陆氏心学并不相同。

正是由于李侗思想的这种特质，所以他特别着力纠正朱熹的章句记诵倾向，他不仅特别强调与"章句"相对的"涵养"，且特别提出："学问之道，不在多言，但默坐澄心，体认天理。若真有所见，虽一毫私欲之发，亦退听矣。"①又说："圣门之传《中庸》，其所以开悟后学，无遗策矣。然所谓'喜怒哀乐未发之谓中'者，又一篇之指要也。若徒记诵而已，则亦奚以为哉？必也体之于身，实见是理，若颜子之叹，卓然见其为一物而不违乎心目之间也。"②"大率有疑处，须静坐体究。"③

所谓"默坐澄心，体认天理"，有两个方面的意义：首先，默坐澄心即指静中体验未发气象，体验那种浑然和乐、不偏不倚、无所固滞的气象，而不是仅去体认天理；其次，天理不在心外，人只须默坐澄心，反身而诚，便可识契此理。朱熹很少提及默坐澄心，而常常把李侗的整个学问宗旨归结为体认天理，因为"体认天理"说可以减弱杨时到李侗体验未发气象的直觉性体验，以避免神秘体验与浪漫境界。而即使把李侗学问归结为体认天理，朱熹也是在这样的意义上承认的：即未发时的默识是保证"文义事理触类可通"的主观条件，或是义理有疑不通时所运用来融释义理的方法，而"理"是可在心外的客观法则。从前引他与何叔京书所叙"昔闻之师"者可见，朱熹片面地，或者仅仅把未发之功限制在服务于读

---

① 《延平答问》，《与刘平甫书》。
② 《朱子文集》卷九十七，《延平李先生行状》。
③ 《延平答问》，《与刘平甫书》。

书讲明义理的主体修养,并主张向外穷理,从这里已经可以看到后来朱熹所确立的"主敬以立其本、穷理以进其知"的端绪。

按照朱熹后来的思想,以居敬穷理为宗旨,其中"主敬"包含的一个主要意义即未发时的主敬涵养。朱熹认为,未发时的涵养与穷理格物有密切关联,在这里,未发涵养的意义并不是用以验夫未发时气象,而是为了认识义理预先进行的一种主体修养,如说:"盖欲应事先须穷理,而欲穷理,又须养得心地本原虚静明彻。"①又说:"主敬之说,先贤之意盖以学者不知持守,身心散漫,无缘见得义理分明,故欲其先且习为端庄严肃,不至放肆怠堕,庶几心定理明耳。"②这是说,未发涵养的意义在于它为穷理准备了主体的条件,要穷得事物之理,就须使心能够安定集中,这就须要在未接物前有一种修养以保持心地的安定和清明。可见,这种未发涵养完全是为了理性地认识事物之理而确定,它自身并无独立的价值,也没有其他的体验功能。

从上述观点来看,可以了解,朱熹把李侗思想归结为默坐澄心而后义理可通、讲学有力,把洒落融释归结为存此于胸中而义理少进,把罗从彦、李侗的主静之学归结为义理有疑时的静坐融通,都是从他自己理性主义取向出发所作的调适。

据上所述,及前引朱熹答程允夫书所谓"大抵此事以涵养本原为先,讲论经旨特以附此而已"的说法,朱熹从学延平期间,对李侗的主要思想未予深究,而是由此把学问之道的要旨转化为一种一般的"涵养—讲论"的关系,他在当时也只是一般地承认涵养为本、讲论为辅的立场,并没有表示他也认同了李侗以未发默识天理而反对以讲论穷理的立场。

如朱熹自己所说及《延平答问》所显示的,从学延平时期的朱熹更为偏爱章句训诂的经典研究,他对涵养优先性的承认既非出于道德性的考虑也不是对内在体验的重视,他似乎更多地是从涵养对章句研习的积极意义

---

① 《朱子文集》《朱子别集》卷三,《答彭子寿》。
② 《朱子文集》卷五十九,《答方子实》。

来认识涵养的。在《延平答问》中，李侗总是以各种方式告诫朱熹要注重涵养，而朱熹总是请教李侗关于《语》《孟》解义方面的问题，后来的《朱子语类》中仍记录了许多朱熹回忆李侗解经的例子。这种涵养本原与章句解读的矛盾，亦即是后来所谓"尊德性"和"道问学"的矛盾，始终是朱熹一生中的学问难题。朱熹从很早时候起就表现出他对知识的积累和学习更为注意，即使是李侗也始终未能纠正他的章句之好。

以上所说，重在表出朱熹与李侗之差异，并不是说李侗对于朱熹的意义是完全消极的。事实上，李侗具有的道南正统的身份一开始就受到朱熹的特别注意，也正是在李侗的引导下，他才摆脱了在儒与二氏之间徘徊的状态，立志归本伊洛之学，坚定了他的道学方向。只是，由于朱熹个性上对非理性体验的漠视和章句之好，以及过于年轻的朱熹对有道气象和境界缺乏体验，使得朱熹在道学内更为贴近的是小程的理性主义路线，而与李侗所传接的大程的直觉主义路线相隔膜。

所以，李侗虽未能使朱熹追随他从事未发体验，但他对朱熹的章句之好仍起了一种规范的作用，即通过把朱熹引入道学的语境而使其章句工作纳入程氏道学的轨道。在《延平答问》中我们可明显看到朱熹从生疏到熟悉、不断咀嚼道学话头的努力。隆兴元年癸未（1163），在李侗病逝的同年，朱熹完成了他的首部章句著作《论语要义》，其书序云："熹年十三四时受二程先生论语于先君，未通大义而先君弃诸孤。中间历访师友，以为未足，于是乎遍求古今诸儒之说，合而编之，诵习既久，益以迷眩。晚亲有道，窃有所闻，然后知其穿凿支离者固无足取，至余或引据精密、或解析通明，非无一辞一句之可观，顾其于圣人之微意，则非程氏之俦矣。隆兴改元，屏居无书，与同志一二人从事于此，慨然发愤，尽删余说，独取二先生及其门人朋友数家之说补辑订正以为一书。"[①]这里所谓遍求、诵习都是指同安悟异学之非以后反诸六经的实践。朱熹同安任中一意归本儒学，却仍未免于泛滥之习，直至《论语要义》时"尽删余说"，而独取程

---

① 《朱子文集》卷七十五，《论语要义目录序》。

氏一派，表明李侗虽未能根本上扭转朱熹的章句之好，但对朱熹的章句工作无论在方向上还是在内容上都发生了规范性的影响。

从《延平答问》来看，李侗与朱熹，在讨论中涉及的北宋以来的著作有：胡文定（安国）《春秋解》，伊川《春秋传》，《横渠语解》，《二程语解》，上蔡《论语说》，《二程语录》，《遗书》，《二苏语孟》，《濂溪遗文》，《颍滨语孟》，吕与叔（大临）《中庸解》，《龟山语解》，《和靖语解》，胡明仲（宏）《论语解》，《太极图说》，《上蔡语录》，《通书》以及《二程文集》等。除二苏外，两人讨论的经解完全在道学系统之内。这表明，李侗对朱熹的影响确实是重要的，正是李侗不仅使朱熹摒弃释老而归本儒学，而且又使朱熹的儒学视野集中于程氏道学。朱熹在李侗引导下发生的这一转变，不仅对于朱熹自己，对于整个宋代道学的发展都有着极为重要的意义。

当然，李侗对朱熹的这种影响并不是凭空建立的，而是以朱熹青少年时代受其父朱松及"三君子"崇尚伊洛之学的影响为基础的。只是三君子的影响限于对道学的一般倾慕，而未及深入确定于伊洛中某一特定传统之上。李侗则力图使朱熹专注于"道南"传统。这两种影响从朱熹早年对谢良佐和杨时的态度可以看得明白。朱熹早年所受程门影响，以上蔡谢氏为深，他在赴任同安之前曾用功读上蔡书，他晚年也说及："熹自少时妄意为学，即赖先生（上蔡）之言以发其趣。"[1]他在30岁时校定的《上蔡语录》是他的第一个学术工作。在《上蔡语录后序》中他说谢上蔡"学于程夫子昆弟之门，笃志力行，于从游诸公间所见最为超越"[2]，而5年之后，朱熹则说："道丧千载，两程勃兴，有的其绪，龟山是承。"[3]一改以杨龟山为二程正传，这显然是受作为龟山再传的李侗所影响，也表明朱熹已立志由道南直溯伊洛，担当起承继、发展道学的重任。所以，他在隆兴元年

---

[1] 《朱子文集》卷八十，《德安府应城县上蔡先生祠记》。
[2] 《朱子文集》卷七十五，《谢上蔡语录后序》。
[3] 《朱子文集》卷八十七，《祭延平先生文》。

（1163）上孝宗封事中特别提出"故承议郎程颢与其弟崇政殿说书颐，近世大儒，实得孔孟以来不传之学"①。

六、 理一分殊

第四节曾引壬午八月七日书，其中引述了朱熹论及"理一分殊"的一大段，其实，朱熹对"理一分殊"的讨论是受了李侗的提示和引导。朱子孙婿赵师夏（致道）《延平答问跋》云：

> 文公先生尝语师夏云："余之始学，亦务为笼统宏阔之言，好同而恶异，喜大而耻小，于延平之言则以为何为多事若是，天下之理一而已。心疑而不服。同安官余，以延平之言反复思之，始知其不我欺矣。盖延平之言曰：'吾儒之学所以异于异端者，理一分殊也。理不患其不一，所难者，分殊耳。'此其要也。"②

由此可知，朱熹见延平之初，是用"天下之理一而已"调和儒释，这显然是受了刘子翚"以儒佛合"的思想影响。而李侗用以引导朱熹辨别儒释的方式则是提起程门"理一分殊"的话头。《延平行状》中朱子述李侗教人大旨亦云："若概以理一而不察乎分殊，此学者所以流于疑似乱真之说而不自知也。"这也说明，李、朱授受之间对"理一分殊"的讨论首先是针对朱熹早年对儒释之辨缺乏深刻认识而发的。《朱子语类》录：

> 初见李先生时，说得无限道理，也曾去学禅。李先生云："汝恁地悬空理会得许多，而面前事却又理会不得。道亦无玄妙，只在日用间著实作功夫处理会，便自见得。"③

《延平答问》庚辰七月与朱熹书：

---

① 《朱子文集》卷十一，《壬午封事》。
② 《延平答问后录·跋》。
③ 《朱子语类》卷百〇四，董铢录。

所云"语录中有'仁者浑然与物同体'一句,即认得《西铭》意旨",所见路脉甚正,宜以是推广求之。然要见一视同仁气象却不难,须是理会分殊,虽毫发不可失,方是儒者气象。①

"理一分殊"的提出本来是起因于杨时对《西铭》的怀疑。杨时怀疑张载《西铭》"乾称父,坤称母"的说法会流于墨氏兼爱之义,但他未能了解,孔孟的仁学本来与兼爱说有相通的一面,而程明道特倡"仁者以天地万物为一体","仁者浑然与物同体"的境界,强调仁学的境界就是要把自己和宇宙万物看成息息相通的一个整体,从而把仁者的爱与关怀贯通到一切事物。所以程颐回答杨时说,《西铭》理一而分殊,有仁亦且有义;墨氏兼爱而无分,失于无义。在程颐这个理一分殊的说法中,实际上包含着有对程颢"仁者与物同体"说的某种修正,也就是说在一定程度上吸取了杨时的意见。李侗由罗仲素而来的"静中体验未发"得于杨时的正传,李侗晚年与朱熹的讨论中则提出,体认万物同体的仁学境界在某种意义上不如"理会分殊"更困难和更重要,这与"静中体验未发"的内向直觉体验的立场有所不同。然而,这一种重视分殊的思想,这种强调分殊更过于一视同仁的立场也正是龟山之学的固有立场。显然,在李侗看来,正如儒墨之辨一样,仅仅从仁者浑然与物同体方面来看,还难以把握儒学与佛教的真正界线,只有把"一视同仁"的境界落实到人伦日用的"分殊"上,才能显现出"吾儒"与"异端"的本质区别。因而,那种"悬空理会"的理一体认并不难,真正困难的是在"日用间著实理会"。只有同时掌握了"理一"和"分殊",才真正是儒者之学。

不过,正如前所说,朱熹这一时期所关怀的是本体论建构和理论的辨析,所以他最感兴趣的是如何以"理一分殊"来说明宇宙流行过程中天地万物性理的统一和差别。据壬午六月书,朱熹开始认为,"仁"是生生自然之机,人得之以为性,而与禽兽相区别,所以这个仁的性,犬牛禽兽

---

① 《延平答问》庚辰七月书,绍兴三十年,朱子31岁。

"则不得与焉"。李侗则指出，仁是天地之理，所以从本源上说，万事万物俱有得乎此理此气，不能说"此理惟人得之"。人与禽兽的区别在于人所禀气中和秀灵，五常之理全备，而禽兽虽亦禀得此理，却是"得其偏而已"。这个说法即后来朱熹也常采用的理同气异说。朱熹接受了李侗的意见，重新加以考虑，其修正之说即见于前文所引辛巳八月七日书①。朱熹的修正说与李侗亦不完全相同，在李侗，对理气禀受的偏正并未明确表述出来，朱熹则明白提出，天地万物本于一源，所以人与草木禽兽不仅都禀有此理，而且都禀得全体而无丝毫欠剩。这就是"理一"。但人禀气清，可自觉其具备此理而加以存养；物禀气浊，故虽全具此理而不自知，这就是"分殊"，理一可见人物之同，分殊可明人物之异。后来朱熹在《中庸或问》中所说："盖在天在人虽有性命之分，而其理则未尝不一，在人在物虽有气禀之异，而其理则未尝不同。"②都是发展了《延平答问》时期由李侗而来的思想。这样，以理一分殊的模式表述万物性理的统一性与差别性，使得理一分殊由原来单纯伦理学的讨论，扩展而为具有本体论与人性论的涵义。朱熹在很长一段时期都是把注意力集中在"本体—人性"理论体系的建构上面。

从李侗的本意来说，他向朱熹强调理一分殊的重要，本来是出于明儒释之辨和引导青年朱熹在日用践履上下功夫。而从朱熹一生整个思想来看，李侗重视分殊更重于重视理一的思想，无疑是朱熹"格物穷理"方法论的一个来源。所以，朱熹注重从分殊入手的格物论是李延平重视分殊说的一个未预期的结果。对朱熹整个思想的展开有十分重要的意义。朱熹后来回忆说：

> 沈元用问尹和靖："伊川《易传》何处是切要？"尹云："体用一源，显微无间，此是最切要处。"后举以问李先生，先生曰："尹说固

---

① 按此辛巳八月书（绍兴三十一年）乃承壬午六月书（绍兴三十二年），故二书之年必有误，疑辛巳八月书本为壬午八月书，而壬午六月书本为辛巳六月书。
② 《中庸或问》卷一。

好，但须是看得六十四卦、三百八十四爻都有下落，方始说得此话。"①

李侗所答朱熹，也就是理一不难见，所难在分殊之意。切要处固然是"体"是"一"，然而"体"不离"用"与"殊"，必须在六十四卦、三百八十四爻上逐一理会、融会贯通，才是真正把握了一理，才算是体用一源。在《春秋》的研究上李侗的主张也是如此，朱熹后来说："《春秋》功夫未及下手，先生弃世，然尝闻其一二，以为《春秋》一事各是发明一例。"②《延平答问》辛巳二月二十四日书回答朱熹关于尹焞"性，一也"之问时，李侗也说："尹和靖之说虽浑全，然却似没话可说，学者无著力处。"③

可见，如果把注重分殊作为为学方法论来看，朱熹倡导的格物穷理方法，正是注重从具体的分殊的事物入手，认为经过对分殊的积累，自然会上升至对理一的把握。这些思想显然有着李侗的影响。把格物到知至规定为从分殊的具体上升到理一的普遍，正是朱熹对程颐"今日格一件、明日格一件，积习既多，脱然自有贯通处"的发展。朱熹的为学方法，主张由分殊而达一贯。他一生中多次表示，不应凭空理会玄妙道理，要作格物的踏实功夫。他说："圣人未尝言理一，多只言分殊。能于分殊中事事物物、头头项项上理会得其当然，方知理本一贯。不知万殊各有一理而徒言理一，不知理一在何处！"④"不是一本处难认，是万殊处难认"，"理虽只是一理，学者且要去万理中千头万绪都理会过，四面凑合来自见得是一理。不去理会那万理，只去理会那一理，只是空想象。"⑤这些说法与李侗对他的教导完全一致。朱熹也以这个思想批评陆学："江西学者偏要说甚自得，说甚一贯……尝譬之，一便如一条索，那贯底物事，便如许多散钱。须是

---

① 《朱子语类》卷十一。
② 《朱子文集》卷三十九，《答柯国材》第二。
③ 《延平答问》辛巳二月二十四日书，绍兴三十一年，朱子32岁。
④ 《朱子语类》卷二十七。
⑤ 《朱子语类》卷一一七。

积得这许多散钱了,却将那一条索来一串穿,这便是贯。若陆氏之学,只是要寻这一条索,却不知道都无可得穿。"①可见,朱熹特别注意吸取了李侗注重分殊的精神,并由此与程颐的格物穷理说结合在一起,从而演出了他自己从分殊上升到理一的理性主义的宝塔式结构。在关于认识从个别、特殊上升到普遍这一点上,朱熹更超过了李侗。

《延平答问》反映的李侗与朱熹思想的交往表明,李侗对青年朱熹曾发生很大影响,其中最主要的是把朱熹引入道学系统的轨道。但朱熹在道学系统内的发展方向却与李侗不同,这种不同植根于朱熹特殊个性的某种要求和倾向,李侗也无力从根本上加以扭转。李侗与朱熹的不同,亦即是大程与小程的不同,朱熹在李侗死后完全转向小程的立场,使得宋代乃至整个宋明理学的面貌与特质发生了极大的改观。

在二程之间,大程子倡导自然和乐的境界,重视仁者与物同体的内向体验;小程子则严毅谨肃,以敬为宗旨,主张读书应事、格物穷理。程门之下高弟并出,但南渡以后,道南一派蔚成大宗。杨时发展了大程重视内向体验的思想,借助小程讨论过的《中庸》未发之义,力倡静中体验未发的宗旨。这一派经过罗从彦到李侗,发展为以静为宗的学派,注重直觉主义的内在体验,成了南宋初道学的主导。李侗学问气象与大程子十分相近,为学主静坐体认,推称洒落气象。朱熹早年学于李侗,从根本上奠定了他向道学发展的基础。但朱熹生性偏向理性主义,排拒内向体验特别是神秘体验,所以他并不像李侗追随罗从彦那样承继道南传统去静坐体验未发,他也未深入领会李侗由未发功夫所欲达到的洒落境界和有道气象。他完全从理性主义的立场上理解李侗所欲教授给他的东西,如把体验未发看成体认客观的天理,把洒落气象归结为对文句义理的融会贯通,把默坐澄心的养心功夫仅仅看成为了体会文义而进行的主体修养,并把已发未发、理一分殊都作为本体论的命题来对待。朱熹在延平死后5年彻底转向程颐的理性主义轨道,以主敬立其本,以穷理进其知,其端绪在从学延平时已

---

① 《朱子语类》卷二十七。

充分显露。朱熹的出现，一改道南传统的主静、内向和体验色彩，使得道学在南宋发生了理性主义的转向，从此小程的影响在道学内上升为主导。朱子理性主义哲学的庞大体系和巨大影响，不仅改变了道学发展的方向，而且对此后中国文化的发展产生了不可估量的影响。而李侗、朱熹授受之际正是理解这一转向的原初契机。

（选自陈来：《朱子哲学研究》第二章，华东师范大学出版社2000年版）

宋元变革视域下的江南儒学

王瑞来

绪 说

如果我们将目光投射在江南儒学前所未有的兴盛时期，那就一定是道学张大的南宋。而考察南宋乃至其后的江南儒学的发展演变，则又一定要纳入特定的历史背景之下。由南宋至元，以江南为中心，中国社会发生了继唐宋变革之后的又一次大转型，这就是宋元变革。沿着宋元变革社会转型的路向，中国历史经历明清，走到今天。宋元变革中的江南儒学，具有什么样的特征，经历了江山鼎革，又发生了什么样的变化，本文尝试回答。

一、特定场域下的江南儒学

儒学是一个大概念，以五经为主，由先秦儒家学派所归纳以及衍生的学问，皆可称为儒学。儒学在西汉定为一尊之后，成为显学。作为事实上的国教，迄止于现代以前，在后世也没有任何宗教或思想能够撼动其正统地位。不过，伴随着时代的变化，不同时代的儒学在特定的背景下，亦吸收了不同的思想要素，呈现出不同的风貌。汉学、玄学、宋学皆为儒学在特定时代背景下的显现形态。而江南儒学，则是以地域的视点对儒学的区分，将儒学定位于江南这一特定场域。然而，即使强调的是地域，也是历时性的，这是一个历史的概念。学以地分，也是一个传统的习惯。就儒学来说，宋代就有以关、蜀、洛、闽等命名之学。不过较之这些地域之学，江南儒学是涵盖了闽学，又融合了浙东、湖湘等其他地域一些学问的大概念。即从先秦以来,在江南这一地域所产生的跟儒学相关的学人与学问。综观这一地域的儒学,历代不乏其人其学,可以撰著出一部充实的江南儒学史。不过,谈到复兴的辉煌,我们的目光一定要移到南宋。

何处是江南?几乎人人心里都有一个温润的意象。不过尽管是耳熟能详,也还是需要做一个准确的地域界定。狭义的江南,指长江三角洲,在清代具体指苏州、松江、常州、镇江、江宁、杭州、嘉兴和湖州八府之地。至少从宋代以来,这是中国经济上最为富饶的地域。广义的江南,则指长江以南,主要指东南,即江苏、浙江、江西、福建四省。在明洪武二十六年(1393)的人口统计中,这四省的人口占了全国的51%,[①]富庶与人口都足以代表中国。

从秦汉以来,王朝的政治中心一直位居中原,以"中国"昭示着正统。不过当西晋在"五胡"的铁蹄下灭亡,永嘉南渡,便开启了历史的大变局。东晋以及其后南朝的立国,不仅以文化优越成为脱离中原的正统所在,而且几百年的开发,使江南成为中国的经济重心。此后,尽管隋唐统一,政治重心回归中原,但经济重心在江南一直确固不移。中原的政治重心对江南的经济重心形成极度依赖,所以才会有南北大运河的开通。

12世纪初,女真人的突袭颠覆了繁盛的北宋王朝。建炎南渡,王朝再建,不死鸟在江南浴火重生,又迎来了新一轮历史大变局,南宋回归南朝。回归不是重复,历史螺旋式演进。南宋是一个特殊的时代,王朝承续北宋的帝系,偏安于广袤的中国大陆的一隅,统治仅及北宋三分之二的地域。然而以狭义的江南为中心的这一地域却是中国最富庶的地域。在江南这一特殊的场域,政治重心与经济重心合一,社会转型,经历了唐宋变革之后的中国,宋元变革开启。

在思想层面上,南宋的江南儒学以道学的面目出现。从宋初三先生到北宋五子张载、周敦颐、二程、邵雍,再加上王安石的新学,理学在北宋已经有了相当深厚的积淀。南宋王朝强调对北宋的合法承继,高扬正统的

[①] 〔明〕张居正等纂修:《大明会典》卷一九,新文丰出版公司1976年版,影印万历十五年本。

大旗。于是以传承道统为己任的理学，便以道学的名目转身亮相。分宗别派的理学，根据对政治的依附程度以及被加以政治利用的程度，有着不同的沉浮。不过，无论如何，犹如"润物细无声"的春雨，道学逐渐在江南这一地域广泛地传播开来。

思想的疆界不同于界碑明示的国界，人的流徙与书信往来、著作传播，会使思想像空气一样弥漫扩散。江南儒学尽管受宋金疆界的阻隔，在南宋基本未能向北方发展，但却从狭义的江南向没有割据限制的南宋全域扩张，拥有了广义江南的涵盖。这样学术背景，就使我们的讨论不仅仅局限于狭义的江南。

本来，作为士大夫政治理论基础的理学，凌驾于政治。"道理最大"[1]，让至高无上的皇权也要服从于理。以朱子学为中心的儒学获得难以撼动的正统地位，实现了继西汉"废黜百家，独尊儒术"之后的再度辉煌。

承续唐宋变革的积淀，宋元变革在社会层面全方位展开。以道学为中心的江南儒学，让传统儒学发展到了那个时代的极致，成为社会转型的精神引导。

二、江南儒学的南宋发端与社会指向

在南宋，最初与政治依附过于紧密的道学，在特殊的政治背景下遭受了像北宋元祐党禁同样的打击。经过庆元党禁，压制带来的刺激与反弹，反而让道学变得影响更大，在知识阶层获得较为普遍的认同。政治形势的逆转，可资利用的价值，终于让朝廷把道学当做弱势王朝的精神支撑，成为失去中原的王朝伸张正统的理论依据。朝野内外，道学大盛。无论是真心还是假意，道学获得从皇帝到执政的士大夫一致提倡，获得了正统地位。第五代皇帝由于大力提倡道学，死后还获得了理宗的庙号。

与北宋不同的政治环境，让道学的指向不仅仅眼光向上，专注于"格

---

[1] 〔宋〕沈括：《梦溪笔谈》续笔谈，金良年点校，中华书局2015年版，第327页。

君心之非"①，停留于得君行道，更是放下身段，致力于以道化俗。朱熹、陆九渊、吕祖谦、魏了翁、真德秀等辈出的道学大家及其众多门人，力行以道化俗的社会指向，引领地方士人，通过兴办学校，普及教化，影响极为广泛。南宋以来在江南遍地开花的书院，不仅是弘扬儒学理想的实践，还为以道化俗培养了推广人才。在道学的价值理念指引下，对乡贤或先贤的发掘、树立乃至祭祀，不仅显示了士人精英对地方认同的意识强化，还成为士人掌控精神指导权，直接或间接显示领导地位的一种方式。

晚年致仕家居的宰相周必大发掘近代以来的庐陵乡贤，为文豪欧阳修、抗金义士杨邦乂和抨击权相秦桧的胡铨建立的纪念堂，专门撰写了《三忠堂记》。周必大的作为，既是普及教化，增强地方认同之举，也是自身试图掌控精神指导权的努力。②周必大还为一个叫王子俊的友人写过一篇文章，在这篇文章中，他说曾经受学于朱熹的王子俊"位非其志，无所于用"，意思是说他没有机会做官，于是这个王子俊"乃退修以教其家，因以化其乡之人。"就是说，没有机会做官的士人王子俊扎根地域，从事了教化乡里的事业。③

继承北宋张载、程颐对慎终追远的思考和对民间祭礼的关注，从而形成的《朱子家礼》对社会最小细胞家庭的道德规范，则在此后的宋元社会更是产生了深远的影响。④朱熹晚年改革传统的乡饮酒礼，重视礼遇"处士贤者"的"宾"和"介"，即地方上未曾出仕的长者、贤者，这些人属于乡绅的阶层。朱熹的做法，其实从另一个侧面也折射出南宋乡绅势力的增长。⑤

"格物，致知，诚意，正心，修身，齐家，治国，平天下"，儒学"八

---

① 〔清〕焦循：《孟子正义》离娄章句上，沈文倬点校，中华书局1987年版，第525页。
② 〔元〕脱脱等：《宋史》卷三九一《周必大传》，中华书局1985年版，第11972页。
③ 〔宋〕周必大：《振古堂记》，载光绪《吉水县志》卷八，光绪元年刻本。
④ 王美华：《家礼与国礼之间：〈朱子家礼〉的时代意义探析》，《史学集刊》2015年第1期。
⑤ 杨华：《朱熹与宋代的乡饮酒礼变革——兼论礼典设计对地方官僚政治的回应》，《武汉大学学报（哲学社会科学版）》2019年第3期。

条目"被重新发掘、阐释并强调，把个人、家庭、国家乃至天下连为不可分割的一体。互为作用的社会权威场，透过族规、乡约、社仓、乡贤祠等公约与机构建构，士人在道学理想牵引下对地方的关怀与指导得以实现。

江南儒学这种社会指向的变化，与从南宋开始发生的社会转型密不可分。统治区域和行政机构较之北宋大幅缩减的南宋，科举依旧三年一度进行，登第者不断产出。加上习举业、应科考以及大量落第士人，有学者估计，大约每年产生的"非士大夫知识人"数量平均有上万人。[①]这是一个十分庞大的士人群体。在士人群体的上层，是走上仕途，在各个政治层级上主导政治的士大夫。在士人群体的下层，则是大量滞留于幕职州县官的下级官僚选人和将近90%无缘入仕的布衣士人。无法达则兼济天下的大量士人，遍布于各地。出于生计，从事教书、经商、行医、务农以及胥吏等多种职业。[②]

读书未必做官，人生有很多选项。立足于地域社会的大量士人，不仅与入仕的士大夫们有着密切的联系，而且在士人层，通过婚姻、宗族、学校、诗社等各种形式构成广泛的社会网络。拥有知识的优势，拥有广泛的人脉，使士人在地域社会有着举足轻重的影响力，成为地域社会的主导阶层。适应生存环境的自然调整，使多数士人不再走出地域，向上向中央集中，而是弥散于地方。

这些弥散于地域社会的士人，作为承载道统的社会精神领袖，更是实现道学以道化俗指向的主要力量。没有入仕的士人通过学问、财力、宗族等不同因素，照样可以成为在地方上拥有相当影响力的乡绅。在南宋，这样的乡绅被称为士族，当然这是有别于魏晋南北朝时期的新士族。宋人判断士族的标准并不是以是否出仕做官为尺度。

我曾经考察过杨万里写给《鹤林玉露》作者罗大经父亲的一篇集外佚

[①] 内山精也指出："科举等于是年均量产万名非士大夫知识人的制度。"[日]内山精也：《宋诗惑问》，第一章《宋诗彰显"近世"吗？》，研文出版社2018年版，第44页。
[②] 王瑞来：《士人流向与社会转型——宋元变革论实证研究举隅之四》，《上海师范大学学报（哲学社会科学版）》2014年第3期。

文。这篇佚文题为《桃林罗氏族谱序》①。《族谱序》的开篇这样写道："吾郡多著姓,而印岗之罗,其一也。由印岗而之竹溪者,率称士族。竹溪有隐君子曰季温氏,余忘年友也。"短短的几句话,杨万里的表述很值得注意。他称罗大经的父亲罗茂良(字季温)为"隐君子",说明罗茂良未曾入仕做官,但又称罗氏一族为士族。说明在杨万里眼中,能否称为士族并不是以入仕与否为衡量标准的。我以为这并非是杨万里个人的独特认知,而是反映了当时社会的普遍认同。

在杨万里笔下作为"隐君子"的罗茂良,既潜心理学,著书立说,又敦族齐家,教化乡里。就是说罗茂良除了出仕做官才能实现的治国平天下,格物致知,正心诚意,修身齐家,他都做到了。由此可见,除了历来研究者的聚光灯大多打在显赫的官僚士大夫之外,大量的民间士人群体也拥有相当大的能量,不应忽视。

民间的士人群体,加上像我研究过的罗大经那样,②由于制度性和人为性的因素无法向上升迁而滞留于官僚层级底部的士人,构成了庞大的金字塔基座。杨万里之所以郑重地写下族谱序加以褒扬,其背后也折射出罗氏家族在当地的势力。地方建设从敦族齐家的宗族建设出发,从而在地域社会发挥影响。

关于罗茂良拥有的能量,我们从罗大经的仕宦经历中也可以窥见一斑。进士登第足足等待了8年,罗大经才获得容州司法参军的选人职位。通过罗大经在《鹤林玉露》中的自述,可知他在担任容州司法参军期间,曾有过三个过从密切的上司。一个是被当时人评价为"经术似兒宽,决狱似隽不疑,治民似龚遂,风采似范滂,理财似刘晏,而正大过之"的

---

① 佚文收录于罗氏后人所刊《桃林罗氏族谱》,录文参见王瑞来:《地方士人与宋元变革管窥:杨万里集外佚文〈桃林罗氏族谱序〉考实》,《河北大学学报(哲学社会科学版)》2019年第3期。
② 王瑞来:《小官僚大投射:罗大经仕履考析——宋元变革论实证研究举隅之三》,《文史哲》2014年第1期。

范应铃。①作为名臣，其司法判例曾被收录于《名公书判清明集》。②当时范应铃担任广南西路提点刑狱，一纸难求的推荐状居然主动要写给罗大经。另一个是担任静江知府的赵师恕。《鹤林玉露》中多达5条记载了与赵师恕游山逛水的交游。还有一个是担任容州知州的顶头上司王太冲。这三个人都是罗大经在任职地的交友。这就给人一个印象是，他们是罗大经到了广西才结识的新朋友。

不过，当我们深入考察这三个人的履历，发现并非如此。范应铃曾在嘉定年间担任过罗大经家乡吉州的知州，③与罗大经父亲罗茂良的友人杨万里长子杨长孺是朋友，应该也熟悉罗茂良，那时罗大经还是十五六岁的少年。赵师恕则在端平年间担任过吉州邻近袁州的知州，④也是杨长孺的朋友。杨长孺去世时曾接济营办丧事。⑤而王太冲曾在罗大经的家乡吉水县担任过知县。对于王太冲任内的善政，刘克庄撰写的《礼部王郎中墓志铭》这样写道"罗君茂良歌之"，⑥直接提到了罗大经的父亲罗茂良。

厘清三人的仕履，便揭示出一个秘密，罗大经为什么会远赴广西任官？因为待阙8年也无法任职的罗大经，因缘巧合，此时跟其父罗茂良是朋友的三个人刚好都在广西担任要职，是他们给了罗大经这个位置。换句话说，罗大经等于是走了三个父辈友人的后门，才结束了漫长的待阙。⑦这一事实揭示，在"员多阙少，一官至数人共之"⑧的南宋，即使是千辛

---

① 〔元〕脱脱等：《宋史》卷四一〇《范应铃传》，中华书局1985年版，第12347页。
② 《名公书判清明集》，中国社会科学院历史研究所宋辽金元史研究室点校，中华书局1987年版。
③ 〔元〕脱脱等：《宋史》卷四一〇《范应铃传》，中华书局1985版，第12345页。
④ 《袁州府志》卷六，《天一阁藏明代方志选刊》第37册，影印明正德九年（1514）刻本，上海书店1982年版，第8页。
⑤ 〔宋〕罗大经：《鹤林玉露》丙编卷四《诚斋夫人》，王瑞来点校，中华书局1983年版，第309页。
⑥ 〔宋〕刘克庄：《刘克庄集笺校》卷一五五，辛更儒笺校，中华书局2011年版，第6080页。
⑦ 关于罗大经的事迹，参见王瑞来：《小官僚大投射：罗大经仕履考析——宋元变革论实证研究举隅之三》，《文史哲》14年第3期。
⑧ 〔南宋〕赵汝愚：《论福建场事疏》，曾枣庄、刘琳主编：《全宋文》，上海辞书出版社、安徽教育出版社2006年版，第10页。

万苦千里拔一地考中进士，依然难以很快获得官职，依然要托关系自谋出路。①这是我们考察士人流向多元化的绝好具体个案。

这三个父辈的朋友对晚辈罗大经都很好。拿范应铃主动要给罗大经写推荐状看，这可不是很小的人情。固然，范应铃对罗大经相当器重。然而，作为有推荐资格的官员，所请托者多，而每年可以推荐的名额又有限，推荐谁，给谁当举主，恐怕不仅仅单凭被推荐人的能力、才华以及政务业绩，这背后有着复杂的人际关系和利益考量。这三个上司能够用力提携罗大经，从上述的事实考察也同样可以折射出罗大经的父亲罗茂良这个未曾入仕做官的地方乡绅的人脉、势力与能量。这又是一例反映乡绅势力的绝好个案。

杨万里在族谱中还提及："季温益潜心于理学，著有《竹谷丛稿》若干卷，取正于余与丞相周公必大。观之所撰《畏说》，胥叹其有不可及处，此其言之立也。"罗大经在《鹤林玉露》全文引述了其父这篇拥有广泛影响的文章，并且指出："先君此说出，一时流辈潜心理学者，咸以为不可易。"此外还全文刊载了当时人欧阳景颜的跋语。其中写道："谒竹谷罗先生，以所著《畏说》见教，仆醒然若有所悟。呜呼！畏即敬也，使人知畏父母，畏尊长，畏天命，畏师友，畏公论，一如先生所言，欲不敬，得乎？每事有所持循而畏，则其敬也，莫非体察在己实事，见面盎背，临渊履冰。以伪自盖者，能之乎？高视阔步，幅巾大袖，假声音笑貌以为敬，求之于父母兄长师友之间，多可憾焉，人其以敬许之乎！盖先生以实而求敬，故其敬不可伪。世人以虚而求敬，故其敬或可假。是说也，羽翼吾道，其功岂浅浅哉！"②

罗茂良的理学形象还为梳理上述的人际关系提供了思路上的启示。细缕上述的人际关系，会发现个人间友情之中，还有学术脉络潜伏其中。罗

---

① 王瑞来：《金榜题名后："破白"与"合尖"——宋元变革论实证研究举隅之一》，《国际社会科学》2009年第3期。
② 〔南宋〕罗大经：《鹤林玉露》甲编卷三《畏说》，王瑞来点校，中华书局1983年版，第44页。

茂良既是杨长孺的友人，又是杨万里的门人。①而杨长孺也是朱熹学生，②赵师恕从学于朱熹与黄榦，实出朱门。③这一层关系又揭示出另一个事实，即南宋从士人到乡绅的关系，还建立在学术层面的志趣相合与师友渊源的基础之上。嘤鸣友声，同类相援。这一层关系所构筑的社会联系值得关注。

杨万里的大力褒扬，罗大经的事实叙述，欧阳景颜的高度评价，可以说从学问的角度看，构成江南儒学的并不仅仅是几个名家大儒，民间士人也应当视为一个庞大体系的基础。除了罗茂良，民间士人在地方引领儒学、发挥影响的还大有人在。南宋中晚期，与罗大经同榜进士的李昴英，曾在一篇题跋中这样写道："是邦老成人，无逾田知白者。闻其壮即厌科举，专志理学，使领袖书生为宜。"④

从南宋开始的社会现实与以道化俗的道学理想，让士人的社会角色发生了转变，从而也推动了精英文化向平民文化的转型。社会转向平民文化，其实这是北宋以来的趋势，历来被认为是唐宋变革的指标之一。其实，北宋的平民文化只能看作是南宋的基础，南宋的平民文化在城市化发展和商品经济的推动下走得更远。江南儒学致力于向民众普及教化，既是有着与时俱进的敏锐，也是顺应时代潮流的必然。在朝廷的支持下，江南儒学所实施的各种道学礼仪以及乡贤祭祀，也让宗教走向泛化。

在南宋繁荣的商品经济和平民文化的刺激下，伴随着造纸技术的改良，使印刷术冲破了政府垄断，民间书坊蜂起。继纸张普及，印刷业的兴盛，这是又一次新媒体革命，不仅儒学道学著作，释道经典，科举时文、诗词文集、笔记小说、童蒙历算，大量的印刷书籍模糊了精英与凡庶的界

---

① 《四部丛刊》初编本影印宋钞本《诚斋集》的每卷之末，多有"门人罗茂良校订"之识语。
② 《朱子语录姓氏》杨长孺名列其中，〔南宋〕黎靖德编：《朱子语类》，王星贤点校，中华书局1986年版，第18页。
③ 〔清〕黄宗羲：《宋元学案》卷六三《勉斋学案》，陈金生、梁运华点校，中华书局1986年版，第2044页。
④ 〔南宋〕李昴英：《文溪集》卷五《书方右史请田知白作濂泉堂宾书后》，《景印文渊阁四库全书》第1181册，台湾商务印书馆1983年版，第150页。

限,加速了文化下移。超越时空的书籍成为士人交往的媒介。繁荣的印刷业的推手促进了社会转型。在南宋的福建就已经出现了集中刊刻并贩卖书籍的"书市"。朱熹在一封信中写道:"《小学》未成而为子澄刊刻,见此刊修,且夕可就,当送书市别刊,成当奉寄。"①可见当时书籍刊刻出版并非难事。南宋兴起的书市,到了明代更为繁荣。嘉靖《建阳县志》卷三载:"书市在崇化里,比屋皆鬻书籍,天下客商贩者如织。"②仅从"书市"的兴起到繁盛,也可以窥见社会转型的印记。

繁荣的印刷业为注重移风易俗、教化民众的江南儒学提供了强大的助力。普及教化从儿童做起。作为教材的童蒙书籍,在那一时代获得了数量空前的增长。有研究统计两宋的童蒙书凡144种,而南宋便占有114种。这个数字,不仅诉说着印刷业的繁荣,还折射了发轫于南宋的宋元社会转型,承继了北宋的积淀,而又有了极大的飞跃,更反映了江南儒学放下身段普及民众的努力。童蒙书籍尽管是百科全书式的,内容无所不包,但其中核则是道学的普及作品。比如朱熹的《童蒙须知》《小学》,其门人李宗思的《尊幼仪训》等,朱熹还以诗的形式撰写了通俗易懂的《训蒙绝句》。在朱熹的示范之下,又有了程端蒙的《性理字训》,陈淳的《训蒙雅言》和《启蒙初诵》,彭龟年的《止堂训蒙》,牟少真的《发蒙中庸大学俗解》,黎自昭的《性理蒙求》,鲁饶的《训蒙理诗》等。③在宋元变革的大背景之下,江南儒学顺应自北宋以来的平民化趋势,礼下庶人,直至儿童。持续不断地从儿童入手的发蒙灌输,既让道学伸展浸润到了社会末端,又为道学代有传人奠定了基础。有了人的资源,即使江山鼎革,学问的发展也依然会一如既往。

以江南儒学为主导的士人对地域社会的各种精神建构,致力于儒学社

---

① 〔南宋〕朱熹:《朱文公文集》卷五〇《答潘恭叔》,郭齐、尹波编注:《朱熹文集编年评注》本,福建人民出版社2020年版,第2422页。
② 〔明〕冯继科等纂修:《建阳县志》,嘉靖三十二年(1553)刻本,第6页。
③ 童蒙书籍的数量统计和本文所举书名,见周扬波:《知识社会史视野下的宋代蒙书》,《厦门大学学报(哲学社会科学版)》2018年第2期。

会化，由雅入俗，让文化不仅存在于庙堂，更深寓于民间，形成了超越王朝的延续。

三、宋元鼎革后江南儒学统合定尊的历程

宋元易代，江山鼎革。中国大陆第一次为汉族以外的民族全面统治。元朝统治时代，人们往往认为是一个黑暗的时代，充满征服的血腥暴力以及四等人制的民族歧视。这种认识可以拿写下著名的《蒙古入侵前夜的中国日常生活》的法国学者谢和耐为代表。他在书中这样写道："在中国早已开始了近代化时期，是蒙古人的入侵阻断了这一迅速进步的过程。"①然而，他引用《马可·波罗游记》记述南宋灭亡以后杭州等城市的商业繁华，则直接否定了他自己前述想当然的推断。

南宋灭亡后的江南城市为何还会如此繁华，这与蒙古征服江南的方式有关。蒙古征服江南的统帅伯颜，被比喻为北宋征服江南不事杀戮的曹彬。②这尽管有些夸大，但基本符合事实。蒙古征服江南跟征服女真治下的中原不同，除了在像常州等处少数遭遇激烈抵抗的城市实施野蛮屠城之外，基本是降者不杀，还用原来的官吏维持行政运营。我这样讲，不光是基于既有的研究，也是根据我自身发掘的史料。《宋季三朝政要》于咸淳十年（1274）载："伯颜大兵至复州，诱守臣翟贵曰：汝曹知几而降，有官者仍居其官，吏民安堵如故，衣冠仍旧，市肆不易，秋毫无犯，关会铜钱依例行用。"③意思是说，如果识时务投降承认蒙元统治，则一切不变，做官的依然做官，经商的依然经商，乡绅的社会地位不变，市场交易正常进行，南宋的货币照旧流通，蒙古军队保证秋毫无犯。同书卷六之末也写道："大元兵锋所至，降者不杀。"那么，蒙古人是不是恪守了这一诺言了呢？上述的同一事件还可以看到另一侧面和后续的记载。的确，蒙古征服

---

① ［法］谢和耐：《蒙元入侵前夜的中国日常生活》，刘东译，江苏人民出版社1995年版，第5页。
② ［明］宋濂等：《元史》卷一二七《伯颜传》，中华书局1976年版，第3100页。
③ 王瑞来：《宋季三朝政要笺证》卷四，中华书局2010年版，第365页。

者基本上恪守了对降服者不杀之诺言。元人刘敏中《平宋录》记载了翟贵举城降服后蒙古军的对处,这是被《宋季三朝政要》的编者略去的部分:"其翟安抚贵即日出降。诸将言于丞相曰:自古降礼当要降表,须知计点粮军数,差官镇守。丞相不听,传谕诸将,无令一军入城,违者斩之。于是无秋毫之扰。"①

或许有人会提出质疑,蒙古征服江南不是有过常州屠城吗?这的确也是事实。但蒙古军队是在什么情况下实施屠城,也须辨别。蒙古铁蹄征服江南,除了对常州等少数激烈抵抗的城市实行了野蛮屠城之外,对江南基本上是不流血征服。蒙古军队进行残暴屠杀是一种恐怖战术,让人闻风丧胆而放弃抵抗。美国学者贾志扬曾这样指出:"对抵抗者施行屠城,是蒙古征服中国和世界其他地方的标志性行为。"②然而,对不进行抵抗的地域,蒙古军队实行的则是怀柔政策。

这种不流血征服的方式,对于维持江南的千年繁华,社会结构和生产力没有遭受重创,经济发展没有中断,意义极为重大。此外,自南宋以来的士人流向多元化,注重于家族与地方的经营,也让士人对政治产生了相当程度的疏离。因此,在没有遭受社会重创的江南,江山鼎革对士人的冲击要比人们通常想象的低得多。

宋元易代,不仅江南社会结构与经济基础没有遭受较大的重创,战争带来的流离失所与统一后割据疆界的消失,都在空间上造成了学者的流动自由。一个自幼生长在江南的士人,在元朝统一后游览北方,写下一部《北游日志》,在序中慨叹道:"且以余有生时言之,北至淮极矣,借得在全宋盛时,北亦止极白沟耳。今逾淮又逾白沟,信乎此游为北之极也。吁,其亦可喜也夫!其亦可悲也夫!"③平生只到过南宋边界淮河流域的士

---

① 〔元〕刘敏中:《平宋录》卷上,《景印文渊阁四库全书》,第408册,台湾商务印书馆1983年版,第1042页。
② 〔美〕贾志扬:《天潢贵胄:宋代宗室史》,赵冬梅译,江苏人民出版社2005年版,第246页。
③ 〔元〕汪梦斗:《北游集》卷首。

人，在元朝统一后，游历北方甚至越过了北宋跟辽的界河白沟。这让他既悲且喜。悲者盖因汉族失去了宗主权，喜者则是没有了疆界的限制，可以自由往来。这个士人感慨赋诗："梦亦何曾渡白沟，今朝却作等闲游。"[1]元代的大儒吴澄也曾写诗这样形容："男子初生射矢蓬，已包六合在胸中。往年南北一江限，今日车书四海同。"[2]

以朱子学为主的江南儒学开始驰骋于南北，终于覆盖全域。早期的德安出身的赵复被俘后北上，讲学于燕京的太极书院，据《宋元学案》载，"（赵复）以所学教授学子，从者百余人。当是时，南北不通，程、朱之书不及于北，自先生而发之。（姚）枢与杨惟中建太极书院，立周子祠，以二程、张、杨、游、朱六君子配食，选取遗书八千余卷，请先生讲授其中。先生以周、程而后，其书广博，学者未能贯通，乃原羲、农、尧、舜所以继天立极，孔子、颜、孟所以垂世立教，周、程、张、朱所以发明绍续者，作《传道图》，而以书目条列于后。（姚）枢退隐苏门，以传其学，许衡、郝经、刘因皆得其书而崇信之。"[3]

关于这一事实，元人已有述及："初，蒙古破许州，获金军资库使姚枢。杨惟中见之，以兄事枢。时北庭无汉人士大夫，太祖皇帝见枢至甚喜，特加重焉。及阔端太子南伐，俾枢从惟中即军中求儒、释、道、医、卜之人。枢招致稍众。至是，破枣阳，大将忒没歹欲坑士人，枢力与辨，得脱死者数十人。继拔德安，得赵复，以儒学见重于世，其徒称为江汉先生。既被获，不欲北行，力求死所。枢譬说百端，复始悟，枢与至燕，学徒百人。由是北方始知经学，而枢亦初得睹程朱性理之书焉。"[4]学术的传播通过学者的行动来实现。赵复就是显著的一例。

---

[1] 〔元〕汪梦斗：《北游集》卷上《丘舜臣遣人还乡托以家书时六月望因走笔寄主学胡君及士招学正诸同舍》。

[2] 〔元〕吴澄：《吴文正集》卷九四《送龚舜咨南归》。上海古籍出版社1987年版，影印文渊阁《四库全书》本。

[3] 〔清〕黄宗羲：《宋元学案》卷九〇《鲁斋学案·程朱续传·隐君赵江汉先生复》，陈金生、梁运华点校，中华书局1986年版，第2994页。

[4] 〔元〕陈桱：《通鉴续编》卷二二《蒙古取枣阳军德安府》，元刊本，第10页。

前引《宋元学案》讲到姚枢学传许衡等人，是有具体根据的。史载："闻姚枢以道学自任，乃诣苏门见之。枢授以伊川易传、晦庵四书集注、或问及小学书。衡读之，深有默契于中，遂手写而还。谓学者曰：'昔所授受，殊孟浪也，今始闻进学之序。若必欲相从，当悉去前日所学章句之习，从事于小学，洒扫应对，以为进德之基。不然，当求他师。'众皆曰：'唯先生命。'遂悉取向来简帙焚之，使无小大，皆自小学入。衡亦旦夕精诵不辍，笃志力行，以身先之，虽隆冬盛暑不废也。诸生出入，惴栗惟谨。客至则欢然延接，使之恻然动念，渐濡善意而去。尝与其子书曰：'小学、四书，吾敬信如神明，能明此，他书虽不治可也。'既而移家苏门，依姚枢以便讲习。及枢被征，衡独处苏门，始有任道之意。"①由此可见，以朱子著作为主，在元朝尚未统一大陆全域之时，道学正宗已在北方传播。

道学北上，政治力也发挥了作用。史载："时濂溪周子之学未至于河朔，杨维中用师于蜀、湖、京、汉，得名士数十人，始知其道之粹。乃收集伊洛诸书，载送燕京。及师还，遂建太极书院及周子祠，以二程、张、杨、游、朱六子配食。又刻《太极图》《通书》《西铭》于祠壁，请赵复为师，儒王粹佐之。选俊秀有识度者为道学生，由是河朔始知道学。"②蒙古领中书行省杨惟中行使公权力，对道学的早期传播起到了很大的推动作用。而张德辉"与元好问启请世祖皇帝（忽必烈）为儒教大宗师，帝悦而受之"，③则是最大限度利用公权力对儒学地位的提升与全面普及的巧妙施策。

通过一些有影响的高官的推动，在蒙古立国号为元的第二年，继朱熹

---

① 〔元〕陈桱：《通鉴续编》卷二三《蒙古皇弟召许衡为京兆提学不至》，元刊本，第3页。
② 〔元〕陈桱：《通鉴续编》卷二二《蒙古领中书行省杨惟中建太极书院于燕京延赵复为师》，元刊本，第15页。
③ 〔元〕陈桱：《通鉴续编》卷二四《秋七月蒙古以张德辉参议中书省事》，元刊本，第2页。

从祀孔子庙庭之后,张栻、吕祖谦也被封伯,从祀孔子庙庭。[1]这一事实表明,元朝官方对道学的接受与推广,并不具有排他性,虽以朱子学为主,但容纳学派也相当广泛。

我们再来看一例。上面引述《宋元学案》提及的元代理学家刘因,其弟子虞集也是元代大儒。其曾祖虞刚简与私淑朱熹的魏了翁有过学术交流,"尝与魏了翁、范仲黼、李心传辈讲学蜀东门外,得程朱微旨,著《易》《书》《论语说》以发明其义,蜀人师尊之"。[2]拥有这样家学传统的虞集自幼随父从四川仁寿迁徙到江西崇仁,后来历任大都路儒学教授、奎章阁侍书学士。黄溍评价说:"国朝一代文章家,莫盛于阁学蜀郡虞公。"[3]虞集曾为苏州的魏了翁后人写下过《魏氏请建鹤山书院序》。其中就提及"我曾大父建学简州,文靖公(魏了翁)为之记"的往事,[4]并且说道"某虽不敏,尚愿诵所闻于父兄者,以与其子弟从事乎二家之家学"。[5]魏了翁在《虞公墓志铭》中高度评价了虞刚简的学术成就:"气质之禀,自非生知上知,宁能无偏?学则所以矫其偏而复于正也。然今之学者有二:繇博以致约则落华而就实,故志为之主,愈敛而愈实,愈久则愈明;或者唯博之趋,若可以哗世取荣,然气为之主,气衰则志索,于是有始锐而终惰,始明而终暗者矣。学乎学乎,其记览词章之谓乎!"魏了翁评价的虞集先祖的学术成就作为家学,无疑成为虞集志业目标。家学代有

---

[1] 〔元〕陈柽:《通鉴续编》卷二三《诏追封张栻为华阳伯吕祖谦为开封伯从祀孔子庙庭》载:"太子既谒孔子,还即上奏曰:'先圣之道,至我朝而后,有以续夫孟氏之传。然诸说并驾,未知统一。迨朱熹、张栻、吕祖谦志同道合,切思讲磨,择精语详,开牖后学,人心一正,圣道大明。今熹已秋从祀,而栻、祖谦尚未奉明诏,臣窃望焉。'故有是诏。"元刊本,第17页。
[2] 〔明〕凌迪知:《万姓统谱》卷九,上海古籍出版社1987年版,影印文渊阁《四库全书》本。检《鹤山大全集》,魏了翁曾为虞刚简写下过《朝请大夫利州路提点刑狱主管冲佑观虞公墓志铭》,见卷七六。
[3] 〔元〕虞集:《道园遗稿》卷首黄溍序,上海古籍出版社1987年版,影印文渊阁《四库全书》本。
[4] 虞集提及的"文靖公为之记",载《鹤山大全集》卷四二,题为《简州见思堂记》。
[5] 〔元〕虞集:《道园学古录》卷七《鹤山书院记》。上海古籍出版社1987年版,影印文渊阁《四库全书》本。

传人，人则徙地传学。元代道学完成南北统一，在朝廷的提倡之下，是通过学者的流徙而具体实现的。江南儒学就是这样由江南发散，进而张大于全国的。在公权力主导的政治力的作用之下，儒学教化体系在全国范围内形成。除了官督民办的书院之外，从中央的国子学，到地方的路学、府学、县学，乃至基层的社学、义塾，所在皆有。据《元史》的记载，在元世祖至元二十五年（1288），全国各地所建学已达两万四千多所。这是士大夫政治主宰之下的宋代也没有出现过的盛况。

四、朱子学一统天下

自南宋到元代，在地方上活跃的士人，除了在各级官府为吏，从事地方教育的也为数甚夥。学校教什么，学什么？除了各种实际技能以外，最主要的就是儒学。这是当时的政治课。那么，所学习的儒学，具体内容又是什么？简言之，朱子学。经过学派间的不断争鸣论辩，取长补短的学术整合，是朱子学逐渐壮大的内在因素，而南宋庆元党禁的打压，作为外部促因，更为促使原本注重民众教化的朱子学扎根于地方，通过从事教育活动和慈善事业来宣传理念，张扬声势，形成凝聚力强固、影响力广泛的道学大宗，嗣后又借党禁解禁之东风，一跃成为朝廷认可其官学地位的道学主流。

从地域而言，朱子学无疑也是江南儒学的主干。承继这样的客观现实，宋元易代之后，在没有遭受战争重创的江南，朱子学更为发展，成为影响统一后全国的学问集散地。特别是元朝后来恢复的科举规定考试以《四书》为主要内容，以朱熹的集注为唯一标准，则更使道学的官学地位确固难移。

其实元朝的规定也体现了历史的延续，或者说承继自南宋的道学积淀。在南宋中后期的理宗朝，以朱子学为中核的道学已经确立了官学的正统地位。淳祐元年（1241），朱熹从祀孔庙，朝廷正式规定《四书章句集注》作为官学和科举的教材。王朝鼎革只是作为历史演进的自然段，并不反映时代变革的逻辑关系。政策的延续性，则反映了超越王朝的帝国同一性。朱子学在元代地位的再度确认并得以维持，不仅体现了不同朝廷的政策延续，更反映出江南儒学借由政治力向全国范围的扩展。

以朱子学为主的江南儒学之所以能在元代占据官学的正统地位，也是多方面的合力所致。

一是朱子学自身的因素。产生年代久远的六经繁难，或佶屈聱牙，或歧义丛生，还存在断篇残简，又有真伪难辨。因此，朱熹等宋代理学家在重新诠释六经的基础上，将六经的衍生物《论语》《孟子》《大学》《中庸》特别抽出，确立了"四书学"。这四部经典既保留有六经原旨，又有时代发展，最重要的是四书通俗易懂，容易为各种文化层次的人接受。对于六经与四书的关系，元人有个很有意思的比喻："六经，天地也。四书，行天之日月也。"并且说："子朱子平生精力之所萃，而尧、舜、禹、汤、文、武、周、孔、颜、曾、思、孟之心之所寄也。"[1]这句话也是强调朱熹对四书的提倡与阐发。四书学的确立与推广，让儒学走出了原始经学狭小的象牙塔，使经学走向理学，二者结合，为儒学的发展开辟了新的广阔空间。于是，提倡四书学的朱子学便受到朝野的普遍欢迎，拥有了广泛的受众。

二是源自宋朝的政治遗传。由于朝廷的提倡，大量习举业的士人都把朱子学作为通往仕途的敲门砖，来加以研习。宋理宗朝的许月卿就指出过这样的现象："嘉定以来，士大夫专以朱氏之学为仕途捷径。"[2]走这条捷径成功地走入仕途的士大夫们，又成为后来士人所效法的榜样。实惠的利益驱动，首先让朱子学在产生士大夫的士人精英层获得了广泛的接受。而这样的接受必然会像水波漫延，影响到所有的知识层以及社会的各个角落。同时为了对应大量的需求，一贯以刊刻科举时文牟利的民间书坊也刊刻了大量朱子学的著作，这在客观上也扩大了朱子学的影响。元代尽管长时间停废科举，但士人的期待加之文化运行的惯性力，依然让朱子学在社

---

[1] 〔元〕胡炳文：《云峰集》卷三《四书通序》。
[2] 〔明〕程敏政编：《新安文献志》卷四五载许月卿《婺源朱塘晦庵亭祠堂碑》。

会上拥有广泛的市场。

三是出于朱子学目光向下的通俗普及。以朱子学为主的江南儒学，一反艰深烦琐的经学注疏传统，以通俗易懂的言传身教来普及教化。朱熹主张下学上达，学由渐进，当时陆九渊觉得朱熹一派的作法支离破碎，主张"见性明心，不涉笺注训诂，而直超于高明光大"，但朱熹则"每不然之。以为江西之学近乎禅"，其实朱陆异同仅仅在于寻求真理的路径有别。朱熹的主张是针对资质平平的普通人而言，陆九渊则是面向悟性很高的聪明人而发。所以朱熹死后，"其徒大盛，其学大明。士大夫皆宗其说，片言只字，苟合时好，则可以掇科取士，而象山之学反郁而不彰"。[1]入学取径的差异，便让后来很多学者由陆学转向了朱学。元人黄溍就曾讲到这种学术转向："四明之学，祖陆氏而宗杨袁，其言朱子之学者，自黄氏震、史氏蒙卿始。"

为什么会产生这样的学术转向呢？从黄溍接下来讲的黄震和史蒙卿的治学主张与特点应当可以概见："黄氏主于躬行，而史氏务明体以达用。"[2]"躬行"与"明体以达用"都是注重学以致用的实践操作。"朱子在经学中，于礼特所重视。"[3]在具体操作上，比如对乡饮酒礼，朱熹也做了简化的改革。[4]正如钱穆先生所云："朱子治礼，则以社会风教实际应用为主。"[5]当然，虽说当时道学显现出的表象为由陆转朱，其实并不是对陆学的简单放弃，而是二者融合。按南宋后期的一个士人的话说，就是"贯彻朱陆"。[6]

---

[1] 〔元〕刘埙：《隐居通议》卷一，上海古籍出版社1987年版，影印文渊阁《四库全书》本。
[2] 〔元〕黄溍：《文献集》卷九下《将仕佐郎台州路儒学教授致任程先生墓志铭》，文渊阁《四库全书》本。
[3] 钱穆：《朱子之礼学》，《朱子新学案》第4册，联经出版事业公司2010年版。
[4] 杨华：《朱熹与宋代的乡饮酒礼变革：兼论礼典设计对地方官僚政治的回应》，《武汉大学学报（哲学社会科学版）》，2019年第3期。
[5] 杨华：《朱熹与宋代的乡饮酒礼变革：兼论礼典设计对地方官僚政治的回应》，《武汉大学学报（哲学社会科学版）》，2019年第3期。
[6] 〔宋〕刘辰翁：《须溪集》卷七《黄纯父墓志铭》载："（黄丙炎）自其父得闻象山之学于其诸大父，益贯彻朱陆。"文渊阁《四库全书》本。

朱子学这种放下身段的普及操作，不仅在南宋，在元代也为各个文化水准的社会层次所易于接受。其实，从本源来看，儒学从来都是一种关怀现实的学问，贴近生活。孔子就说"未知生，焉知死"，强调的是当下的世界。综观儒学发展的历史，经历过魏晋玄学以及个别理学的形而上的艰深玄虚，以朱子学为主的道学，又在平民文化兴盛的宋元社会转型大背景下，回归贴近了民众。南渡之后的平民文化，战争的阴影一直笼罩，不追求永恒，不向往虚幻，关注生活日常，珍惜身边的实际。这种意识，在南宋绘画中也有显现，全景式的宏大叙事消失了，有的是画面的截景边角，剩山剩水。认为这才是真山真水，可以把玩的眼前存在。文化艺术的相通，便让朱子学也敏感地捕捉到这样的社会意识，自然而然地走了一条下行路线。朱子学向社会推广努力与浸透状况，从《宋史翼》的一则记载也可以观察到：朱熹弟子程永奇"冠婚丧祭，悉用朱氏礼，乡族化之"。①

四是朱子学整合诸学说的结果。弱势的南宋中央政权无力对强势的地方社会施以全面的思想钳制，特别是面对"庆元党禁"之后的道学逆反，朝廷基本采取了放任的态度。在这样的政治背景之下，地方繁荣的经济环境又滋润了学术交流的兴盛。类似春秋战国时期的百家争鸣，也在外敌压力下的承平环境中得以产生。各学派学说之间并非处于泾渭分明的状态，而是通过交往论辩互相吸收。其中强势的朱子学则整合了诸如湖湘性学、陆九渊心学以及浙东事功之学等各种学说的一些因素，最终成为主流，从而在元代定于一尊。美国学者田浩就认为，朱熹在12世纪90年代以后，更加愿意与陆九渊门人建立共识。②

回溯道学的发展史，各个学派当初的确是壁垒森严，井河难犯。正如《宋元学案》所言："当乾道、淳熙间，朱、张、吕、陆四君子皆谈性命而辟功利，学者各守其师说，截然不可犯。"③不过，这种状况，首先由陈亮

---

① 〔清〕陆心源：《宋史翼》卷二五《程永奇传》，中华书局1991年版，第269页。
② 田浩：《朱熹的思维世界》，江苏人民出版社2009年版，第227页。
③ 〔清〕黄宗羲：《宋元学案》卷五六《龙川学案》"龙川门人：签判喻芦隐先生偘"，陈金生、梁运华点校，中华书局1986年版，第1850页。

开始大声疾呼扭转①，继又由于"庆元党禁"严酷打压而形成了同舟共济的凝聚力。从而，道学诸学派虽论旨师从各异，但逐渐走向趋同。道学诸学派间的融合贯通，不仅体现在学问的内容上，还反映在学者的师从上。比如被《宋元学案》列入"东莱门人"的巩丰②，就是"学吕氏者也，然亦及学朱氏"。③而另一个学者孙应时的师承，则为陆九渊、朱熹、吕祖谦。④一个人连起了几个学派，也是折射道学流派非斥而兼容的典型案例。

五是广域涵盖的众多弟子的弘扬。田浩曾利用陈荣捷统计的朱熹门人数量，做过这样的分析，在378名学生中，籍贯是福建人的占43%，浙江占21%，江西占21%，其余15%来自其他地区。⑤众多弟子在广大范围进行的道学弘扬，让朱子学较之其他道学流派声势更大，影响更广。这种声势与影响不能不被从上到下的各个阶层与势力所瞩目和利用。

道学，是江南儒学的主要显现。其实，作为道学的面相，朱子学仅仅是呈现出一种主流形态。从北宋理学发展而来的南宋道学，是一个集合概念，具有广泛的包容性，涵盖了那个时代的儒学名家以及众多的士人乃至

---

① 〔清〕黄宗羲：《宋元学案》卷五六《龙川学案》"龙川门人：签判喻芦隐先生偘"载："陈同甫崛起其旁，独以为不然。且谓，性命之微，子贡不得而闻，吾夫子所罕言，后生小子与之谈之不置，殆多乎哉！禹无功，何以成六府？干无利，何以具四德？如之何其可废也！于是推举孔、孟之志，六经之旨，诸子百家分析聚散之故，然后知圣贤经理世故，与三才并立而不废者，皆皇帝王霸之大略。明白简大，坦然易行。"

② 〔清〕黄宗羲：《宋元学案》卷七三《丽泽诸儒学案》"东莱门人，提辖巩栗斋先生丰"陈金生、梁运华点校，中华书局1986年版，第2447页。

③ 〔元〕戴表元：《剡源逸稿》，缪荃孙《艺风堂读书记》本。

④ 孙应时师承陆九渊，见《（宝庆）会稽续志》："年方弱冠，从江西象山陆公九渊存心养性之学。"《象山集》卷三六《年谱》载陆九龄与学者书亦云："子静（九渊）入浙，则有杨简敬仲、石崇昭应之、诸葛诚之、胡拱达才、高宗商应朝、孙应时季和从之游，其余不能悉数，皆童童笃学，尊信吾道，甚可喜也。"师承吕祖谦，《烛湖集》卷一六《哭吕东莱先生》诗，有"镜曲重携杖，京都再及门。诗书窥梗概，耳目竟烦昏"句。此诗《东莱集》附录径以"门人孙应时哀诗"称之。师承朱熹，《（宝庆）会稽续志》载："登淳熙乙未进士第。初尉黄岩，士民惜其去，欲卜置田宅留居焉，辞不受。朱文公熹为常平使者，一见即与定交。"检视《朱文公文集》卷五四，有《答孙季和应时》书二题七篇，皆为教诲门人语，而此卷亦标作"知旧门人问答"。清人万斯同所撰《儒林宗派》，亦于卷一〇"朱子门人"和卷一一"吕氏学派""陆氏学派"均记有孙应时之名。

⑤ 田浩：《朱熹的思维世界》，江苏人民出版社2009年版，第283页。

布衣学者。以私淑弟子成为南宋后期朱子学重要传人的魏了翁就曾这样缕述过道统："自井田、封建坏，君师之职分不明，六经之道千数百年几为未试之书。国朝自周、程、张氏及近世朱、张、吕氏相与扶持绵延，斯道复明。"[①]从魏了翁的缕述看，北宋是周敦颐、二程、张载，南宋是朱熹、张栻、吕祖谦，这是一个涵盖很广泛的道统概括，没有强调朱子学一枝独秀。其实，南宋后期以降的道学就是这样一种集合的形态，魏了翁的概括很准确。唯其集合，没有排他，才具有凝聚力，方显恢宏，方有不断的壮大，从而显示出强大的影响力。

六是朱子学在政治上更倾向整合皇权，谋求与皇权的协调与共生。这就决定了朱子学在南宋也比吕祖谦、陈亮等其他在政治上强力制约皇权的学派更占有政治优势。[②]这种政治路向与策略主导下的朱子学，进入元代，不但不至于与主流政治发生冲突，反倒借助于民间的影响为新朝廷所接受。

七是出于元廷的政策导向。在汉族以及汉化程度较深的其他民族士人的影响下，早在窝阔台时期，就曾以"儒通吏事"和"吏通经术"为标准，[③]选拔官员。由此可见对儒学经术的重视。后来又根据耶律楚材的提议，设置了儒户。尽管儒户的设置是对待佛道等教徒的政策参照，又把士人与工匠屠夫等编户齐民等同相待，但也给成为儒户的士人带来免除赋役的优待。更重要的是，从南宋晚期"士籍"的出现，到元代儒户的设置，不凭血缘，不靠门第，无恒产的士终于以精神贵族的身份确立了地位。这种身份地位的确立，无疑与江南儒学生发的道学的巨大影响有关。从元代多达10万户的儒户到清代太平天国之前的150万人之多的乡绅，其间若明若暗的联系，展示着宋元变革的轨迹。

八是朱子学与元廷的互相接纳。宋亡之后，由金入元的北方士人较少

---

① 〔宋〕魏了翁：《鹤山先生大全文集》卷七四《中大夫秘阁修撰致仕杨公墓志铭》，《全宋文》第311册，上海辞书出版社、安徽教育出版社2006年版，第158页。
② 〔美〕田浩：《宋代思想史的再思考》，《复旦学报（社会科学版）》2019年第1期。
③ 《元史》卷八三《选举志》三。

拥有华夷之辨的意识，对蒙元统治并无太多的抵触。这些在政治上居于优势的士人，影响了由江南北上的士人，二者合流，共同弘扬道学。并且随着时间的推移，多数士人逐渐不再强调"夷夏大防"，开始认同蒙元的合法统治，认为"天命归元"。[1]这种在政治伦理意识上对元廷的接受，又让元廷更为乐于接纳道学这种已从盛行的江南向北方浸润的儒学新形态。朱子学的主要传人魏了翁的后人请求重建鹤山书院，称元朝为"圣明之朝"，而盛元时期的文宗又认同故宋魏了翁传承性命道德之学，而命虞集"题鹤山书院，著记以赐之"，就是明显的一例。[2]

江南儒学北上，在元朝统一南北之前，像涓涓细流那样悄然而缓慢地浸透，是结合各种偶然因素的个别传播，"润物细无声"。借政治统一之势，无战乱与疆界的阻隔后，以朱子学为主的江南儒学，则像大潮一般涌向中原和北方，实现了道学的南北统一。关于这一点，我们可以通过一例个案来具体观察。

前面曾经述及，许衡作为姚枢的弟子，对元朝统一之前的道学传播，发挥了重要的作用。统一之后，许衡与江南儒学便产生了直接的接触。宋末元初，在江南朱熹的故乡有位叫熊禾的学者，从辅广学，是朱熹的三传弟子。在著述方面，熊禾写下许多朱熹未来得及撰述的著作，丰富了道学。在去世之后，许衡为熊禾的文集写序，对熊禾的成就做了高度评价。

在《熊勿轩先生文集序》中，许衡说："先生生文公考亭阙里，虽未及门受业，其真才实学，著书立言，实有功于文公也。"直接指出熊禾是朱熹功臣。文集序还通过诉说熊禾之幸与不幸来表达许衡自己的见解："惜乎遭宋叔世，不能以竟其蕴，乃时之不幸，非先生之不幸也。然其遗书尚存，嘉惠后学，于以立纲常，关世教，绍统绪，实斯文之幸，天下后世之幸。"通过讲述幸与不幸，指出了熊禾的贡献，这就是"立纲常，关

---

[1] 参见萧启庆：《元朝史新论》，台北允晨文化1999年版，第114—136页。涂云清：《蒙元统治下的士人及其经学发展》，台湾大学出版中心2012年版，第88页。
[2] 〔元〕虞集：《题鹤山书院记应制》，《道园学古录》卷七，《四部丛刊初编》本。

世教，绍统绪"。许衡很看重名声不显的熊禾这些带给"天下后世之幸"。他在文集序开头就铺垫了这一层意思："文之传世，岂易云乎？不深于道德，不能以为文；不关乎世教，不足以言文。道德其本，世教其用与。求其真才实学，全体大用，具天地之纲常，寿斯民之命脉，绍圣贤之统绪者，吾于建阳熊先生足征焉。"①

许衡在文集序的这些话，其实是在强调熊禾在传承道统方面的重大作用。这表明，学承北方的许衡对江南儒学的朱子学道统有着明确的认同。这种认同折射了道学的南北统一无殊。

没有资料表明熊禾与许衡二人生前是否有过直接会面交流，但通过传播的著作彼此有着互相了解与认同则是确凿的事实。清人朱轼撰《史传三编》卷七《名儒传》六《熊禾传》后"论曰"这样写道："禾与许衡出处不同，一则抱采薇之孤志，一则际从龙之盛遇。然禾谓衡倡明文公之学，启沃君心，栽培相业，以开治平之原；而衡序禾遗集有立纲常、关世教、绍统绪之称。盖其心同，其道同，易地则皆然也。殆孟子所谓其趋一者是耶。"②检视《熊勿轩先生文集》卷一，朱轼所转述熊禾评论许衡的言论出自熊禾所撰《考亭书院记》，其云："过江来，中州文献欲尽，自左丞覃怀许公衡，倡明公学，家诵其书，人尊其道，凡所以启沃君心、栽培相业、以开治平之原者，皆公余泽也。"③显然，熊禾对许衡有较深的了解。在这段话中，不仅评价了许衡推广普及朱子学之功，更是高度赞扬了许衡以朱子学"启沃君心、栽培相业、以开治平之原"的政治意义。

入世的儒学从诞生之日起，便有明确的为拯救乱世开药方的意识，而经历"独尊儒术"的尊崇之后，儒学的政治学意义更被光大。宋亡隐居不仕的熊禾认同仕元的许衡所发挥的作用，无疑是在异族入主中原的特殊背

---

① 〔元〕许衡《许衡集》卷八，许红霞点校本，中华书局2019年版，第304页。按，《四库提要》以《熊勿轩先生文集序》文末署时有误，而指为伪托，又有学者认为是明代书商所为。审视文集序内容，当可信为出自许衡手笔。
② 〔清〕朱轼：《史传三编》，文渊阁《四库全书》本。
③ 〔元〕苏天爵：《元文类》卷二九《考亭书院记》，文渊阁《四库全书》本。

景下，对许衡以道学规劝君相以文化蛮的肯定。

道学的南北合流，道统归一，从熊禾与许衡的隔空交流也可以略见一斑。

五、儒学根植大地

元代长达几代人、几十年的科举停废，堵塞了士人向上流动的这条原本难行的通路。谋求在地方的横向发展，成为士人的不二选择。"贡举法废，士无入仕之阶，或习刀笔以为吏胥，或执扑役以事官僚，或作技巧贩鬻以为工匠商贾。"①《元史·选举志》概括地描述了士人流向多元化的趋势。我曾考察过画有著名的《富春山居图》的画家黄公望的生平。②黄公望自幼作为黄家的养子，为了科举考试习神童业，"经史二氏九流之学无不通晓"。③成年之后，在科举停废的时代，黄公望也未能免俗，而是顺应潮流，"舍方册而从刀笔"，④加入了胥吏大军。几度做吏的黄公望，还被解雇和关进过监狱。元人郑元佑《侨吴集》有首《黄公望山水》诗似乎也披露出一些事实："勇饥驱东阁，肯为儿女资。不惮北游行万里，归来画山复画水。"⑤第二次为吏被捕入狱，对黄公望的打击比前一次罢归更大，使47岁的黄公望对官场彻底心灰意冷，如《梧溪集》诗序所云："得不死，遂入道云。"⑥明人所编《姑苏志》载："黄冠野服，往来三吴，开三教堂于苏之文德桥。三教中人，多执弟子礼。"⑦这是黄公望从事宗教活动的记录。加入道教主流教派全真教的黄公望，与教友来往较频。著名的

---

① 〔明〕宋濂等《元史》卷八一《选举志》一，中华书局1976年版，第2017页。
② 王瑞来：《写意黄公望——由宋入元：一个人折射的大时代》，《国际社会科学》2011年第4期。
③ 〔明〕朱谋垔：《画史会要》卷二，中国书店出版社2018年版。
④ 〔元〕唐元：《筠轩集》卷一二《唐处士墓志铭》，上海古籍出版社1987年版，影印文渊阁《四库全书》本。
⑤ 〔元〕郑元佑：《侨吴集》卷三，上海古籍出版社1987年版，影印文渊阁《四库全书》本。
⑥ 〔元〕王逢：《梧溪集》卷四，上海古籍出版社1987年版，影印文渊阁《四库全书》本。
⑦ 〔明〕王鏊：《姑苏志》卷五六，上海古籍出版社1987年版，影印文渊阁《四库全书》本。

《富春山居图》就是为教友无用师而作。《录鬼簿》说黄公望"以卜术闲居",[①]打卦算命也是黄公望的谋生手段之一。清《嘉庆一统志》载有黄公望小传,说松江"其地有精《九章算术》者,盖得其传也"。[②]打卦算命,需要精通算学。后来的黄公望教书、算卦、传教,从事过多种职业,而作画不过是他的兼职。

元朝以吏为官。在士人的众多职业选项中,为吏居多。元人萨都剌在《雁门集》中题为《为姑苏陈子平题山居图黄公望作》描述的"尘途宦游廿年余",[③]指的当是黄公望。在这种利用知识优势的务实之举中,其实也隐含了士人过去通过科举走向仕途之梦。尽管黄公望从事过各种职业,早年长时期从事的,还是吏职。所以《南村辍耕录》中的"戏题小像"条有这样的记载:"张句曲戏题《黄大痴小像》云:全真家数,禅和口鼓。贫子骨头,吏员脏腑。"[④]看来,长期为吏的生涯,在黄公望身上打下了深深的烙印。观察士人的流向,黄公望是一个绝好的缩影。与元代相始终的黄公望,顺应时代潮流,长期为吏,此后又入教、教书、算卦、作画,从事多种职业。

在宋代,科举是官僚再生产的主要工具。那么元代从事行政管理的吏从哪里产生呢?主要由学校产出。宋末元初的刘辰翁就说:"科举废而学校兴,学校兴而人材出。故学校又为天地心之心也。"[⑤]在元代科举停废的背景之下,书院这类官督民办的教育机构如雨后春笋,大量涌现。清初孙承泽在《春明梦余录》卷五六说道:"书院之设,莫盛于元,而皆设山长以主之,给廪饩以养之,几遍天下。"[⑥]据统计,元代百余年间,恢复与兴

---

① 〔元〕钟嗣成:《录鬼簿(外四种)》卷下,上海古籍出版社1978年版,第40页。
② 《嘉庆重修大清一统志》卷五九,《四部丛刊》三编本。
③ 〔元〕萨都剌:《雁门集》卷四《为姑苏陈子平题山居图黄公望作》,上海古籍出版社1987年版,影印文渊阁《四库全书》本。
④ 〔元〕陶宗仪:《南村辍耕录》卷二八,中华书局1958年版,第354页。
⑤ 〔元〕刘辰翁:《须溪集》卷三《庐陵县学立心堂记》,上海古籍出版社1987年版,影印文渊阁《四库全书》本。
⑥ 〔清〕孙承泽:《春明梦余录》卷五六,北京出版社1992年版。

建的各类书院近300所。①这一数量，尽管上不及两宋，下不逮明清，但这是在科举长时期被取消的时代生产士人的主要机构，其教授的内容与发挥的作用，皆大于其他时代作为以习举业为目标的书院。

在元代，江南儒学也得以持续发展。停废科举的时代，士人除了出于生计从事各种职业之外，也有不少潜心向学之士。《元史》载："陈栎，字寿翁，徽之休宁人。栎生三岁，祖母吴氏口授《孝经》《论语》，辄成诵。五岁入小学，即涉猎经史，七岁通进士业，十五乡人皆师之。宋亡，科举废，栎慨然发愤致力于圣人之学。涵濡玩索，贯穿古今。尝以谓有功于圣门者莫若朱熹氏，熹没未久，而诸家之说往往乱其本真，乃著《四书发明》《书传纂疏》《礼记集义》等书，亡虑数十万言。凡诸儒之说，有畔于朱氏者，刊而去之。其微辞隐义，则引而伸之。而其所未备者，复为说以补其阙。于是朱熹之说大明于世。延祐初，诏以科举取士，栎不欲就试。有司强之，试乡闱中选，遂不复赴礼部，教授于家，不出门户者数十年。"②之所以举出陈栎的例子，是因为具有一定的典型性。科举停废对自幼习举业的陈栎来说，其实是一种解脱，使他可以毫无所累地去做自己想做的事，终于成为硕果累累的大儒。

而另一个福建人邱葵，《四库全书总目》介绍他的《周礼补亡》时写道："宋末，科举废，葵杜门励学，居海屿中，因自号钓矶翁，所著有《易解义》《书解义》《诗口义》《春秋通义》《四书日讲》《周礼补亡》。"③可见邱葵也取得了不亚于陈栎的成就。正如欧阳玄也在《元故旌表高年耆德山村先生欧阳公（泾）墓碑铭》中记载欧阳泾所云："至宋亡，科举废，乃更沉潜性命之学，手编诸经传注。"④这其实就是江南儒学在元代继续得

---

① 邓洪波：《中国书院教育概论》，《中国书院》第五辑，湖南教育出版社2003年版。
② 〔明〕宋濂等：《元史》卷一八九《儒学传》，中华书局1976年版，第4321页。
③ 〔清〕永瑢等：《四库全书总目》卷二三经部礼类存目《周礼补亡》，中华书局1965年版，第182页。
④ 〔元〕欧阳玄：《圭斋文集》卷一〇《元故旌表高年耆德山村先生欧阳公（泾）墓碑铭》，陈书良、刘娟点校，岳麓书社2010年版，第154页。

以长足发展、并让明清得以承继的普遍状况。

在朱子学的基础之上，元儒有着继往开来的使命感，有针对性地对道学进行了补充和弘扬。比如与朱熹同里的熊禾就认识到具有开创之功的朱熹还有许多学术事业尚未来得及做："谓朱子平生精力，惟在《易》与《四书》两部，《诗》仅完稿，《尚书》开端而未及竟，三《礼》虽有《通解》，缺略尚多。勉斋黄氏、信斋杨氏粗完《丧制》二编，而授受损益精意，竟无能续。若《春秋》，则不过发其大义而已。"①"当吾世不完，则亦愧负师训矣。"②使命感使然，熊禾"因于每经取一家之说为主，而衷众说以疏之。剖析异同，多扩先儒所未发"。③由此一例，我们可以概见道学在元代的发展与充实。

六、传统文化的发展规律

根据我对中国文化纵向发展的观察，政治钳制强烈的传统社会，文化总是在乱世开出璀璨之花。因为乱世的相对无政府状态，使思想钳制相对松弛，所以文化才获得自由发展的良机。乱世给大多数民众带来了莫大的苦难，不过也在客观上给了文化松绑的空间。这是一个悖论，也是一种无奈。从世界史的视野观察，这也是文化发展的一个普遍特征。写作《民主与爱国》的思想家小熊英二就根据对日本近现代史的观察指出，思想繁荣的时代是不幸的时代。不过，这一特征在传统中国显现得格外突出。

我们可以观察到，较之西周统治比较稳定的时期，春秋战国的乱世，思想空前活跃，老子、管子、孔子、墨子、庄子、孙子、孟子、荀子等思想家辈出，成群涌现，儒、墨、道、法、名、阴阳、纵横等百家争鸣，纷纷为乱世开药方。秦汉统一，集权的政治与强大的经济为消化、吸收和整合乱世形成的文化提供了基础和环境。这一乱世到治世的过程，通过以黄

---

① 〔清〕陆心源：《宋史翼》卷三四《熊禾传》。
② 〔清〕黄宗羲：《宋元学案》卷六四《潜庵学案》刘氏门人《参军熊勿轩先生禾》，中华书局1986年版，第2068页。
③ 〔清〕陆心源：《宋史翼》卷三四《熊禾传》。

河流域为主的内部整合,实现了中国文化的最初繁荣。

此后的文化发展也基本遵循了乱世开花、治世结果的模式。比如,接下来魏晋南北朝的乱世,北方少数民族的进入,佛教的传播,外部的因素又给文化注入了新鲜血液,使之变得更有生机,进入隋唐统一的治世,终于形成更为宏大的文化气象。此后从中唐安史之乱开始的唐宋变革,经历了五代十国的分裂混乱,彻底改变了几百年来既有的社会结构,魏晋以来世家大族的贵族逐渐走向消亡。加之科举等因素带来的社会流动,社会呈现平民化倾向。隋唐以来崇文的潜流,伴随着北宋科举规模的扩大,终于形成了士大夫政治文化。在士大夫成为政治主宰的背景之下,特别是澶渊之盟之后的百年承平,更为中国文化带来了少有的非乱世而开花的局面。当然,作为一种文化现象,乱世开花、治世结果的模式只是忽略个别例外的宏观观察。而例外则是,在特殊的历史背景之下,乱世也未必开花,治世也未必结果。

靖康之变的混乱,南宋王朝的草创,短时期准乱世的时代背景,庆元党禁的政治钳制失败,让融合佛道的北宋理学顺理成章地在南宋特殊地理和政治场域张大为道学。顺应社会转型,道学在南宋伴随着士人的流向根植于地域。在这样的积淀之下,中国历史发生了前所未有的政治变局,非汉族的蒙元统治了南北全域。有元一代,在宋元变革的时代背景之下,成为中国文化走向近代的极为重要的发展时期。明清以后呈现出的繁荣文化,其实就是来自宋元的积淀,而江南儒学也正是在这样的基础上获得了长足的发展。

元朝对江南实行的基本不流血征服,王朝鼎革没有造成社会的结构性巨变,保全了作为中国经济重心的生产力,让繁荣的经济发展得以持续,并且还获得了更为广阔的生长空间。经济是基础,在此之上,相对隔阂于汉字文化的元朝统治又在无意中形成了没有文字狱的政治宽松。在这个时代,我们看得到满怀故国之思的坊间史书的大量出版,我们看得到关汉卿们在杂剧元曲中的含沙射影、指桑骂槐。而朝廷出于统治需要又对儒释道大力均等扶持,宗教也有着空前的自由度。这些都给文化带来了另一类难得的非乱世的承平发展时期。

说中国文化造极于赵宋，其实并不仅仅是有宋一代，准确说是自南宋至元的宋元变革期。士大夫政治主导的文化宽松和无意形成的无钳制，正是这两个接续的长时段造就了中国文化前所未有的繁荣，而以道学的形态出现的江南儒学又在朝廷提倡和民间普及的合力之下一统文化江湖，形成了空前的宏大与辉煌。此后的中国文化，同样又分别经历了明末清初和清末民初的乱世开花和承平结果。

结　语

以江南儒学为中核的道学，其所弘扬的道统，既超越了王朝，也超越了汉字文化覆盖下的族群。道学承续北宋理学的理论积淀，在政治、经济重心合一的江南场域，经历了庆元党禁的刺激，顺应士人流向多元化的势态，在商品经济繁荣，平民文化发达，特别是印刷业兴盛等多种因素的作用之下，不再仅仅着眼于致君行道，而是走出象牙塔，眼光向下，致力于移风易俗的通俗教化。江南儒学这种文化下移的自觉，也是促使宋元社会转型的重要推手。道学在南宋最终获得的正统地位，又为其在元代确立为官学奠定了基础。

元朝统治者征服南宋，基本上实行的是不流血征服，使江南的社会结构与经济繁荣都没有受到较大的重创，科举的长期停废，尽管让"士失其业"，但也在一定意义上使之卸下了狭窄的习举业的负担，可以专心治学，这就使本未遭受较大冲击的江南儒学得以向深度和广度自由伸展。元朝恢复科举，规定以《四书》为考试内容，也反映了接受以朱子学为主的江南儒学拥有普遍影响的现实。

历来，伴随着政治中心之所在，儒学的中心也根植于中原。然而，北宋的靖康之变，让政治中心南下，与经济重心合一，共同铸成了文化中心。而江南的文化中心，在元代全国统一的格局之下，向全国弥散，江南成为新的文化源头。其中的江南儒学也乘文化弥散的大潮终于一统天下。而在这一现实所奠定的基础之上，此后的明清时代的承续建构，又让江南儒学增添了新的内容，其中的阳明学在汉字文化圈的范围内产生相当大的影响。在特定的时代背景之下，传统的儒学也被重新审视、整理，汉学、宋学、公羊学精彩纷呈，杰出学者辈出，群星闪耀。迄至近代以前，江南儒学所光大的道学一直定位一尊，影响庙堂，深入社会。秦汉唐宋元明清，王朝都消失了，包括江南儒学，承载着文化的中国，一直屹立在这块古老的大陆上。

（原载《国际儒学》2021年第1期，此次收录新作增补）

下 编

本编可谓"续貂部分",收入编者最近几年分析宋学初兴时胡瑗湖学与宋学完型时朱子理学、象山心学、水心事功学等四篇文章。与上编互补,引导读者对宋代儒学获得一个兼具宏观与微观的认知。

权力世界中的思想盛衰悖论

——以湖学为例

何 俊

《朱子语类》载：

> 问："安定平日所讲论，今有传否？"曰："并无。薛士龙在湖州，尝以书问之。回书云，并无。如当初取湖州学法以为太学法，今此无传。今日法，乃蔡京之法。"
>
> 某问："安定学甚盛，何故无传？"曰："当时所讲止此，只些门人受去做官，死后便已。"[1]

前一问答陈述了湖学的盛衰以及南宋诸儒曾尝试调查湖学以取经的事实，后一问答则对于湖学盛衰给出了一个解释。胡瑗是开启宋学的首要人物，他的苏湖教法、经义阐发不仅打开了宋明儒学，而且既培养了一批做官的门人，又以湖州学法为太学法，可以说是完全实现了湖学"明体达用"的宗旨，取得了极大成功，但结果却无传。换言之，湖学的成功等于失败，似为悖论。[2]为什么湖学能盛？湖州学法何以能培养出一批做官的门人？湖州学法升格为太学法后湖学又为什么反而无传？学界关于湖学的

---

[1] 〔南宋〕朱熹：《朱子语类》卷一二九，中华书局1986年版，第3090—3091页。
[2] 学派的成功与失败，本质上无法依据其在现实应用之有与无来衡定，而更应当依据一学派之理论的内在逻辑来判定，但不可否认的是，在儒家的思想语境中，理论的内在逻辑固然是重要的追求，但经世致用同样是重要的要求，本稿所论盛衰，更多在后者，故以权力世界为限定论域。

讨论本不多，而针对上述疑惑的分析更付阙如。本文从分析胡瑗的经解、湖州学法，以及取湖州学法为太学法等入手，试作讨论。

一、《洪范口义》：权力世界的理想依据

胡瑗的经解著作今存《周易口义》与《洪范口义》。易学构成胡瑗思想的理论基础，《洪范口义》则是由形上哲学推及政治哲学的代表。胡瑗曰：

> （武王）问以天道，箕子陈述天地人之常经，圣王治国之大法，无出于《洪范》，故作《洪范》之篇。①

对《洪范》的这一确认是北宋后来诸大儒的共识，如王安石、苏轼等。至南宋，朱熹仍然坚持胡瑗对《洪范》的肯定：

> （《洪范》诸事）此是个大纲目，天下之事，其大者大概备于此矣。
> 这（指《洪范》）是治道最紧切处。②

《洪范》的结构与旨义很清晰。除了开头交代《洪范》的缘起，主要是提出了治国理政的"洪范九畴"，即五行、敬用五事、农用八政、协用五纪、建用皇极、乂用三德、明用稽疑、念用庶征、向用五福威用六极。然后就是"广演九畴之义"。古人以"九"为极数，"九畴"以示全覆盖，而居中的"五曰建用皇极"通常被认为是九畴的核心。胡瑗曰：

> 包括九畴，总兼万事，未有不本于皇极而行也，故处于中焉。

不过，"洪范九畴"的政治哲学，如果分析其内在逻辑，却首先宜将

---

① 〔北宋〕胡瑗：《洪范口义》卷上，文渊阁四库全书本。《洪范口义》共上、下两卷，全据《洪范》本文而逐句阐释，故下文所引不再出注。《洪范口义》虽然间用训诂，但主要是对经义作阐扬，宋学的义理解经风格已完全确立。
② 〔南宋〕朱熹：《朱子语类》卷七九，中华书局1986年版，第2041页。

列于首位的"五行"与后面的八畴作两部分看,前者是后者的前提;然后再论"建用皇极"恰是基于"五行"而经过二、三、四的渐次展开所达到的最终标准,其后的六、七、八、九则是五的应用。因为五行属于自然,后面的八畴均属于人事。人事本于自然而展开,这是胡瑗政治哲学的重要基础。胡瑗释"五行":

> 五行者,圣人为国之大端,万类之所祖出而冠于九畴,故曰初一曰五行。然而不言用者,盖以五行幹二仪之气,天所以生成万物者也,岂圣人所用治国之物乎?故不言用。

此处,胡瑗不仅将五行所象征的自然置于根本前提,更是标示"用"这个字以申明人对于自然必须持守的敬畏。《洪范》在总陈九畴之名时,除了五行外,其余八畴从敬用、农用、协用、建用,到乂用、明用、念用、向用与威用,皆有"用"字。用的标示,指向的是人为,但五行不言用,因为自然世界自有它的生机,一切人为须依循自然的道理。

遵循自然之理是胡瑗政治哲学的首义。在阐释《洪范》撰述的缘起时,胡瑗即紧扣箕子引用的鲧、禹父子治水故事而阐扬他的理论,以为鲧、禹父子治水的失败与成功,根本原因就在鲧乱五行之道,而禹吸取教训。这样的理解当然不是什么新义,但胡瑗将此归于"五行之道"的"自然之理",[①]却是宋儒由经验而上升为哲学的表征。尤有意味的是,在引用治水故事而言循理之前,针对武王对箕子的感叹"惟天阴骘下民,相协厥居",胡瑗作了一段耐人寻味的阐释:

> 天不言而默定下民之命,又且相助合协其居,而使有常生之资。……既有短长之命,又定其贵贱之材,而且助合其居,使有恒产,则如懋稼以足食,勤蚕桑以有衣,使乐岁上可以供给父母,下可以畜妻子,凶年免于死亡,莫非天之佑而使然也。

---

① 〔北宋〕胡瑗:《上经·乾》,《周易口义》卷一,文渊阁四库全书本。《周易口义》中广泛使用"自然之理""物理""事理"的概念。

这似乎在强调，人虽有短长之命、贵贱之材，但安居乐业是人人与生俱来的权利。再联系到接着讲的治水故事，则胡瑗的解释不仅是单纯强调循理，而且是在说，如果人民不能安居乐业，正是恶政人为的结果。因为即便是洪水横流，也只有在鲧违背物理之常时，才足以真正成为灾祸。换言之，胡瑗在强调政治必须遵循自然的同时，堵住了一切恶政将各种问题归于客观的借口。

五行所象征的天道自然，不是笼统而抽象的，而是分析而具体的，这是理学的重要方法。胡瑗曰：

> 五行者，即谓水火木金土是也。夫有天地，然后有阴阳；有阴阳，然后有五行；有五行，然后有万物。是则五行者，天地之子，万物之母也。

胡瑗将五行安置在阴阳与万物之间，构成为自然连续性的一个环节。胡瑗虽然确认五行就是水火木金土，但他没有因此把五行限定于具体的物，而是取其功能。他讲：

> 然谓之行者，以其斡旋天地之气而运行也，故谓之行。

因此，五行的现实呈现不只是物质，而是包含了非物质；而且由于人也是禀五行之气而生，因此人的声音、气味、性状、相貌也都是五行的呈现。概言之，"举天下之万类，未有不由于五行而出"。胡瑗将整个自然世界按五行作了由隐而显的分层：

> 故五者因其数，明其性，成其气，辨其味，有其臭，著其声，彰其色，为其物。各以类而推之，则可见矣。

由于五行的呈现是广谱的，因此政治的好坏，便完全可以从五行的顺逆获得反映。胡瑗讲：

> 若居五福之世，则其数弗乖，其性不悖，其气不怨，其味不变，

其臭不乱，其声不谬，其色不异，其虫不怪，皆顺其常。若居六极之世，则皆逆其常。天反时为灾，地反物为妖，人反德为乱，乱起则妖生，各以其类而推之亦可见也。

在明确了五行的地位及其与政治的关系这一原则后，洪范九畴中的其余八畴便是政治哲学的具体展开。胡瑗基于《洪范》作出了他对政治哲学的阐释，阐释虽然依文本展开，但整个理论的中心却是围绕着政治权力来加以陈述的，即人君的权力确立、责任、目标，以及权力的运行等。

胡瑗以为，"人君盖体天而御邦"，因此他的权力首先必须受到严格的要求，即"次二曰敬用五事"。五事就是貌、言、视、听、思。此五者都具有一定标准，概言之可以为修身。但在胡瑗的阐释中，这个修身并非关乎君王个人的私德，而是关乎政治的兴亡。他讲：

貌者万民所瞻仰，言则为命令万民之所听，视不明则及邪，听不聪则容奸，思不睿则失谋。此五者，圣人治国之大本，检身之常法也，其可不敬而后用之乎！故五事谨则长兴，慢则取亡。

因此，"敬用五事"固然可以视为把政治的权力归约为道德伦理的要求，但同样包含着对权力的约束。

紧随其后的"次三曰农用八政"与"次四曰协用五纪"则以工作目标、制度设计对权力进行了具体规定。按胡瑗的解释，八政大致可分三层：一是食、货、祀，事涉民生与族群凝聚。尤可注意的是胡瑗对商业的强调。虽然"夫圣人之治天下，未有不以足食为本"，但胡瑗引《周易》语而断言：

《易》曰："日中为市，聚天下之民，通天下之货，交易而退，各得其所。"斯邦厚民富之道也。

显然，在胡瑗的经济观念中，在农业保证吃饭的基础上，商业是致富的路径。二是司空、司徒、司冠，事涉权力的横向分置，"司空以均土地，司徒以行政教，司寇以正赏罚"，大致与立法、行政、司法相当。三是宾、师，事涉权力的纵向贯通。胡瑗指出，虽圣人不能独治天下，必分权于下；而宾礼是维系分权稳定的制度。与宾向下相反，师是向上。胡瑗讲：

> 师者，师保之师也。夫能探一下之术，论圣人之道，王者北面而尊师，则有不召之师。师之犹言法也，礼义所从出也。

这里，胡瑗强调了师所代表的道高于君所代表的政治权力，政治权力的合法性应该来自符合师所探明的圣人之道，"故师者，天下之根本也"。

八政实施须得于天时，因此"次四曰协用五纪"。"五纪者，岁月日星辰历数也"。人们通过对自然时间的安排，使自己的活动获得与自然相合的秩序感。至此，关于君王权力的工作目标与制度设计已陈述完备，接着就要提出权力所要达到的标准，即"次五曰建用皇极"。胡瑗讲：

> 皇，大；极，中也。言圣人之治天下，建立万事，当用大中之道。所谓道者何哉？即无偏无党，无反无侧，无有作好，遵王之道，无有作恶，遵王之路是也。

换言之，建用皇极就是完全使人为的政治能够达到自然的五行相和不相侵，实现天人合一的理想政治。①皇极的政治标准或理想一旦确立，胡瑗以为其后的四畴，乂用三德、明用稽疑、念用庶征、向用五福、威用六极，便是具体的政治运作，从而构成政治哲学的完整系统。

综而观之，五行与皇极是胡瑗政治哲学的根本点，前者是自然的基础，也是一切政治的逻辑起点与模板，后者是政治的极致；而君王是实现天人合一的枢纽。因此，得君行道就成为自然的要求。只是，这里的"得君"并不限于进入最高层的权力世界，而可以理解为进入"君"所代表的

---

① 天人合一的概念具有多种含义，在不同的思想表述中，指义并不相同。此处仅指胡瑗以为圣人在政治施治的层面上达到与自然法则相吻合之意。

从上到下的各层级权力世界，八政之一的宾也表达了这一权力世界的存在。换言之，胡瑗的门生弟子"受去做官"，便是得君行道的具体实现。湖学这方面的成就显然是明显的，宋神宗尝问胡瑗与王安石孰优，刘彝的回答是：

> 臣师胡瑗以道德仁义教东南诸生，时王安石方在场屋中修进士业。……国家累朝取士，不以体用为本，而尚声律浮华之词，是以风俗偷薄。臣师当宝元、明道之间，尤病其失，遂以明体达用之学授诸生。夙夜勤瘁，二十余年，专切学校，始于苏、湖，终于太学。出其门者，无虑数千余人。故今学者明夫圣人体用以为政教之本，皆臣师之功，非安石比也。①

作为弟子，刘彝所言不免溢美夸大，但他既作此言，不能全无事实；而由前引朱熹所言"门人受去做官"，表明直到南宋，湖学这方面的成就仍然给人留下了深刻印象。

不过，权力虽然是核心与关键，但依前述胡瑗对"师"的推崇，儒者即便不直接进入权力世界，师的担当同样具有重大意义，甚至远胜于直接进入权力世界。师之所以殿八政之末，正是因为"行七者之事，未有不决于师，明其义，达其礼，教而行之，所以终于八也"。事实上，胡瑗能够培养出一批优秀官员，并能由私学而州学，最终升格为太学法，既彰显了他的行之有效的教学法，更表征了他对师在权力世界中的界定不是儒生的空想，而是基于对政治必须基于师所象征的知识的确信。事实上，胡瑗及其湖学最大的成功，也正在他所担当的师，以及作为师所付诸实践的教学法。

---

① 〔清〕黄宗羲：《安定学案》，《宋元学案》卷一，《黄宗羲全集》第三册，浙江古籍出版社2005年版，第57页。

二、苏湖教法：技术官员的训练与目标

作为一位白衣私学的老师，最终管勾太学，并升充皇帝侍讲，胡瑗无疑取得了巨大成功。欧阳修《胡先生墓表》称：

> 先生为人师，言行而身化之，使诚明者达，昏愚者励，而顽傲者革。故其为法严而信，为道久而尊。师道废久矣，自明道、景祐以来，学者有师惟先生暨泰山孙明复、石守道三人，而先生之徒最盛，其在湖州之学，弟子去来常数百人，各以其经转相传授。其教学之法最备，行之数年，东南之士莫不以仁义礼乐为学。庆历四年，天子开天章阁，与大臣讲天下事，始慨然诏州县皆立学。于是建太学于京师，而有司请下湖州，取先生之法以为太学法，至今为著令。①

由此可知胡瑗的成功远非他个人的荣宠，更是在根本上使得废久了的师道获得重建，为宋学铺设了基础性的道路。而具体的贡献包含了两方面：一是直接培养了一大批人才；二是他基于私学的教学法上升为朝廷的太学法，实现了地方经验的中央化，从而影响全国。

显然，这样的成功根本上是因为胡瑗针对时代的问题，使传统的知识借助教育的形式作出了创新性的转化。蔡襄所撰《墓志》有极精准的评点：

> 尤患隋唐已来仕进尚文词而遗经业，苟趋禄利。及为苏、湖二州教授，严条约，以身先之。虽大暑，必公服终日，以见诸生，设师弟子之礼。解经至有要义，恳恳为诸生言其所以治己而后治乎人者。学徒千数，日月括劘，为文章皆传经义，必以理胜，信其师说，敦尚行实。②

---

① 〔北宋〕欧阳修：《欧阳修全集》卷二五，中华书局2001年版，第389页。
② 〔北宋〕蔡襄：《太常博士致仕胡君墓志》，《蔡襄集》卷三七，上海古籍出版社1996年版，第675页。

比较上引刘彝、欧阳修、蔡襄三则材料，大方面是共同的。比如都指出了时代的问题。宋初仕进仍然沿袭隋唐尚文词而遗经业的风习，这种风尚最大的问题是把知识胶着在文字的游戏中，从而既在知识层面上完全忽略了问题导向的真理性把握，以及依循真理，进一步转化成解决问题的技术路径与工具，又在行为层面上未能砥砺士风，流入苟且与禄利。蔡襄称誉胡瑗"严条约，以身先之"，并具体举例，足证欧阳修《墓表》所讲的"言行而身化之，使诚明者达，昏愚者励，而顽傲者革"，表征胡瑗的教学很重要的一个方面是在行为层面由崇礼而尊师重道，提振士气。同时，"为文章皆传经义，必以理胜"，则是在知识层面摆脱了"尚文词而遗经业"的陈习。《洪范口义》也表明，即便是回归经典，胡瑗也一扫烦琐的训诂考证，通过阐明经义而探求隐于文本背后的真理。"必以理胜"，可谓极其生动地彰显了胡瑗的教学以真理的探求为旨趣，并以理性的论辩为路径；同时进一步"敦尚行实"，将真理的认识落实到具体问题的解决。由于这一方面的内容，相对于崇礼尊师，更与具体的教学密切相关，从而被理解为胡瑗开启宋学的划时代的教学法。事实上，对教学法的理解，不仅足以呈现湖学的精神，而且可以表征开启于经学的宋代理学事实上不纯然是一个知识问题，而是具有着更深的内涵，指向着更广的生活世界。

后人根据"必以理胜"与"敦尚行实"的描述，对胡瑗的教学法作了概括，《胡安定言行录》载：

> 是时方尚辞赋，独湖学以经义及时务为先，故学中有经义斋、治事斋。经义斋者，择疏通有器局者居之；治事斋者，人各治一事，又兼一事，如边防、水利之类。故天下谓湖学多秀彦，其出而筮仕，往往取高第；及为政，多适于世用，若老于吏事者，由讲习有素也。①

后来《宋元学案》更作了简明的说明，从而形成了有关湖学教学法的

---

① 〔南宋〕张镃编：《为学·胡安定言行录》，《仕学规范》卷一，文渊阁四库全书本。

耳熟能详的表述。①

苏湖教法的特色首先是分斋。经义与治事的分斋是否完全同于现代教育的分科性质,并非关键,因为大而言之,孔子行教早已实践分科教育。苏湖教法分斋的真正意义不能脱离它的时代与境遇而作抽象的讨论。胡瑗对时代流俗的改造是通过经义的阐明实现的,但是这个经义的阐明在他那里,又绝不是空说,而完全是为了行实,即现实问题的解决是他探究道理的根本原因。从"边防""水利"这些内容看,行实指向的是民生问题,这正是《洪范口义》中对政治最基本,也是最根本的要求。这种向下的情怀,可以说是胡瑗经义阐发的基本立场。在解释《益》卦时,胡瑗讲:

> 益者,损上以益下,损君以益民。明圣人之志在于民也。然损下益上则谓之损者,盖既损民之财,又损君之德也。损上益下则谓之益者,盖既益民之财,而又损君之德也。②

而从现实的境遇看,胡瑗这样的讲学导向又与实际的需要密切相关。胡瑗由私学进入州学,缘于时任苏州知州的范仲淹,后来的苏湖教学法升格为太学法,亦因范仲淹推行改革。《续资治通鉴长编》仁宗景祐元年(1034)载:

> 范仲淹知睦州,不半岁,徙苏州。州比大水,民田不得耕,仲淹疏五河,导太湖注之海,募游手兴作。未就,又徙明州。转运使言仲淹治水有绪,愿留以毕其役。庚子,诏仲淹复知苏州。③

可见当时的环太湖流域正处于水利整治与经济开发之中,作为私学,胡瑗的教学专辟治事斋,显然出于服务地方经济社会的迫切需要。

---

① 〔清〕黄宗羲:《黄宗羲全集》第三册,浙江古籍出版社2005年版,第56页。
② 〔北宋〕胡瑗:《周易口义》。胡瑗不仅对门生如此讲,对皇帝亦如此讲:"胡先生在迩英,专以损上益下、损下益上为说。"〔清〕黄宗羲:《安定学案》,《黄宗羲全集》第三册,浙江古籍出版社2005年版,第62页。
③ 〔南宋〕李焘:《续资治通鉴长编》卷一一五,中华书局2004年版,第2699页。

除了分斋，经义与实务并举的教学设置以外，胡瑗教学法中最见精彩的还是教学本身，此与他经典诠释的精神互为表里。《安定学案·附录》载：

> 先生初为直讲，有旨专掌一学之政。遂推诚教育多士，亦甄别人物。故好尚经术者，好谈兵战者，好文艺者，好尚节义者，使之以类群居讲习。先生亦时时召之，使论其所学，为定其理。或自出一义，使人人以对，为可否之。或即当时政事，俾之折衷。①

首先，以类群居讲习。因材施教是孔子树立的教学理想，但真正实施却极难，不仅有外在条件的限制，更取决于施教者的识见与胸怀。所谓"甄别人物"，固然是识见，但不拘一格降人才，这便是胸怀。其次，是胡瑗的三个具体教法：其一，"使论其所学，为定其理"。无论经义，还是实务，胡瑗指向的都是文本与事务背后的理。承认理的存在，以明理为指归，以循理为路径，这是宋代理学的根本。这个根本落到实处，在知识层面是回归经典，由经义型塑与阐明以求明理，但知识影响于社会终究须传播，故基于经学的理学开启，与讲学相配合实是应然之举。胡瑗所探求的理，显然并非师者一人之独断，而是经由师生论学所获得。换言之，胡瑗的理，完全是基于师生主体意识的唤醒而获得的，绝非是来自外在权威的植入。②虽然在形式上，"为定其理"仿佛是胡瑗在使用着他作为师的权威，但"使论其所学"实质上已强化了每个人的主体性。由此可见，宋儒虽然以回归经典来实现理学的确立，经典固然具有权威性，但正如教学中的师一样，由经典呈现出的理，终究是经过了人的阐明。

其二，"或自出一义，使人人以对，为可否之"。这是进一步唤醒主体

---

① 〔清〕黄宗羲：《黄宗羲全集》第三册，浙江古籍出版社2005年版，第61页。
② 在儒家传统中，自孟子以来，本性天理皆为内具而非外铄。由此而言，胡瑗之排除外在权威的植入，就一般理论而言，似乎亦无甚新意。但是，思想的作用须置于历史的语境中加以衡定。胡瑗之湖学及其苏湖教法的兴起，在宋代尚处于催破汉唐旧经学的氛围中，故胡瑗强调理不能由师者一人独断，而须基于师生主体意识的唤醒而获得，仍具时代的重要思想意义。

意识的表征。重在明理是知识目标,"使人人以对"更彰显认知过程中的论辩。胡瑗设计质疑与论辩的环节,既发挥着一个教师的引导,又自然地为学生打开了参与空间,使认识在开放过程中获得推进成为可能。当胡瑗还只是私学时,论辩环节的设计完全是建立在师生对理的共同尊崇上的,不存在外部权力的影响;当胡瑗掌太学时,这一论辩环节的引入,则表征着胡瑗的知识世界中理性精神是主导性的。前文释《益》卦及注中所引胡瑗在迩英殿讲学,便佐证即便身处权力的中心,理性分析仍然构成胡瑗的精神主体。

其三,"即当时政事,俾之折衷"。理的探求,论辩的展开,如果完全脱离现实生活,则难免流于游戏,尽管在知性的训练上也具有价值。使知性的训练转进为哲学,这便是胡瑗贯彻的"即当时政事,俾之折衷"。在现实问题中展开明理与论辩,不仅要有淑世情怀,而且要有相应的知识储备,更要有足够的理论勇气。淑世情怀与知识储备前已述及,不必赘言。理论勇气略作申述。宋代崇文虽有较宽松的大环境,但书生群居论学,取时事而议论,终究还是会引来压力的。《安定学案》引胡瑗高足徐积的一则语录,可以引人深思。徐积讲:

> 《艮》"思不出其位",正以戒在位者也。若夫学者,则无所不思,无所不言,以其无责可以行其志也。若云"思不出其位",是自弃于浅陋之学也。[①]

徐积作此解释的语境不得而知,但似乎不能排除胡瑗"即当时政事,俾之折衷"的教学引来官员们的责难,因此而作出辩护。从徐积所言足以看到,湖学精神中极富现实关怀的勇气。

概言之,胡瑗的苏湖教法绝不是寻常的教学实践,而完全是他的理论探究与现实关怀。他的"穷经以博古"是由回归经典而阐明存于历史现象背后的道理,此见之于《洪范口义》;"治事以通今"则是依循所见的道理

---

① 〔清〕黄宗羲:《黄宗羲全集》第三册,浙江古籍出版社2005年版,第71页。

来批评与指导现实，此由苏湖教法得以呈现。湖学的问题意识完全形成于时代的、知识的，以及每个学习者源于自我的认识，并且在论辩中务切具体技能的理性展开。因此，湖学所培养出的门生们一旦获得从政机会，便自然地成为极具理性精神的技术官员。也许，正因为有这样的淑世情怀、理性精神以及技术能力，所以胡门弟子也自然地"受去做官"。

三、盛衰悖论：岂不有命乎！岂人事也哉？

据欧阳修《胡先生墓表》，胡瑗教学法升为太学法是在庆历四年（1044），另据《续资治通鉴长编》，可知这是范仲淹推行新政的一项内容，欧阳修亦参与其中。《长编》载，"范仲淹等意欲复古劝学，数言兴学校，本行实"，于是诏近臣议，翰林学士宋祁以及欧阳修等8人合奏，提出改革建议。[1]这份合奏反映的是范仲淹的思想，而前述胡瑗对经义的阐释，以及在苏湖的行教，则与这一思想相合无间。范仲淹的政治改革，促成了这一思想以及相配合的经解与教育上升为国家的权力意志。源自国家制度的力量当然足以提升湖学的地位，使之臻于极盛，并释放出巨大的效能。《长编》形象地记载：

> 乙卯，太子中允、天章阁侍讲胡瑗管勾太学。……庆历中，兴太学，下湖州取其法，著为令。瑗既为学官，其徒益众，太学至不能容，取旁官舍处之。礼部所得士，瑗弟子十常居四五，随材高下，喜自修饰，衣服容止，往往相类，人遇之，虽不识，皆知其为瑗弟子也。[2]

人满为患，甚至"衣服容止，往往相类"，支撑这种表象的，当然不排除胡瑗所阐明的义理与他的师道，但更难排除的恐怕是源自政治的

---

[1] 〔南宋〕李焘：《续资治通鉴长编》卷一四七，中华书局2004年版，第3563页。
[2] 〔南宋〕李焘：《续资治通鉴长编》卷一八四，中华书局2004年版，第4461页。

权力。①

作为私学的湖学，以及作为地方经验的苏湖教法，在升格为国家的统一意志，达到与实现了自身的极盛时，即使原本促使其成功的内在要素依然存在，也还是因为与政治权力的渗合，很快就面临两个挑战。

首先就是面临来自权力世界内外的其他思想系统的挑战。权力世界内主要指进入了权力世界的思想系统，比如晚于庆历新政的荆公改革；外是指未能进入权力世界的思想系统，比如苏轼蜀学。除了具体的教学法以外，湖学的核心内容自然是它基于经典阐释的思想。但针对同一个经典，不同思想者所抉发的思想并不完全相同，有时看起来可能只是细微的分歧，但却可以引发巨大的思想乃至政治纷争。

先看荆公新学。王安石政治改革绝不只是工具主义的实务，而是与湖学明体达用的思想具有共同的精神，即政治主张是建立在自己的理论上的，《三经新义》就是荆公改革的理论依据。《三经新义》中关于《尚书》的新解是其重要组成部分，其中对《洪范》的解释可谓重中之重，王安石专门撰有《洪范传》一卷。此传定稿进呈虽在荆公二次罢相以后，而且是在《尚书新义》以后写的，但思想一以贯之。比较《洪范传》与胡瑗《洪范口义》，粗看似无大的区别，但如前人早已指出，王安石《洪范传》中最重要的思想是通过对"次八曰念用庶征"的解释，推翻传统政治中以天人感应以限君权的理论，即著名"三不畏"的组成部分，旨在为他的政治改革打开思想束缚。②

而胡瑗《洪范口义》恰恰强调天人感应对人君的警示：

---

① 必须承认，湖学以及苏湖教法由地方升入中央，并不必然或完全是权力支配下的地方性经验成为国家的普遍理念与行动，因为地方经验与国家的普遍理念及行动都是在面对着同样的经典文本来形成的，两者在理论上存在着同步而暗合的可能性。但是，这样的同步而暗合的可能性即便存在，在历史中也总是呈现为具体的过程。就湖学以及苏湖教法与其后的国家普遍理念与行动而言，其具体的历史过程更多地呈现为由地方升入中央，而权力在其中发挥着自身的作用。

② 关于《洪范传》的考辨，参见邓广铭：《北宋政治改革家王安石》，河北教育出版社2000年版，第115—123页；程元敏《三经新义辑考汇评（一）——尚书》等。

以此众征，莫不本人君之感召。故王者作一事，必念一事之应；行一政，必念一政之报。事谨则休征至焉，事悖则咎征至焉，人君敢不恭承天而谨于御国乎？

二者所论之是非，及其对于现实政治的价值衡定，非本文主题，存而不论。但当这种解释分歧进入权力世界后，必定会因为对现实政治的影响而产生相互竞争，追求政治话语权。一旦某一种解释获得政治权力的认定，它又对游离于权力世界之外的思想构成封杀，从而引起反弹。

且以苏轼为例。胡瑗释皇极为大中之道的政治理想，王安石亦然。但苏轼对"极"字却有不同解释，他否定释"极"为"中"，而强调"中"只是"极"带来的结果，"极"的本义是"至而无余"。苏轼对传统解释非常不满，故一讲："陋哉，斯言也！"又对自己的新解很在乎，故再讲："学者知此，则几矣。"单纯看这样的经文解释，实在难以体会这一字之释的不同会引发现实的政治纷争。况且苏轼还留了一个空间，"中则极，极则中，中、极一物也"①。但依苏轼的解释，中是由极带来的结果，能否中，在于极。这就非常明确地把一切政治现象最终追责于"皇极"。后来朱熹为"皇极"释义展开详尽论述，始将它的现实政治意义彰显无遗。②

事实上，随着熙宁变法以及后来的政治纷争，在权力世界中获得荣盛的湖学很快在权力世界中消退。荆公新学也是如此，王安石本人更成为政治的替罪者，开始被污名化。③而且几波周折下来，权力世界对于思想的取舍已往往失去真理的标准，而简单归之于权力本身。绍兴十三年（1143），因国子监太学设斋取名，国子司业高闶言：

---

① 〔北宋〕苏轼：《东坡书传》卷十，〔北宋〕苏洵、苏轼、苏辙：《三苏经解集校》，舒大刚等校注，四川大学出版社2017年版，第293页。
② 详见余英时：《朱熹的历史世界》第十二章之七"环绕'皇极'的争论"，生活·读书·新知三联书店2004年版。在朱熹的解释中，他提到了苏轼的解释，并表示赞同，以为"东坡《书传》中说得'极'字亦好"。（〔南宋〕朱熹：《朱子语类》卷七九，中华书局1986年版，第2047页）
③ 参见〔南宋〕李心传：《建炎以来系年要录》卷二四赵鼎言，上海古籍出版社2018年版，第510页。

"陛下复兴太学，凡养士取士之法，当取圣裁。"上曰："自有祖宗成法。"闳曰："有庆历、元祐、绍圣、崇宁法，有司未知适从。若出于圣裁，则行之乃久。"①

制度设计下的"圣裁"本身无可厚非，但思想在权力世界中的沉浮显然已非自身可掌握。概言之，当湖学由江湖而居庙堂，在实现了自身价值以臻荣盛的同时，作为思想的自主性也因此被剥夺。湖学如此，荆公新学或苏轼蜀学也是如此。如果思想以权力为向度，这几乎成为一种必然。

另一个挑战来自思想自身的批判性与创造性的丧失。当湖学初起时，它要破除旧仕风，唤醒主体自觉，以理性精神去探求明体达用的知识与践行。但是进入建制，且为天下示范时，批判的锋芒便失去了对象，创造性也因陷入程序而渐销熄，思想失去自主性而成为政治权力的组成部分，还限制了那些与自身原本一样的私学的自由发展，最终致使作为私学的湖学，以及作为其思想的载体与外在形式一并湮没难寻。朱熹尝抱一线希望，以为薛季宣以知州的便利，在湖州当地作些田野调查，或能找到一些当年湖学规制的踪影。②薛季宣的调查结果是，只闻旧名，"余不可见"。③高居庙堂的湖学因权力世界中的替代而消歇，而江湖则因自己的升格而失去了寄身的空间，湖学的兴盛无疑等同于她的衰亡，而其盛衰的轨迹所呈现出来的最重要因素便是政治权力的介入。

然而，对于宋明理学家来说，政治仿佛是思想作用于社会最重要的路径与最主要的平台，尽管它充满艰险，又很无奈。蔡襄在胡瑗墓志中讲：

士之有志于道，以身法世，莫不欲致之于用，推之于远。然才德之士多亦蹇轧难通，岂不有命乎！君不鄙小官，进不及用，功于诲

---

① 〔南宋〕李心传：《建炎以来系年要录》卷一八四，上海古籍出版社2018年版，第2514页。
② 〔南宋〕朱熹：《答薛士龙一》，《朱文公文集》卷三八，《朱子全书》第21册，上海古籍出版社、安徽教育出版社2002年版，第1697页。
③ 〔南宋〕薛季宣：《又与朱编修书》，《薛季宣集》卷二三，上海社会科学院出版社2003年版，第294页。

人，其施博矣。晚乃得侍天子左右，若将有为，辄病以废，岂人事也哉？①

蔡襄对命与人事的兴叹尚着眼于胡瑗个人的境遇。虽然这也值得体会与思考，但士志于道，个人的穷达终究还不足以成为其困扰。不过，本文主旨并不在胡瑗以及湖学盛衰的钩沉，而在于由此表征宋代理学在展开中因与政治的勾连而呈现出的盛衰悖论；而且犹如作为个体的胡瑗难以摆脱蔡襄所兴叹的命与人事的无奈，作为整体的宋代理学，其所自我期许的立心、立命、继绝学、开太平，究竟又将如何摆脱政治世界所带来的命与人事的无奈而获得健康的践行？出路在哪里？

四、余论

钱穆曾将与宋明理学同步展开的讲学变迁勾勒成两条线索，第一条就是起于范仲淹、胡瑗的私人读书，进而州学，最终推至国学。"惟政治不上轨道，此线之进展即告终止。"由此转入第二条，即"完全摆脱学校气味，变成纯粹之社会公开讲演与集会研究性质"。②换言之，理学的后续展开力图与政治世界中的建制保持距离。与此同时，理学家更多地转向社会。钱穆讲：

> 他们对于在野的传播学术，较之在朝的革新政治，兴味还要浓厚，并不是他们无心于政治之革新。③

余英时在《朱熹的历史世界》中力争重现朱熹的政治活动来修正钱穆的这一论断，即证明朱熹为代表的南宋理学家对于"在朝的革新政治"仍然兴味浓厚。只是，无论如何，只要置身于政治的权力世界，就难以摆脱

---

① 〔北宋〕蔡襄：《太常博士致仕胡君墓志》，《蔡襄集》卷三七，上海古籍出版社1996年版，第676页。
② 钱穆：《国史大纲》，九州出版社2011年版，第868页。
③ 钱穆：《国史大纲》，九州出版社2011年版，第857—859页。

湖学盛衰的悖论，庆元党禁即是显证。不过，余英时在后续的阳明学研究中作出了与钱穆相似的转向社会以"觉民行道"的判识。[1]然而，尽管如此，钱穆指出：

> 他们（理学家）对于时代徒抱理想，而无法实现。他们对政治常是悲观，或持反对的态度。结果政府亦常敌视他们，屡兴党狱。而让有名的东林党来结束这一个最后的冲突。[2]

如果说湖学盛衰的悖论是以成功的案例来表征宋明理学与政治权力发生正向关系时所带来的问题，那么钱穆、余英时对其后的宋明理学的分析，则似乎以失败的案例表明坚持私人讲学并不足以解开湖学盛衰的悖论。因此，湖学盛衰的悖论所引出的问题，即思想如何始终保持其批判性与创造性，从而构成思想世界的丰富性存在，仍然是需要深思的。

（原载《哲学与文化》2021年第1期）

---

[1] 参见余英时：《宋明理学与政治文化》第六章"明代理学与政治文化发微"，台北允晨文化公司2004年版。
[2] 钱穆：《国史大纲》，九州出版社2011年版，第871页。

程朱理学的话语型塑

——以《论孟精义》为中心

何 俊

无论宋明理学如何分系与评定，程朱理学奠定了宋明理学的话语构型，而且这套"话语的定型是在朱熹手上完成的"。[1]然而，这套话语构型是如何建构的？它由哪些具有逻辑关系的核心区块构成？以及建构这套话语意欲表达什么？近十年来，围绕这些问题展开的研究取得了很多成果，如陈来主编的《早期道学话语的形成与演变》，此外更集中反映在随着经学史视角的切入而拓展的宋代《四书》学研究中，[2]因为理学话语最终是从《四书》经学中脱胎出来的。当然，研究纵有推进，却难以穷尽。事实上，上述问题也仍有未发之覆。朱熹的《论孟精义》是型塑程朱理学的标志，就没有得到深入的专题性研究。虽然后来有成熟的《四书章句集注》，但《论孟精义》更足以见证型塑过程中的思想丰富性与复杂性。朱熹尝有一个非常真实而亲切的表达：

> 读《论语》，须将《精义》看。先看一段，次看第二段。将两段

---

[1] 见陈来主编：《早期道学话语的形成与演变》，安徽教育出版社2007年版，第7页。源于现代批评理论的话语，在指意上是较宽泛的，陈来此书将它限定于学术陈述本身（第10页），本文也主要在后者的意义上使用。另参何俊：《道学话语的分析与解读——读陈来主编〈早期道学话语的形成与演变〉》，《哲学研究》2008年第4期。

[2] 此各举专论、文献、考据一种为例：朱汉民、肖永明：《宋代〈四书〉学与理学》，中华书局2009年版；顾宏义：《宋代〈四书〉文献论考》，上海古籍出版社2014年版；申淑华：《〈四书章句集注〉引文考证》，中华书局2019年版。

比较，孰得孰失，孰是孰非。又将第三段比较如前。又总一章之说而尽比较之。其间须有一说合圣人之意，或有两说，有三说，有四、五说皆是，又就其中比较疏密。如此，便是格物。及看得此一章透彻，则知便至。或自未有见识，只得就这里挨。①

故本文试以《论孟精义》为中心，从文本、语言、身体、仁义、存养、辩学诸视角逐一考察，以期对程朱理学的话语型塑获得深细的认识。

一、文本

朱熹终其一生，无论就自己的思想形成和展开，还是就理学的传播，都始终致力于知识基础的铺设，这个知识基础最重要的就是文本。从大的角度讲，朱熹的学术思想历程可以分两个阶段，前一个阶段是他接续二程理学，确立思想体系的阶段，最终的标志性文本是成于1173年44岁时的《伊洛渊源录》与1175年46岁时的《近思录》；后一个阶段是他思想展开与成熟的阶段，相应的文本建设则是遍注儒家五经，而最重要的当然是《四书章句集注》（其中《论孟集注》初成于48岁），历经多次大的修改，直至临终仍在作最后的完善。《四书章句集注》不仅是宋明理学的思想标志，而且更使儒家的经典发生了重大的拓展，《四书五经》从此成为儒学的经典基础。《四书章句集注》虽然完稿于临终，但它的雏形却来自朱熹1172年43岁时思想形成初期的文本《论孟精义》（其基础更在1163年34岁时的《论语要义》与《论语训蒙口义》）。《论孟精义》既是朱熹思想形成的标志，又是他接续二程思想的表征；更为重要的是，它与《伊洛渊源录》《近思录》相比，后者近似于梳理新道统与新思想的教材性质的文

---

① 〔南宋〕朱熹：《朱子语类》卷一九，《朱子全书》第14册，上海古籍出版社、安徽教育出版社2002年版，第660页。

本，[①]而《论孟精义》却是新思想直接接续孔孟，从而使儒学实现创造性转化的文本。概言之，程朱理学实由《论孟精义》而获得建构，并最终成熟于《四书章句集注》。

关于《论孟精义》的成书过程，朱熹先后有《论孟精义序》与《书论孟要义序后》作了清楚说明；而此书在朱熹的整个《四书》学的权重以及关系，今人也有详尽梳理，[②]在此不必赘述。这里只从文本的角度来分析此书对程朱理学的话语建构所具有的意义与作用。

宋儒从汉唐经学中摆脱出来，以分析的、批判的方式重新面对经典，从中抉发出新的思想以回应时代的问题。在这个过程中，他们也意识到了后来合称为《四书》的文本更适合他们思想的表达，或更有益于他们的关怀，其中尤以《论语》与《孟子》为重。程颐曰：

> 学者当以《论语》《孟子》为本，《论语》《孟子》既治，则《六经》可不治而明矣。[③]

这里已明确指出《论语》《孟子》对于《六经》的优先性与根本性。为什么呢？除了《论语》《孟子》本身所具有的完满性，即朱熹所讲的"《论语》之言无所不包，……（《孟子》）七篇之指无所不究"[④]以外，另一个重要的原因是《论语》《孟子》对时人更具有接受意义上的作用。

[①] 《伊洛渊源录》《近思录》与《论孟精义》的另一个重要不同，是朱熹对周敦颐的安顿。《论孟精义》如朱熹在《自序》中所讲的"以备观省"，更近于他自己思想的认同整理，从而完成程朱理学的型塑，而《伊洛渊源录》《近思录》则是在程朱理学确定以后，对理学道统与理论体系的建构，相关讨论请参见何俊：《南宋儒学建构》，上海人民出版社2004年版，第117—125、159—166页。

[②] 参见朱汉民、肖永明：《宋代〈四书〉学与理学》，中华书局2009年版，第216—226页；顾宏义：《宋代〈四书〉文献论考》，上海古籍出版社2014年版，第81—89页。

[③] 〔南宋〕朱熹：《论孟精义纲领》，《朱子全书》第7册，上海古籍出版社、安徽教育出版社2002年版，第16页。伊川此语引自〔北宋〕程颐、程颢：《程氏遗书》卷二五，《二程集》，中华书局2004年版，第322页。本文聚焦于《论孟精义》，故下引此书，概不作材料溯源，引文考证可参申淑华：《〈四书章句集注〉引文考证》，中华书局2019年版。

[④] 〔南宋〕朱熹：《论孟精义》，《朱子全书》第7册，上海古籍出版社、安徽教育出版社2002年版，第11页。《论孟精义》收入《朱子全书》第7册，下引此书，只注页码。

人们直接研读《六经》，虽然理论上也可以领会经典的旨义，如果足以用心的话，但现实中往往会发生困难，产生疑问，而能够帮助人们解疑的权威当然无过于孔、孟，而孔、孟既已不在，《论语》《孟子》便成为最可依靠的了。故接着前引的话，朱熹连续引程颐的几段话，将这番论证呈现得极为清楚。程颐曰：

1. 读书者当观圣人所以作经之意，与圣人所以用心，与圣人所以至圣人，而吾之所以未至者，所以未得者，句句而求之，昼诵而味之，中夜而思之，平其心，易其气，阙其疑，则圣人之意可见矣。

2. 或问："圣人之经旨如何能穷得？"曰："以义理去推索可也。学者先读《语》《孟》，如尺寸权衡相似，以此去量度事物，自然见得长短轻重。某常语学者，必先看《语》《孟》。今人虽善问，未必如当时人，借使如当时人，圣人所答不过如此，今看《语》《孟》之书，亦与见孔、孟何异？"

3. 或问："学者如何可以有得？"曰："但将圣人语言玩味，久则自有所得。将《论语》中诸弟子问处便作自己问，圣人答处便作今日耳闻，自然有得。虽孔、孟复生，不过以此教人。若能于《语》《孟》中深求玩味，将来涵养成甚生气质。"

4. 又曰："须先晓其文义，然后可以求其意，未有文义不晓而见意者也。学者一部《论》《孟》，见圣人所以与弟子许多议论，而无所得，是不易得也，读书虽多，亦奚以为。"

上述引文的标号与着重号，以及分段，系笔者所加，为了顺便说明一下《论孟精义》与后来的《论孟集注》的异同。上述引文是《论孟精义纲领》中所引程颐读《论语》《孟子》法的前面四则，对勘《论孟集注》前的《读论语孟子法》，有两点不同。一是《读论语孟子法》在引文上作了进一步的精选，上引着重号部分是被保留的。《论孟集注》本是《论孟精义》的完善本，作此精选自然在情理之中。事实上，《论孟精义纲领》被《读论语孟子法》删去了许多段。重要的是第二个不同，上引的前后秩序1、

2、3、4，在《读论语孟子法》中，2被后移到第8条，即倒数第2条，而4则前移为第2条。众所周知，作为升级版的文本，《论孟集注》与《论孟精义》在形式上最大的不同，一是《论孟精义》除了张载外，其余皆是程门师生，而《论孟集注》虽以程门为主，但广及汉唐与宋代各家，堪称《集注》；二是《论孟精义》所引完全是宋儒说经的新表达形式，而《论孟集注》则加入了汉唐经学传统的字义训诂，这正是上引之4在《读论语孟子法》中被前移为第2条的原因，这表征了朱熹在经学上实已超越宋代，融汉宋经学为一体。这个问题虽不在本文议题之中，但对于后文分析《论孟精义》有所助益，故先予表出。

这里仍回到主题。除了文本的力量外，《论语》《孟子》得以为本的另一个更重要支撑是文本背后的人。读书的根本目的原本就是"当观圣人所以作经之意，与圣人所以用心，与圣人所以至圣人"，而孔、孟既已不在，自然唯有读《论语》《孟子》才能见得孔、孟。《论孟精义纲领》首先引录的便是程颢有关此一方面的语录，概之为"论孔、孟气象"。理学家好言"气象"，此二字系形容，难以界说，但究其含义无外于一物之状态及其性质，以之形容人，则当近似于指人所呈现的境界及其精神。因此，当二程高标《语》《孟》时，不只是文本，更在于呈现文本中的人，此即程颐所谓："凡看《论语》，非是只要理会语言，要识得圣人气象。"[1]程颢则明确表示："读其言便可以知其人，不知其人，是不知言也。"[2]

《语》《孟》与《六经》的关系确定以后，新的问题便是如何理解《语》《孟》。程颐曰："读《论》《孟》而不知道，所谓虽多亦奚以为。"而且，程颐更进一步指出："传录言语，得其言未得其心，必有害。"[3]汉唐

---

[1]〔南宋〕朱熹：《论孟精义》，《朱子全书》第7册，上海古籍出版社、安徽教育出版社2002年版，第20页。

[2]〔南宋〕朱熹：《论孟精义》，《朱子全书》第7册，上海古籍出版社、安徽教育出版社2002年版，第15页。

[3]〔南宋〕朱熹：《论孟精义》，《朱子全书》第7册，上海古籍出版社、安徽教育出版社2002年版，第17页。

且不论,即便入宋以来,至二程同时代,释传《语》《孟》于今而知的便各不下十余种,甚至不乏佛门中人,①不可谓不多,但二程显然以为这些著述是未能见"道"的。故程颐曰:

> 圣学不传久矣。吾生百世之后,志将明斯道,兴斯文于既绝。②

事实上,程颐坦承,二程兄弟也因此而引起士林惊疑,程颐曰:"自予兄弟倡明道学,世方惊疑。"③"惊疑"二字极为传神。"惊"并无大碍,久之便转为平常,"疑"却是一种理性态度,必以理性的学术才足以释之,而这正是朱熹始于《论孟精义》的事业。在《论孟精义自序》中,朱熹曰:

> 《论》《孟》之书,学者所以求道之至要,古今为之说者,盖已百有余家。然自秦汉以来,儒者类皆不足以与闻斯道之传,其溺于卑近者,既得其言而不得其意,其骛于高远者,则又支离蹐驳,或乃并其言而失之,学者益以病焉。宋兴百年,河洛之间有二程先生者出,然后斯道之传有继。其于孔子、孟氏之心,盖异世而同符也,故其所以发明二书之说,言虽近而察之无穷,指虽远而操之有要。使夫读者非徒可以得其言,而又可以得其意;非徒可以得其意,而又可以并其所以进于此者而得之。其所以兴起斯文,开悟后学,可谓至矣。间尝蒐辑条疏,以附本章之次,既又取夫学之有同于先生者,与其有得于先生者,若横渠张公,若范氏、二吕氏、谢氏、游氏、杨氏、侯氏、尹氏,凡九家之说,以附益之,名曰《论孟精义》,以备观省,而同志之士有欲从事于此者,亦不隐焉。

---

① 详见顾宏义:《宋代〈四书〉文献论考》下编"宋代《四书》文献考证"之"论语类"与"孟子类",上海古籍出版社2014年版。
② 〔北宋〕程颐、程颢:《程氏文集》卷一一《祭刘质夫文》,《二程集》,中华书局2004年版,第643页。
③ 〔北宋〕程颐、程颢:《程氏文集》卷一一《祭李端伯文》,《二程集》,中华书局2004年版,第643页。

很清楚，朱熹将二程直承孔、孟，不仅使二程越出同时代人，而且超迈秦汉以来的所有儒者。二程之所以获此高评，总体上是因为二程承先启后，"斯道之传有继"，"兴起斯文，开悟后学"；具体而言，则是精神上与孔孟异世而同符，文本上既充分又精准地阐扬《语》《孟》，使读者既得其言，更得其意，最终"可以并其所以进于此者而得之"。这个"其所以进于此者"，就是二程理学所揭明的隐于事物中的"理"。

显然，这样的肯定不可能是无依据的，《论孟精义》就是表征。朱熹的工作是细致而用心的，他将二程的论说附于《语》《孟》各章，又取张载及程门弟子共九家之说附于其后，从而使得二程学派的思想井然有序地绑定于《语》《孟》，成为新的经典文本。这个方法可以说是对程颐研读经典的重要方法"类聚观之"的调整使用。《孟子精义》卷三"孟子曰人皆有不忍人之心"章下载程颢的问答：

> 问仁。曰："此在诸公自思之，将圣贤所言仁处，类聚观之，体认出来。"①

这个"类聚观之"，原本是将经典文本的相关论述加以归类，与西方《圣经》文本的串珠本，以及学术著作中的术语索引，都有所相似，其长处是有益于对核心概念的完整理解，但短处在容易急迫而忽视对整个文本的研读。朱熹对此有明确自觉，他在《论孟精义》成书后给张栻的信中曾因张栻喜用此法而指出：

> 类聚孔孟言仁处，以求夫仁之说，程子为人之意，可谓深切。然专一如此用功，却恐不免长欲速好径之心、滋入耳出口之蔽，亦不可

---

① 〔南宋〕朱熹：《论孟精义》，《朱子全书》第7册，上海古籍出版社、安徽教育出版社2002年版，第687页。

不察也。①

但在《论孟精义》中，如上所述，朱熹对类聚观之加以调整，将二程理学各家的论说类聚于相关的经典文本。由此，二程理学关于《语》《孟》的释传就不再是散乱的，而是围绕着经典而呈现的。因此，"搜辑条疏，以附本章之次"的文本形式，当然仍可以就其形式而视为经学旧传统中的注疏合一，以及各种集注、集传、集说体，但朱熹限定于程门对《语》《孟》的传释，事实上已成为由经学而转出的理学对《语》《孟》作为新经典文本的固定，使之限定为表达理学的唯一正确的文本。

尤有意味的是，将二程上接孔、孟，"独得夫千载不传之绪"，朱熹似乎还不满意，他在《论孟精义自序》中更委婉地将二程进一步比拟于孔子。朱熹曰：

> 若张公之于（二程）先生，论其所至，窃意其犹伯夷、伊尹之于孔子，而一时及门之士，考其言行，则又未知其孰可以为孔氏之颜、曾也。

程门弟子中谁为颜回、曾参，②当然是个问题，但终究不是大问题，正如程颐所谓"颜子陋巷自乐，以有孔子在焉"。顺着朱熹的思路，真正要问的是，若二程是孔子，则谁是孟子？因为"孟子有功于圣门，不可胜言"，"圣人之学，非子思、孟轲，则几乎熄矣"；③二程以后，若无"孟子"，理学也"几乎熄矣"。在《孟子精义》卷八《离娄章句下》"孟子曰君子之泽"章，朱熹引了程颐、杨时、尹焞的论说，程颐给出解释，杨时

---

① 〔南宋〕朱熹：《朱文公文集》卷三一《答张敬夫》，《朱子全书》第21册，上海古籍出版社、安徽教育出版社2002年版，第1335页。陈来对此有细述，请参陈来：《朱熹的〈仁说〉与宋代道学话语的演变》"论类聚言仁"，《早期道学话语的形成与演变》，安徽教育出版社2007年版，第204—207页。
② 《四书》学反映出来的朱熹对程门弟子的看法，参见申淑华：《〈四书章句集注〉引文考证》，中华书局2019年版，第4—7页。
③ 〔南宋〕朱熹：《论孟精义》，《朱子全书》第7册，上海古籍出版社、安徽教育出版社2002年版，第643页。

是进一步作论证,而尹焞仿佛只是照搬程说,尹焞曰:

> 臣闻之师程颐曰:孔子流泽,至孟子时未及五世,其泽犹在夫人也。孟子推尊孔子,而不敢比其泽,故曰:"予未得为孔子徒也,但能私善乎人而已。"①

《朱子语类》卷十九载:

> 问:"《精义》中,尹氏说多与二程同,何也?"曰:"二程说得已明,尹氏只说出。"②

如只是重复说出,则又何必引录?实际上,"恐自二程外,惟和靖之说为简当",③而且尹焞的"只说出"也恐怕不只是重复,还是有程颐没有说出的话,如上引"闻之师程颐曰"中,"孟子推尊孔子,而不敢比其泽"中的"不敢"二字。孟子自然不敢自比孔子。然仿此句,以论二程理学在两宋的境遇,则也可以说,"朱熹推尊二程,而不敢比其泽";而且,孔子经曾子、子思至孟子凡三传,二程四传为朱熹,程颐讲"其流泽三四世不已,五世而后斩",④境遇何其相似。不难推出,朱熹编纂《论孟精义》,推尊二程为孔子时,便已自比孟子。20多年后,朱熹于不经意间表达了这一自比。《朱子语类》载:

> 象山死,先生率门人往寺中哭之。既罢良久,曰:"可惜死了

---

① 〔南宋〕朱熹:《论孟精义》,《朱子全书》第7册,上海古籍出版社、安徽教育出版社2002年版,第738页。
② 〔南宋〕朱熹:《朱子全书》第14册,上海古籍出版社、安徽教育出版社2002年版,第661页。
③ 〔南宋〕朱熹:《朱子全书》第14册,上海古籍出版社、安徽教育出版社2002年版,第661页。
④ 〔南宋〕朱熹:《论孟精义》,《朱子全书》第7册,上海古籍出版社、安徽教育出版社2002年版,第738页。

告子。"①

综上所述,《论孟精义》的完成,形式上是经典传释,实际上更是程朱理学的基础奠定,它将程朱理学上接孔孟、梳理自身、程朱一体的三项指义集合于文本之中。

二、语言

对于一个话语构型来说,文本是显像,语言则是微像。上一节曾指出,朱熹将"须先晓其文义,然后可以求其意,未有文义不晓而见意者也",在《论孟集注》的《读论语孟子法》中提升到第二条,并且贯彻在《论孟集注》中,使之成为《论孟精义》的升级版。照理说,有了升级版,而且朱熹也确实以升级版为自己毕生最重要的事业,作为初级版的《论孟精义》就不必在乎了;况且正如前引《论孟精义自序》中所言,此书原本是朱熹整顿自己思想时"以备观省",只是"同志之士有欲从事于此者,亦不隐焉"。那么,为什么朱熹后来对《论孟精义》仍然很看重呢?四库馆臣曰:

> 朱子初集是书(《论孟精义》),盖本程氏之学以发挥经旨。其后采摄菁华,撰成《集注》。中间异同疑似,当加剖析者,又别著之于《或问》。似此书乃已弃之糟粕。然考诸《语录》,乃谓:"读《论语》须将《精义》看。"又谓:"《论孟集义》中所载诸先生语,须是熟读。一一记于心下,时时将来玩昧,久久自然理会得。"又似不以《集注》废此书者。②

前引朱熹自称"以备观省",虽然是自谦之语,但也是部分事实。《论孟精义》(1172年)原是在《论语要义》(1163年)基础上完成的,前后

---

① 〔南宋〕朱熹:《朱子语类》卷一二四,《朱子全书》第18册,上海古籍出版社、安徽教育出版社2002年版,第3889页。
② 《论孟精义提要》,《四库全书总目提要》卷三五,河北人民出版社2000年版,第929页。

近10年。《要义》是朱熹由禅返儒的标志，而《精义》是他整合二程理学的标志，换言之，从《论语要义》到《论孟精义》确实是朱熹自己思想型塑时期"以备观省"的真实过程。值得注意的是，在完成《论语要义》后，朱熹马上又补撰了《论语训蒙口义》。在《论语训蒙口义序》中，朱熹曰：

> 予既叙次《论语要义》，以备览观，暇日又为儿辈读之。大抵诸老先生之为说，本非为童子设也，故其训诂略而义理详。初学者读之，经之文句未能自通，又当遍诵诸说，问其指意，茫然迷眩，殆非启蒙之要。因为删录，以成此编。本之注疏，以通其训诂；参之《释文》，以正其音读。①

虽然朱熹以此通训诂、正音读"便于童子之习而已，故名之曰《训蒙口义》"，但他深知这又是基础，故在《论孟精义纲领》中才会强调，"须先晓其文义，然后可以求其意，未有文义不晓而见意者也"。然而，颇有意趣的是，尽管朱熹高度意识到训诂是义理的前提，彼此存在高低层级，似乎没有冲突，而且后来的《四书章句集注》就是合训诂与义理为一体，但为什么他在《论语要义》与《论语训蒙口义》成书后的近10年思想型塑过程中，只致力于单纯的《论孟精义》撰写呢？而且，即便后来撰写《四书章句集注》，为什么他还要将"其余议论，别为《（四书）或问》一篇"？②为什么朱熹很在乎这些"议论"？

朱熹在《论孟精义自序》中就他限定程门及其同志（实仅张载一人）"蒐辑条疏"的问题，自设问答作了一个详尽的说明：

> 或曰：然则凡说之行于世而不列于此者，皆无取已乎？曰：不然

---

① 〔南宋〕朱熹：《朱文公文集》卷七五，《朱子全书》第24册，上海古籍出版社、安徽教育出版社2002年版，第3614页。
② 〔南宋〕朱熹：《朱文公续集》卷二《答蔡季通》，《朱子全书》第25册，上海古籍出版社、安徽教育出版社2002年版，第4680页。

也。(1)汉魏诸儒正音读,通训诂,考制度,辩名物,其功博矣。学者苟不先涉其流,则亦何以用力于此?(2)而近世二三名家,与夫所谓学于先生之门人者,其考证推说亦或时有补于文义之间。学者有得于此而后观焉,则亦何适而无得哉?特所以求夫圣贤之意者,则在此而不在彼尔。(3)若夫外自讬于程氏,而窃其近似之言,以文异端之说者,则诚不可以入于学者之心。然以其荒幻浮夸足以欺世也,而流俗颇已乡之矣,其为害岂浅浅哉?顾其语言气象之间,则实有不难辩者。学者诚用力于此书而有得焉,则于其言虽欲读之,亦且有所不暇矣。①

笔者所标示的三条说明,(3)所涉及的异端杂学辩析问题,且待最后一节讨论,这里专论前两条。

先看第一条说明。"汉魏诸儒正音读,通训诂,考制度,辩名物,其功博矣",因此朱熹声明学者必先弄明白这些,才足以用力于义理。不过,又必须记得,这虽是前提,但毕竟是"童子之习",为"启蒙之要",而《论孟精义》则是专以义理为务的。《论孟精义纲领》辑录程颐语曰:

> 凡看文字,须先晓其文义,然后可以求其意。
> 读《论》《孟》而不知道,所谓虽多亦奚以为。
> 传录言语,得其言未得其心,必有害。②

"晓其文义""得其言"固然是前提,但"求其意""得其心"终是根本,"知道"才是研读经典的目的。这就明确表明,在朱熹看来,经典传释实际上存在着两套语言系统,汉魏诸儒使用的是"正音读、通训诂、考制度、辩名物"的语言系统,即清儒所谓经学之汉学的语言,程门使用的是

---

① 〔南宋〕朱熹:《论孟精义》,《朱子全书》第7册,上海古籍出版社、安徽教育出版社2002年版,第12页。
② 〔南宋〕朱熹:《论孟精义》,《朱子全书》第7册,上海古籍出版社、安徽教育出版社2002年版,第17页。

义理条疏的语言系统，即清儒所谓经学之宋学的语言；而且从朱熹自设问答的（2）（3），可知朱熹以为这套宋学的语言系统是宋儒通用的，并非程门独有，只是彼此在思想内容的阐发上存在分歧。对于思想型塑中的朱熹来说，毫无疑问，宋学的语言系统是重中之重；而且即便是两者并用了，经由宋学的语言系统所展开的"议论"也仍然是不可轻弃的。《论孟精义》的体例之所以单方向强化《论语要义》，没有合《论语要义》与《论语训蒙口义》为一体；在升级精华版的《四书章句集注》成书以后，《论孟精义》仍需重视，而且"其余议论别为《或问》"，原因尽在此。

然则，接踵而至的问题是，为什么汉学的语言系统只具有"晓其文义""得其言"的语义学功能，而只有宋学的语言系统才拥有"求其意""得其心""知道"的意义学功能呢？

西方哲学在由近代认识论向现代存在论的发展中，存在着重要的"语言学转向"，虽然汉宋学的转移不必强作类比，但却不妨借镜于彼，以解开上述的困惑。在西方近代认识论的语境中，语言被单纯认为是表象的工具，关注语言的静态结构就可以把握语言所要传达的观念与思想。但在转向现代时，静态的语言结构让位于实际生活的发生，语言与实际动态的生活相联系，这一语言学转向直接催生出现代存在论，虽然语言学转向有现象学意义上与分析哲学意义上的区别。[1]在朱熹看来，汉学的正音读、通训诂、考制度、辩名物，正是类同于近代认识论中的语义学，只足以对经典作静态解读，"晓其文义""得其言"，虽重要却是童蒙之学，而只有宋学的义理条疏则近于现代现象学的意义理论，能够实现"求其意""得其心""知道"的追求。

何以见得呢？朱熹辑录程颐所谓"读书者当观圣人所以作经之意，与圣人所以用心，与圣人所以至圣人"，可以说是一个总的表达，而他具体的释传举例则将这样的认识彰显得极为清楚。程颐曰：

---

[1] 参见杨大春：《语言·身体·他者：当代法国哲学的三大主题》第2章第1、2节，生活·读书·新知三联书店2007年版。

传录言语，得其言未得其心，必有害。虽孔门亦有是患。(1) 如言昭公知礼，巫马期告时，孔子正可不答，其间必更有语言，具巫马期欲反命之意，孔子方言"苟有过，人必知之"。孔子答，巫马期亦知之，陈司败亦知之。(2) 又如言伯夷、柳下惠皆古圣人也，若不言"清""和"，便以夷、惠为圣人，岂不有害？(3) 又如孟子言"放勋曰"，只当言"尧曰"，传者乘放勋为尧号，乃称"放勋曰"。(4) 又如言"闻斯行之"，若不因公西赤有问，及仲由为比，便信此一句，岂不有害？(5) 又如孟子，齐王欲"养弟子以万钟"，此事欲国人矜式。孟子何不可处？但时子以利诱孟子，孟子故曰："如使予欲富，辞十万而受万，是为欲富乎？"若观其文，只似孟子不肯为国人矜式，须知不可以利诱之意。(6) "舜不告而娶"，须识得舜意。若使舜便不告而娶，固不可。以其父顽，过时不为娶，尧之告也，以君治之而已。(7) 今之官府治人之私者亦多。然而象欲以杀舜为事，尧奚为不治？盖象之杀舜无可见之迹，发人隐匿而治之，非尧也。①

笔者不嫌其烦，照引这段长文，并加以标示，实因朱熹在悬为示范引导的《论孟精义纲领》中辑录这段文字，表明很重要。事实上，程颐这样举例，朱熹这样照引，当时人熟读经典，自然能知晓其所指，今人对经典并不熟知，仅看这段文字，仍不免一头雾水，不明所以。此处限于篇幅，也不宜逐一说明，只能概而言之。程颐所举七例，旨在表明，如果就文本文义进行解读，即便音读、字义、制度、名物都确定无误，仍然只能"得其言未得其心"，甚至作出"必有害"的误读。这些举例不仅彰显了宋学与汉学两种解经语言在功能上的区别，而且更为重要的是，它们实际上也示范了程颐应用宋学的解经语言实现"求其意""得其心""知道"的基本方法与路径，即必须将经典文本与历史中的生存实际相结合，切身体会甚至不免想象重构经典文本中没有记录下来的东西，这些东西对当时人而言是不言

---

① 〔南宋〕朱熹：《论孟精义》，《朱子全书》第7册，上海古籍出版社、安徽教育出版社2002年版，第17—18页。

而喻的，而在后人理解时却变得至关重要。

现在再看第二条说明。"近世二三名家，与夫所谓学于先生之门人者，其考证推说亦或时有补于文义之间"；事实上，五年以后的《论孟集注》就呈现出了极大的开放性，除《论孟精义》所辑录者外，自汉魏以降至当时，直接间接征引者达几十家，虽荆公新学、三苏蜀学也不排斥，[①]那么《论孟精义》为什么只限于二程以及张载与程门诸弟子呢？朱熹的回答是：

> 学者有得于此而后观焉，则亦何适而无得哉？特所以求夫圣贤之意者，则在此而不在彼尔。

换言之，《论孟精义》的选择范围限定于二程理学，实乃朱熹思想上的认定。不过，这只是上一节讨论文本所揭示的问题，可作上节的一个补充。而与本节主题有直接关系的是，由朱熹的说明，似乎可以追问，二程对《论》《孟》的解读已充分而精准，与孔、孟之心契合无间，为什么不将范围仅限于二程呢？

前引程颐所举七例表明，在二程理学的经典解读中，客观地对待经典给定的文本是不够的，必须要结合文本的人物及其实际的活动，如此才能使得文本所呈现的死的"语言"，转换成文本中讲话的那个人的活的"言语"。经过了这样的转换以后，对经典的理解就变成了读者与作者跨越时空的对话，经典文本的意义就延伸到解读者的当下生活之中，从而影响当下的生活。可以设想，这个过程自然是艰难的，故"自秦汉以来，儒者类皆不足以与闻斯道之传"，直到宋兴百年才有二程出，与孔、孟心契。唯其不易，故虽孔、孟弟子未必完全理解孔、孟，二程门人也未必完全理解二程，更难完全理解二程对孔、孟的理解。对此，朱熹显然有真切认识，故曰：

> 读书考义理，似是而非者难辨。且如《精义》中，惟程先生说得

---

① 参见申淑华：《〈四书章句集注〉引文考证》，中华书局2019年版，第2—4页。

确当。至其门人，非惟不尽得夫子之意，虽程子之意，亦多失之。

既如此，不是更应限于二程的解说吗？朱熹的看法却又不然，他接着讲：

> 今读《语》《孟》，不可便道《精义》都不是，都废了。须借它做阶梯去寻求，将来自见道理。知得它是非，方是自己所得处。①

至此似乎终于明白，《论孟精义》为什么既要排斥程门外的，又不能限于二程。在朱熹看来，把握经典的义理，既不能太宽泛，以免陷于支蔓，甚至迷于歧路；又不能专限于权威，以免自我逼仄，丧失独立思考。对经典的义理探求，需要二程这样的圣人来接绪前圣，开悟后学，同时又需要圣人门下的贤人参与对经典的共同研读讨论中，甚至不惜形成某种争辩（argument）。事实上，就朱熹而言，正与孟子一样，终其一生的思想历程，便是充满争辩的。也许这是思想巨子们的共同特征。《孟子精义》卷五《滕文公章句上》"滕文公问为国"章条录张载与人对话：

> 或谓："井议不可轻示人，恐致笑及有议论。"先生谓："有笑有议论，则方有益也。"②

这一对话不仅是其思想开放性的生动显现，而且也充分表征"有笑有议论"的语言或言语本身就构成了理学的存在。

要言之，朱熹建构程朱理学的话语构型，在语言上虽最终呈现为《四书章句集注》的汉学与宋学两套语言的整合，但更视宋学语言的彰显为重要与必要，《论孟精义》充分表征了这一点，《（四书）或问》也是如此。《论孟精义》中理学传释经典的语言替代了或补充了经学汉学的风格，它使得经典由死的文本转换成活的言语，从而与理学家发生沟通，并且通过

---

① 〔南宋〕朱熹：《朱子语类》卷十九，《朱子全书》第14册，上海古籍出版社、安徽教育出版社2002年版，第660页。

② 〔南宋〕朱熹：《论孟精义》，《朱子全书》第7册，上海古籍出版社、安徽教育出版社2002年版，第702页。

共同议论而促成思想的生成。语言或言语在程朱理学这里，已然不再只是反映思想的工具，而是理学乃至理学家的生活本身。在此意义上，朱熹对《论孟精义》的看重、对《（四书）或问》的不弃，并不在于其所表达的思想的正确，而在于它们是思想探求过程的记录，也是理学家追步圣贤的生活过程的记录，人们可以"借它做阶梯去寻求，将来自见道理"。

三、身体

《论孟精义》虽然是一个言语编织成（woven）的文本，但却充满着人的形象。这不仅是因为全部言语客观上都具有真实的言语主体，更是因为整个文本自始就把鲜活的人的形象放在了首位，即《论孟精义纲领》首论"孔孟气象"，进而强调要由知言而见人，程颢曰：

> 读其书便可以知其人，不知其人，是不知言也。

并且最终落在自己的身上，即程颐所谓"切己"：

> 凡看《论》《孟》且须熟读玩味，须将圣人语言切己，不可只作一场话说。人只看得此二书切己，终身尽多也。[①]

然则，《论孟精义》中所呈现的人，又究竟是怎样的人呢？笼统地讲，他们自然是圣贤，或是希望成圣成贤的人。但圣贤又是怎样的人呢？请先看程颢几段描述：

> 1.仲尼，元气也。颜子，春生也。孟子并秋杀尽见。
> 2.仲尼，天地也。颜子，和风庆云也。孟子，泰山岩岩之气象也。仲尼无迹。颜子微有迹。孟子其迹著。
> 3.孔子尽是明快人。颜子尽卑弟。孟子尽雄辩。
> 4.孔子为宰则为宰，为陪臣则为陪臣，皆能发明大道。孟子必得

[①] 〔南宋〕朱熹：《论孟精义》，《朱子全书》第7册，上海古籍出版社、安徽教育出版社2002年版，第16、17页。

宾师之位，然后能明其道，譬如有许大形象，然后为泰山，有许多水，然后为海，以此未及孔子。

5.子厚（张载）谨严，才谨严便有迫切气象，无宽舒之气。孟子却宽舒，只是中间有英气，才有英气，便有圭角。英气甚害事。如颜子便浑厚不同，颜子去圣人只毫发间。孟子大贤，亚圣之次也。

6.或曰："气象见于甚处？"曰："但以孔子之言比之便可见。且如冰与水精非不光，比之玉，自是有温润含蓄气象，无许多光耀也。"[①]

上引六条，1、2比诸自然，3、4、5似见性格，6可谓涵养，虽然难以进一步概括，但有一点却是断然可言的，他们都是明显具有感性特征的人。

然而众所周知，程朱理学之为"理学"，正在于"理"的高标，以及理性精神的培植与主导，前节见之于语言分析所揭明的论辩精神亦是表征之一，而"穷天理灭人欲"的宣称更给人以理学完全荡去感性的印象，因此《论孟精义》所呈现的充满感性特征的圣贤形象便不得不"深求玩味"了。

为了便于分析的展开，这里同样不妨借镜于西方哲学。西方哲学在由近代向现代，以及后现代的演化中，主体问题经历了从普遍理性主体观向个体生存主体观，再到主体终结论的演变。其中，与主体问题密切相关的身体问题成为引导这一演变的重要主题。在笛卡尔主导下的近代哲学中，"我思故我在"所表征的普遍理性主体观使得身心二元结构中"心"获得高扬，理性支配着主体；而身体问题的突出，使得感性得以恢复与张扬，从而促使形而上学的普遍理性主体观解体，近代哲学转向现代哲学，个体生存主体观取而代之；沿着这一方向，感性的张扬进一步实现身体对心灵的造反，走向欲望主体的确立。[②]

[①] 〔南宋〕朱熹：《论孟精义》，《朱子全书》第7册，上海古籍出版社、安徽教育出版社2002年版，第15—16页。

[②] 参见杨大春：《语言·身体·他者：当代法国哲学的三大主题》中篇，生活·读书·新知三联书店2007年版，第127—246页。

以此参照，似乎可以看到中国哲学自始便处于个体生存主体观，只是儒家时时警惕其向欲望主体的下坠，而致力于建构起普遍理性主体观，使之融入个体生存主体观中，最后达至"极高明而道中庸"的境界。儒家的这种努力同时受到左右的挑战，墨子倡导兼爱，近乎超越个体生存主体观，杨朱誓言为我，追求固化个体生存主体观，故孟子以辟杨墨为己任。至程朱理学，则是将孔孟的事业由经验的层面提升到理性的层面，理学始成为其思想形态，而墨杨亦转由佛老呈以更为精致的思想。

这样的概述看似简单直白，但虽不中亦不远。《孟子·梁惠王章句上》有著名论乐的"孟子见梁惠王王立于沼上"章，《论孟精义》引录杨时曰：

> 梁王顾鸿雁麋鹿以问孟子，孟子因以为贤者而后乐此，至其论文王、夏桀之所以异，则独乐不可也。世之君子，其贤者乎，则必语王以忧民而勿为台沼苑囿之观，是拂其欲也；其佞者乎，则必语王以自乐而广其侈心，是纵其欲也。二者皆非能引君以当道。[①]

追求感官之乐并不是问题，实为正常，只是"独乐不可"。所谓"贤者""佞者"，都是失却正常，偏执一端。

感官之乐如此，广义的利益追求也是如此。程颐曰：

> 君子未尝不欲利，孟子言何必曰利者，盖只以利为心，则有害在，如上下交征利而国危，便是有害。未有仁而遗其亲，未有义而后其君，便是利。仁义未尝不利。

义利之辩是儒学最核心的主题之一。孟子见梁惠王，王问"将有以利吾国"，孟子直截了当地回答："王何必曰利？亦有仁义而已矣。"这引起后人以为儒学耻以言利，或根本上是拒绝言利的。程颐这段释传则将这个问题讲得很清楚。"君子未尝不欲利"，只是深知"以利为心"的弊病，故而

[①] 〔南宋〕朱熹：《论孟精义》，《朱子全书》第7册，上海古籍出版社、安徽教育出版社2002年版，第651页。

强调仁义,因为言仁义而利自在其中,"仁义未尝不利"。程颐更引《易》与孔子的话予以申说:

> 《益》之上九曰:"莫益之,或击之,立心勿恒,凶。"盖利者众人之所同欲也,专欲益己,其害大矣。欲之甚,则昏蔽而忘义理;求之极,则侵夺而致怨仇。夫子曰:"放于利而行,多怨。"孟子谓先利则不夺不厌,诚哉是言也。大凡人之存心,不可专利。上九以刚而求益之极,众人之所共恶,于是莫有益之,而或攻击之矣。故圣人戒之曰:立心勿恒,乃凶之道也。谓当速改也。①

"利者众人之所同欲也",因此,虽圣贤与人同。这便从根本上确立了作为个体生存的主体性。

事实上,程朱理学对于这种个体生存主体性的确认,有着非常感性的表达,即孟子所讲的"守身"。孟子曰:

> 事,孰为大?事亲为大;守,孰为大?守身为大。不失其身而能事其亲者,吾闻之矣;失其身而能事其亲者,吾未之闻也。孰不为事?事亲,事之本也;孰不为守?守身,守之本也。②

此条下,《论孟精义》辑录了二程各自的长段阐发,这里取其简明,仅引程颐的阐释:

> 或问:"守身如何?"伊川先生曰:"守身守之本,既不能守身,更说甚道义。"曰:"人说命者多不守身,何也?"曰:"便是不知命。孟子曰:'知命者不立岩墙之下。'"或曰:"不说命者又不敢有为。"曰:"非特不敢为,又有多少畏恐,然二者皆不知命也。"③

---

① 〔南宋〕朱熹:《论孟精义》,《朱子全书》第7册,上海古籍出版社、安徽教育出版社2002年版,第649—650页。
② 《孟子·离娄章句上》"孟子曰事孰为大"章。
③ 〔南宋〕朱熹:《论孟精义》,《朱子全书》第7册,上海古籍出版社、安徽教育出版社2002年版,第722页。

因为问题的涉及，程颐将"守身"从具体的准则提到了与"知命"相关联的理论高度。孔子曰："不知命，无以为君子也。"①命象征着天道对人的规定性，即《中庸》所谓："天命之谓性。"程颢阐发得更清楚：

> 盖上天之载，无声无臭，其体则谓之易，其理则谓之道，其用则谓之神，其命于人则谓之性，率性则谓之道，修道则谓之教，孟子去其中又发挥出浩然之气，可谓尽矣。②

知命即等同于与性、教、神、道、易相贯通；而以杨时的话，则更体现程朱理学的精神，"天理即所谓命"。③依上引程颐的阐述，不守身就等于不知命，故身体在理学中的重要性便非常清楚了。可以说，身体的存在是程朱理学一切思想观念的前提。

既然如此，那么以天理为最高准则的理学究竟又是如何处理天理与身体感受性之间的紧张呢？杨时曰：

> 圣人作处惟求一个是底道理，若果是，虽纣之政有所不革，果非，虽文、武之政有所不因，圣人何所容心，因时乘理，天下安利而已。④

细加体味，程朱理学所高悬的理，并非是形而上的普遍抽象原理，也不是圣人的玄想发明，而只是因势利导，能使"天下安利"的"一个是底道理"。理终究基于感性的生命存在，理并不与感性生命发生紧张，而只是与追求一己之私的感性生命相冲突。

这里，理学的确存在着抽空个体存在主体性的理论危险，因为一己之

---

① 《论语·尧曰》。
② 〔南宋〕朱熹：《论孟精义》，《朱子全书》第7册，上海古籍出版社、安徽教育出版社2002年版，第672页。
③ 〔南宋〕朱熹：《论孟精义》，《朱子全书》第7册，上海古籍出版社、安徽教育出版社2002年版，第664页。
④ 〔南宋〕朱熹：《论孟精义》，《朱子全书》第7册，上海古籍出版社、安徽教育出版社2002年版，第658页。

私的欲望如何界定具有弹性。但理学也从三方面致力排除这种危险。其一，理学所抽去的个体存在主体性，在理论上确切地讲，即是上述呈现为欲望的一己之私，并不是个体存在主体性的全部。当然，这在理论上存在着如何界定的问题。这在理学来说，实是一个核心问题，与对人的认定相关，此待下节专门讨论，这里暂时不论。

其二就是本节所论，个体存在主体性是理学整个论述的前提，也是最后的诉求，更贯彻于身体存在的整个过程中，理学家津津乐道于"活泼泼地"就是最显著的表征。因此，无论如何悬示天理对于个体感性生命的超越性与约束性，天理最终要分殊在个体感性生命中，并呈现出来。孟子曰：

> 存乎人者，莫良于眸子。眸子不能掩其恶。胸中正，则眸子瞭焉；胸中不正，则眸子眊焉。听其言也，观其眸子，人焉廋哉？[①]

《论孟精义》于此条分别辑录：

> 伊川曰："心有所存，眸子先发见。"尹讲："存乎中必形于外，不可匿也。"[②]

故可以断言，理学根本上是否定将个体感性生命空洞化的，理始终不离且基于感性的生命存在。

其三，也是最重要的，理学高标天理，作为一个普遍性的理念，以此来剔除个体存在主体性中的一己之私，对于每个人都是有规范性的，但必须看到，正如在孔、孟那里的义利之辩一样，在理学这里，这更是一个政治哲学的概念，指向的是权力主体的一己之私，此由前引孟子答梁惠王问已足以知；而当明白这一点时，又足以反过来彰显理学对身体的理解与

[①] 《孟子·离娄章句上》"孟子曰存乎人者"章。
[②] 〔南宋〕朱熹：《论孟精义》，《朱子全书》第7册，上海古籍出版社、安徽教育出版社2002年版，第721页。

态度。

孟子与梁惠王论政治，首论义利之辩，再论众独之乐，三论王道之始。前二论已见上述，这里续观理学对孟子王道之始的阐述。孟子的王道之始由孔子先富后教之论而来，《论语·子路》载：

> 子适卫，冉有仆。子曰："庶矣哉！"
> 冉有曰："既庶矣，又何加焉？"曰："富之。"
> 曰："既富矣，又何加焉？"曰："教之。"

《论孟精义》此条辑程门五弟子言，节录如下：

> 范曰："此治民之序，自尧舜以来，未有不由之者也。禹平水土以居民，所以庶之也；稷播百谷，所以富之也；契敷五教，所以教之也。"
> 谢曰："庶而不富，则救死而恐不赡，奚暇治礼义哉？"
> 杨曰："既庶矣，当使之养生送死无憾，然后可驱而之善，此不易之道也。"
> 侯曰："既庶既富矣，逸居而无教，则近于禽兽。"
> 尹曰："衣食足而后知荣辱，故富而后教之。"①

而关于孟子的王道之始，程颐曰：

> 孟子论王道便实，徒善不足以为政，徒法不能以自行，便先从养生上说将去，既庶既富，然后以饱食暖衣而无教为不可，故教之也。②

可见，人的生命的现实存在是理学坚不动摇的前提，"饱食暖衣"既为正

---

① 〔南宋〕朱熹：《论孟精义》，《朱子全书》第7册，上海古籍出版社、安徽教育出版社2002年版，第451—452页。
② 〔南宋〕朱熹：《论孟精义》，《朱子全书》第7册，上海古籍出版社、安徽教育出版社2002年版，第651页。

当,"富而后教"才足以成立。天理王道,绝非是与个体感性生命相对立的东西,而恰恰是基于个体感性生命的。程颢曰:

> 得天理之正,极人伦之至者,尧、舜之道也。……王道如砥,本乎人情,出乎礼义,若履大路而行,无复回曲。

诚然,"本乎人情",基于个体感性生命,在经过"出乎礼义"后,个体生存的主体性会被公共化,但不能据此就轻易认为个体生存的主体性被完全抽空了。从"本乎人情"到"出乎礼义"之间,既有程颐所讲的"礼者因人情者也,人情之所宜,即义也"的理论认定,①现实过程中也还存在着进行公与私鉴别的阀门,即程颢所谓"察见天理,不用私意也"。②上引程颢"王道如砥,本乎人情"之语,便是在与下引的话作比较时讲的:

> 用其私心,依仁义之偏者,霸者之事也。……霸者崎岖反侧于曲径之中,而卒不可与入尧、舜之道。③

统观孟子与梁惠王论政治的前三项,义利之辩、众独之乐、王道之始,也都可以看到,其中贯彻着公与私的鉴定。事实上,这也是能否真正解释经典的关键。《孟子·公孙丑章句上》"公孙丑问曰夫子加齐之卿相"章有"行一不义,杀一不辜,而得天下,皆不为也"的名言,可谓对个体生命最高的礼赞,但并不能据此而迂腐地以为凡仁者便不为杀伐之事。《论孟精义》此条下载:

> (程颐)先生在经筵日,有二同列论武侯事业,以为武侯战伐所丧亦多,非杀一不辜而得天下不为之事。先生谓:"二公语过矣,杀

---

① 〔南宋〕朱熹:《论孟精义》,《朱子全书》第7册,上海古籍出版社、安徽教育出版社2002年版,第701页。
② 〔南宋〕朱熹:《论孟精义》,《朱子全书》第7册,上海古籍出版社、安徽教育出版社2002年版,第683页。
③ 〔南宋〕朱熹:《论孟精义》,《朱子全书》第7册,上海古籍出版社、安徽教育出版社2002年版,第653页。

一不辜而得天下不为,谓杀不辜以私己,武侯以天子之命讨天下之贼,则何害?"①

如果考虑到人是社会性的存在这一不可改变的前置因素,个体生命的存在需要获得公共安全的保障,那么,程朱理学"本乎人情,出乎礼义"的天理,与其说是对个体生存主体性的抹杀,毋宁说更是对个体生存主体性的维护。

最后请再举程颐被贬放涪州编管途中一事,以见理学家对人,乃至对人的形象所抱持的敬意。杨时曰:

> 瞿霖送伊川先生西迁,道宿僧舍,坐处背塑像,先生令转椅勿背。霖问曰:"岂不以其徒敬之,故亦当敬耶?"伊川曰:"但具人形貌,便不当慢。"因赏此语曰:"孔子云:'始作俑者,其无后乎!为其象人而用之者也。'盖象人而用之,其流必至于用人。君子无所不用其敬,见似人者不忽,则于人可知矣。若于似人者而生慢易之心,其流必至于轻忽人。"②

四、仁义

上节述及,二程"本乎人情,出乎礼义"的理,存在着抽空个体生存主体性的危险,而理学致力于排除这一危险的核心工作,就是对人的认定,亦即理学的仁说。关于二程到朱熹的仁说,前贤多有论述,近则以陈来最为重要。③其中,据于分析朱熹以前的,陈来采二程、谢良佐、杨时、吕大临与游酢,以及胡宏诸家说,以说明朱熹据二程的立场,统合与整理

---

① 〔南宋〕朱熹:《论孟精义》,《朱子全书》第7册,上海古籍出版社、安徽教育出版社2002年版,第679页。
② 〔南宋〕朱熹:《论孟精义》,《朱子全书》第7册,上海古籍出版社、安徽教育出版社2002年版,第652页。
③ 陈来:《朱熹的〈论说〉与宋代道学话语的演变》,陈来主编:《早期道学话语的形成与演变》,安徽教育出版社2007年版,第182—218页。

程门诸子,尤其是谢、杨,以及湖湘学,从而确立朱熹为核心的程朱理学;而分析朱熹仁说的文本主要是三个,即1171年因张栻完成《洙泗言仁录》后的彼此讨论书信,次年(即《论孟精义》成书这年)朱熹为出知自己出生成长地尤溪的友人石子重写的《克斋记》,以及同年稍后写的更重要的《仁说》,以观朱熹在与湖湘学的思想论辩中走向确立。从三个文本与《论孟精义》的编撰时间,便可断言,三个文本的思想基础都在《论孟精义》,而程门统合的工作更在其中,故就程朱理学的型塑而言,这里以《论孟精义》再作补充,或更足以彰显,同时亦进一步看到程朱理学对人的确认。

朱熹于《仁说》开篇曰:

> 天地以生物为心者也,而人物之生,又各得夫天地之心以为心者也。故语心之德,虽其总摄贯通无所不备,然一言以蔽之,则曰仁而已矣。
>
> 盖天地之心,其德有四,曰元亨利贞,而元无不统。其运行焉,则为春夏秋冬之序,而春生之气无所不通。故人之为心,其德亦有四,曰仁义礼智,而仁无不包。其发用焉,则为爱恭宜别之情,而恻隐之心无所不贯。[1]

这段话从本体论的高度阐述了人心及其性质与特征,可以认为是朱熹关于仁说的总论。首先,人之为心的自然基础在天地。其次,天地之心的根本是生物,具体为四德,统之于元;人心之德亦有四,统之于仁。这里,仁作了狭义(四德之一)与广义(统包四德)之分。最后,人心之四德显现为具体的感情,即爱恭宜别。但在这段概述中,"天地以生物为心"很明确,而人"得夫天地之心以为心",故也应该是"生物",而不是仁,正如天地之心不是元一样。末尾一句"而恻隐之心无所不贯",则似乎明

---

[1] 〔南宋〕朱熹:《朱文公文集》卷六七,《朱子全书》第23册,上海古籍出版社、安徽教育出版社2002年版,第3279页。

示天地之生物心，在人即是恻隐心。

论恻隐之心的经典文本是《孟子·公孙丑章句上》"孟子曰人皆有不忍人之心"章，且摘录数则朱熹所搜辑的程门议论以为比较。

> 伊川曰："心，生道也，有是心斯具是形以生。恻隐之心，人之生道也，虽桀、跖不能无是以生，但戕贼之以灭天耳。始则不知爱物，俄而至于忍，安之以至于杀，充之以至于好杀，岂人理也哉！"又曰："恻，恻然。隐，如物之隐应也。此仁之端绪。"

> 明道先生见谢显道记闻甚博，谓之曰："贤却记得许多，可谓玩物丧志。"显道不觉身汗面赤。先生曰："只此便是恻隐之心。"

> 明道曰："惟四者有端，而信无端，只有不信，更无信。如东西南北，已有定体，更不可言信。"

程颐的论说首讲心为生道，此心具是形以生，又以恻隐为仁之端绪。程颢与谢良佐的对话，则以切身体会以喻恻隐之心正是身心对外在刺激的一种反映；后一段是解释有四端而不可言信。二程的论说，除了元包天地生物心之四德、仁包人心四德没有明确论及外，其余皆为上引朱熹《仁说》所概括。

> 游曰："恻者心之感于物也，隐者心之痛于中也。物之体伤于彼，而吾之心感应于此，仁之体显矣。"

游酢的议论更进一步明确，恻隐是人对外物的感觉所引起的痛觉，这种痛觉自然不完全是生理，而是包括了痛惜等心理在内的反应；前引程颐所述的不知爱物、忍、安之、杀、好杀，便是指人的这种感受性的丧失及其延伸的不同层次的结果。朱熹的"恻隐之心无所不贯"，完全可以理解为是对程、游师徒议论的综合。

> 谢曰："格物穷理，须是识得天理始得。所谓天理者，自然底道理，无毫发杜撰。今人乍见孺子将入于井，皆有怵惕恻隐之心。方乍

见时，其心怵惕，所谓天理也。要誉于乡党朋友，内交于孺子父母兄弟，恶其声而然，即人欲也。天理与人欲相对，有一分人欲，即灭却一分天理，存一分天理，即胜得一分人欲，人欲才肆，天理严矣。"①

则明确指出，理学的天理就是人的恻隐心的自然展开，而恻隐心的丧失，即程颐指出的反向展开也是存在于人的自然性中的，此即为人欲。如此，程朱理学核心理论的型塑过程已看得极为清楚。与此同时，程朱理学"存天理、灭人欲"的标示，其本义也得其正解。

基于上述的仁说总论，有两个具体的分论，它们既是总论的延伸问题，也可以认为是总论的支撑问题。第一个分论就是如何知仁。依总论，人心就是恻隐心，发用是爱恭宜别之情，在两者之间是仁义礼智；仁包四德，故关键是仁，而仁对应的是爱；仁抽象，爱具体，因此仁与爱便产生互相界定的问题。程门论仁，至朱熹时，已产生许多分歧，在《答张敬夫》信中，朱熹曰：

> 大抵二先生之前，学者全不知有仁字，凡圣贤说仁处，不过只作爱字看了。自二先生以来，学者始知理会仁字，不敢只作爱字说。②

程颢的原话是：

> 孟子曰："恻隐之心，仁也。"后人遂以爱为仁，恻隐固是爱也。爱自是情，仁自是性，岂可专以爱为仁。孟子言恻隐为仁，盖为前已言恻隐之心，仁之端也；既曰仁之端，则不可便谓之仁。
>
> 恻隐则属爱，乃情也，非性也。③

---

① 〔南宋〕朱熹：《论孟精义》，《朱子全书》第7册，上海古籍出版社、安徽教育出版社2002年版，第687—689页。

② 〔南宋〕朱熹：《朱文公文集》卷三一《答张敬夫》，《朱子全书》第21册，上海古籍出版社、安徽教育出版社2002年版，第1335页。

③ 〔南宋〕朱熹：《论孟精义》，《朱子全书》第7册，上海古籍出版社、安徽教育出版社2002年版，第687页。

仁是性，爱是情，恻隐也是情。由此，似又可推知，情与心又是相关联的概念，心为体，情为心之发用。仁作为性，实质上是对心之发用的一种价值规定，即善。故在二程看来，孟子言人性善是极为重要的。

> 或问："人性本明，因何得有蔽？"伊川先生曰："此须索理会也。孟子言人性善是也，虽荀、扬亦不知性。孟子所以独出诸儒者，以能明性也。①

只是性及其善的规定被标举出来后，仁之性反过来与发为恻隐、爱之情的心形成对应，仁性为体，而心为发用。谢良佐曰：

> 性，本体也。目视耳听，手举足运，见于作用者，心也。②

既如此，作为理论的探究，自然要专心于讨论本体的仁性了。然而其结果，则如朱熹指出，撇开情来论性，弊病丛生。朱熹曰：

> 然其流复不免有弊者，盖专务说仁，而于操存涵养之功，不免有所忽略，故无复优柔厌饫之味、克己复礼之实，不但"其蔽也愚"而已。而又一向离了爱字悬空揣摸，既无真实见处，故其为说，恍惚惊怪，弊病百端，殆反不若全不知有仁字，而只作爱字看却之为愈也。

从大的方面讲，弊病有两类，一是专务说仁，务虚不务实，全不落在个体生命的践行上；二是务虚流于悬空揣摸，议论恍惚惊怪。因此，朱熹强调，与其如此，不如回过头来，依旧从情之发用上来体会仁之性。朱熹曰：

> 若且欲晓其仁之名义，则又不若且将爱字推求；若见得仁之所以

---

① 〔南宋〕朱熹：《论孟精义》，《朱子全书》第7册，上海古籍出版社、安徽教育出版社2002年版，第700页。
② 〔南宋〕朱熹：《论孟精义》，《朱子全书》第7册，上海古籍出版社、安徽教育出版社2002年版，第645页。

爱,而爱之所以不能尽仁,则仁之名义意思了然在目矣。

可以说,朱熹"将爱字推求"仁,正是坚持了二程门下道南一脉的路径。

> 或问:"何以知仁?"杨(时)氏曰:"孟子以恻隐之心为仁之端,平居但以此体究,久之自见。且孺子将入于井,而人见之者必有恻隐之心。疾痛非在己也,而为之疾痛何耶?曰:出于自然,不可已也。曰:安得自然如此。若体究此理,知其所从来,则仁之道不远矣。

杨时不仅这样就着经典解释来阐述,而且在现实中也能据事作出这样的阐述。在引了上面这段问答后,朱熹接着更引述了下面这则杨时的故事:

> 薛宗博请诸职事会茶,曰:"礼岂出于人心,如此事本非意之所欲,但不得已耳。老子曰:'礼者忠信之薄。'荀子曰:'礼起圣人之伪。'真个是。"因问之曰:"所以召茶者何谓?"薛曰:"前后例如此,近日以事多,与此等稍疏阔,心中打不过,须一请之。"曰:"只为前后例合如此,心中自打不过,岂自外来?如云辞逊之心礼之端,亦只心有所不安,故当辞逊,只此是礼,非伪为也。"①

此外,朱熹的以爱推仁是在答张栻书信中提出,盖回应张栻主张谢良佐的以觉言仁,张栻后来又针对朱熹的以爱推仁,主张程颐的以公论仁。②其实,谢良佐的以觉言仁虽直接来自程颢,但强调感应也是程颐的根本思想,而且他赋予感应以亨通的价值判定。程颐释《咸》卦:

> 咸,感也。不曰感者,咸有皆义,男女交相感也。物之相感,莫如男女,而少复甚焉。凡君臣上下,以至万物,皆有相感之道。物之相感,则有亨通之理。君臣能相感,则君臣之道通;上下能相感,则

---

① 〔南宋〕朱熹:《论孟精义》,《朱子全书》第7册,上海古籍出版社、安徽教育出版社2002年版,第689—690页。
② 参见陈来主编:《早期道学话语的形成与演变》,安徽教育出版社2007年版,第207—211页。

上下之志通；以至父子、夫妇、亲戚、朋友，皆情意相感，则和顺而亨通。事物皆然，故感有亨之理也。①

朱熹当然很知道程颐的观点，而且他还引过程颐讲的"天地间只是个感应"。②至于以公论仁，同样是二程共同的观点，程颢曰：

仁者，公也，人此者也。③

而程颐则曰：

仁道难名，惟公近之，非以公便为仁。④

很明确，公实与觉、爱一样，只是理解仁，或践行仁的路径，本身不是仁。相比较而言，朱熹的以爱推仁既得二程本意，也最能说明仁。⑤

第二个分论是如何求仁。前引朱熹《答张敬夫》指出程门后学流为悬空虚说，无克己复礼之实，故在朱熹看来，知仁固然重要，但最终须落在求仁上。在为石子重写的《克斋记》中，朱熹曰：

性情之德无所不备，而一言足以尽其妙，曰"仁"而已。所以求

---

① 〔北宋〕程颐：《周易程氏传》卷三，《二程集》，中华书局2004年版，第854—855页。
② 〔南宋〕朱熹：《朱子语类》卷六五，《朱子全书》第16册，上海古籍出版社、安徽教育出版社2002年版，第2163页。
③ 〔南宋〕朱熹：《论孟精义》，《朱子全书》第7册，上海古籍出版社、安徽教育出版社2002年版，第773页。
④ 〔北宋〕程颐、程颢：《程氏遗书》卷3，《二程集》，中华书局2004年版，第63页。
⑤ 二程言语多为具体而发，且间多比喻或体会，彼此有所不同，诚为正常，要在类聚观省，操存涵养，得其言而不执于言，进而得其心。朱熹撰《伊川先生年谱》，专于谱后附言二程接人之分别，又记程颐对张绎所讲："我昔状明道先生之行，我之道盖与明道同。异时欲知我者，求之于此文可也。"（〔北宋〕程颐、程颢：《程氏遗书》附录，《二程集》，中华书局2004年版，第346页）无疑表明当时他已注意到二程门下出现各取片言只语以离析程学的问题。虽然哲学家对于自己的思想缺乏自明是可能的，但后人如果弃而不顾，强说分别，并进而以此判教，恐亦过甚矣。

仁者，盖亦多术，而一言足以举其要，曰"克己复礼"而已。①

程颐曰：

礼者因人情者也，人情之所宜，即义也。②

故论仁，必须接着义讲。孟子的一大贡献，在二程看来，就是将仁义合在一起讲。程颢曰：

孟子有功于圣门，不可胜言。仲尼只说一个仁，孟子开口便说仁义；仲尼只言一个志，孟子便说许多养气出来，只此二字，其功甚多。③

由于义与克己复礼相关联，形之以外在的践行，因此在认识上往往容易忘记义是心的四德之一，内属于仁之性体。程颢曰：

仲尼言仁，未尝兼义，独于《易》曰："立人之道曰仁与义。"而孟子言仁必以义配，盖仁者体也，义者用也，知义之为用而不外焉，可以语道矣。世之所论于义者多外之，不然，则混而无别，非知仁义之说者也。④

程颐又将义与敬、理、养气结合着说：

或问："必有事焉当用敬否？"曰："敬只是涵养一事，必有事焉，须当集义。只知用敬，不知集义，却是都无事也。"又问："义莫是中

---

① 〔南宋〕朱熹：《朱文公文集》卷七七，《朱子全书》第24册，上海古籍出版社、安徽教育出版社2002年版，第3709页。

② 〔南宋〕朱熹：《论孟精义》，《朱子全书》第7册，上海古籍出版社、安徽教育出版社2002年版，第701页。

③ 〔南宋〕朱熹：《论孟精义》，《朱子全书》第7册，上海古籍出版社、安徽教育出版社2002年版，第643页。

④ 〔南宋〕朱熹：《论孟精义》，《朱子全书》第7册，上海古籍出版社、安徽教育出版社2002年版，第649页。

理否?"曰:"中理在事,义在心内,苟不主义,浩然之气从何而生?理只是发而见于外者。"①

与敬的关系,义是敬的主脑,离开义的敬其实是无所事事。与理的关系,义是存于人之心内的原则,理只是这种原则形之于事。与养气的关系,浩然之气因义而生。故诚如孟子所曰:"仁,人心也;义,人路也。"②只是克己复礼与内心之义的把握都很难,常常于不自觉中破坏与沦陷,初似无害,久则成患。《论语·八佾》载:

> 三家者以《雍》彻。子曰:"'相维辟公,天子穆穆',奚取于三家之堂?"

> 伊川曰:"周公之功固大矣,然皆臣子之分所当为,鲁安得独用天子礼乐?成王之赐,伯禽之受,皆非也。其因袭之弊,遂使季氏僭八佾,三家僭《雍》彻,故仲尼于此著之。"③

> 明道曰:"介甫说鲁用天子礼乐,云'周公有人臣所不能为之功,故得用人臣所不得用之礼乐'。此乃大段不知事君。大凡人臣身上岂有过分之事,凡有所为,皆是臣职所当为之事也。介甫平居事亲最孝,观其言如此,其事亲之际想亦洋洋自得以为孝有余也。"

在程朱看来,这个"义"字,"惟是孟子知之"。④

五、存养

恻隐之心内具仁义礼智四德,仁统包之而为性体。由仁而义而礼而

---

① 〔南宋〕朱熹:《论孟精义》,《朱子全书》第7册,上海古籍出版社、安徽教育出版社2002年版,第677页。
② 《孟子·告子章句上》。
③ 〔南宋〕朱熹:《论孟精义》,《朱子全书》第7册,上海古籍出版社、安徽教育出版社2002年版,第100页。
④ 〔南宋〕朱熹:《论孟精义》,《朱子全书》第7册,上海古籍出版社、安徽教育出版社2002年版,第723—724页。

智，此为性体的展开，犹如花蕾之绽放，仁义礼智各为其花瓣，信在其中。至于人的情感与行为，则是性体的发用。只是性体的展开，须随心的感发，只有正心而发，性体才能充实而光辉；而作为个体生存着的人，无时无刻不感受着色、香、味、名、利、生、死的挑战，故在仁义揭明以后，"存其心，养其性"①的存养便是程朱理学接续着的核心议题。朱熹在《论孟精义自序》中也说得很清楚，存养就是孔孟儒学的根本，"《论语》之言无所不包，而其所以示人者，莫非操存涵养之要；七篇之指无所不究，而其所以示人者，类多体验充扩之功"。所谓"操存涵养"与"体验充扩"，则是"仲尼无迹"与"孟子其迹著"的区别，无迹难见，迹著易踪，故《论语》实比《孟子》难读；程朱理学至朱熹而构型彰显，也是这个道理。

存心与养性是一事之两面，密切关联，但又不可错误理解两者的关系。

> 问："仁与心何异？"伊川曰："心是所生，仁是就事言。"曰："若是则仁是心之用否？"曰："固是。若说仁者心之用则不可。心譬如身，四端如四支，四支固是心所用，只可谓身之四支，如四端固具于心，然亦未可便谓之心之用。"②

心动，则仁起，就此而言，可说仁是心之用；但心与性都是独立的存在，其实是心体与性体。程颐着意区分"心是所生，仁是就事言"，意在强调心是内的，仁则须见之于人的行为，正如"克己复礼为仁"，克己在内心，而复礼便见之于外。不过，这只是为了区别心与性，性根本是心内具之德，虽见之于外，却实无内外。程颢曰：

> 苟以外物为外，牵己而从之，是以己性为有内外也。且以性为随

---

① 《孟子·尽心章句上》。
② 〔南宋〕朱熹：《论孟精义》，《朱子全书》第7册，上海古籍出版社、安徽教育出版社2002年版，第780—781页。

物于外，则当其在外时，何者为在内？是有意于绝外诱，而不知性之无内外也。①

要言之，程颐的分别或足以提醒，心体与性体在发用时，会存在着逻辑上的先后与感发上的隐显，存心的工夫便显得更为紧要，近乎可以理解成养性的前提。

存心，最形象的描述莫过于孟子讲的"不动心"。②心体原本是感应性的生物存在，本身没有取向，只是感于外物。朱熹曰：

> 人心本是湛然虚明，事物之末，随感而应，自然见得高下轻重。事过便当依前恁地虚，方得。③

因此，不动心似乎没有那么难，所以孟子又讲，"是不难，告子先我不动心"。但这其实又是理想的状态，在实际的境遇中，人心的发用总不免或多或少受某种意向性的影响，故朱熹又曰：

> 心是大底，意是小底。心要恁地做，却被意从后牵将去。且如心爱做个好事，又被一个意道不须恁地做也得。且如心要孝，又有不孝底意思牵了。④

而且不动心的原因也有所不同，需要区别。程颐曰：

> 不动心有二：有造道而不动者，有以义制心而不动者。此义也，此不义也，义吾所当取，不义吾所当舍，此以义制心者也。义在我，

---

① 〔南宋〕朱熹：《论孟精义》，《朱子全书》第7册，上海古籍出版社、安徽教育出版社2002年版，第740页。
② 《孟子·公孙丑章句上》。
③ 〔南宋〕朱熹：《朱子语类》卷十六，《朱子全书》第14册，上海古籍出版社、安徽教育出版社2002年版，第538页。
④ 〔南宋〕朱熹：《朱子语类》卷十六，《朱子全书》第14册，上海古籍出版社、安徽教育出版社2002年版，第533页。

由而行之，从容自中，非有所制也，此不动之异。①

以义制心而不动是基于义，造道而不动是基于信，义是四德之一，信虽不属四德，却随四德而在，故可知存心与养性的关系，即心体的觉发虽似先于性体的自觉，但存心又依赖于养性。换言之，存心与养性其实互为前提。

程颐上述的区分，在孟子那里就已指出。孟子分别举北宫黝与孟施舍为例，说明两种不同的不动心，并进而以为北宫黝似子夏、孟施舍似曾子，而"孟施舍之守气，又不如曾子之守约"。但二程的分析显然更进一层，彰显了理学的特征。

> 北宫黝要之以必为，孟施舍推之以不惧，北宫黝或未能无惧，故黝不如施舍之守约也。子夏信道，曾子明理，故二子各有所似。
>
> 北宫黝之勇，气亦不知守也。孟施舍之勇，知守气而不知守约也。曾子之所谓勇乃守约，守约乃义也，与孟子之勇同。

以上是程颢语。程颐又曰：

> 勇一也，而用不同，有勇于气者，有勇于义者。君子勇于义，小人勇于气。②

孟子的举例虽已指出"守气"与"守约"，但终还是在经验的层面，而二程却追至"信道"与"明理"，守气与守约的核心区别在于背后是否有理据，而这个存于事的理据又是与性体之义贯通的。这样的阐明，一方面使不动气的现象之所以然有了清楚的说明，另一方面据于这样的说明作出的两种不动气的高下之分，表明理学视理性的判识高于信仰的执守，只

---

① 〔南宋〕朱熹：《论孟精义》，《朱子全书》第7册，上海古籍出版社、安徽教育出版社2002年版，第668—669页。

② 〔南宋〕朱熹：《论孟精义》，《朱子全书》第7册，上海古籍出版社、安徽教育出版社2002年版，第669页。

有基于明理守约的笃志力行才是理学需追求的，是真正的"勇于义"，否则终究是"勇于气"而已。

有了义与气这一区分，存心之要无疑就在仁义的把握，使仁义之性体充塞于心体，亦可谓"得于心"，或心得于正，存心与养性在这里已完全是合二为一的事情。在如何"得于心"的问题上，孟子提到了比自己更早达到"不动心"境界的告子的一个路径，即"不得于言，勿求于心；不得于心，勿求于气"。孟子对此作了分辩，曰：

> 不得于心，勿求于气，可；不得于言，勿求于心，不可。夫志，气之帅也；气，体之充也，夫志至焉，气次焉；故曰："持其志，无暴其气。"

这段论述提出的"言"与"气"，直接引发了孟子后续的"我知言，我善养吾浩然之气"的自我论定，加之这里提到的"志"，知言、养气、持志便成为存养的重要方法，从而论发了程门广泛的议论。《孟子精义》于此条作了大量引录，[1]这里姑且引《朱子语类》中的一段，因其清晰简明，足以呈现朱熹对理学精神的精微阐释。朱熹曰：

> "不得于言，勿求于心。不得于心，勿求于气。""不得"犹曰失也，谓言有所不知者则不可求之于心，心有不得其正者则不可求之于气。孟子谓言有所不能知，正以心有所不明，故"不得于言，勿求于心，不可"。其不得于心者，固当求之心。然气不得所养，亦反能动其心，故"不得于心，勿求于气"，虽可而未尽也。盖知言只是知理。告子既不务知言，亦不务养气，但只硬把定中间个心，要他不动。孟子则是能知言，又能养气，自然心不动。盖"知言"本也，"养气"助也。三者恰如行军，知言则其先锋，知虚识实者。心恰如主帅，气则卒徒也。孟子则前有引导，后有推动，自然无恐惧纷扰，而有以自

---

[1] 〔南宋〕朱熹：《论孟精义》，《朱子全书》第7册，上海古籍出版社、安徽教育出版社2002年版，第669—686页。

胜。告子则前后无引助，只恁孤立硬做去，所以与孟子不动心异也。①

据此而知，告子的不动心只是"硬把定中间个心，要他不动"，既不是基于对理的认识上，又得不到气的支持，这样的"不动心"如孟子所言，"未尝知义"，故绝非孟子的不动心，自然也不是程朱理学所要的。

如果仔细比较，知言与养气在孟子那里近乎同等权重，但在程朱这里，知言要比养气显得更重要。程颐曰：

> 心通乎道，故能辨是非，如持权衡以较轻重，孟子所谓知言是也。揆之以道，则是非了然，不待精思而后见也。学者当以道为本，心不通于道，而较古人之是非，几不持权衡而较轻重，竭其目力，劳其心智，虽使时中，亦古人所谓亿则屡中，君子不贵也。
>
> 孟子养气一言，诸君宜潜心玩索，须是实识得方可。勿忘勿助长，只是养气之法，如不识，怎生养？有物始言养，无物又养个什么？浩然之气，须见得一个物。②

朱熹在前引话后，也接着强调了这点：

> "不得于言"以下但作如此看，则此一章血脉贯通，而于知言养气，蔽淫邪遁之辞方为有下落也。至于集义工夫，乃在知言之后。不能知言，则亦不能集义。

强调知言先于并重于养气，可以充分反映程朱理学虽然把存养作为求仁的重要工夫，而且非常强调个体的努力，但并没有将这个工夫限于不可通约的个体经验，而是基于义理的认识上，从而使得存养具有可普遍性的

---

① 〔南宋〕朱熹：《朱子语类》卷五二，《朱子全书》第15册，上海古籍出版社、安徽教育出版社2002年版，第1701—1702页。
② 〔南宋〕朱熹：《论孟精义》，《朱子全书》第7册，上海古籍出版社、安徽教育出版社2002年版，第671—672页。

知识基础。概言之,明理知言,辨别是非,是存养的根本。这一确认也正是程朱理学之为理学的精神所在。

知言,在辨学中更能说明,故下节再述。这里讨论养气与持志。所谓志,便是心有所向,亦即孟子讲的"得于心"。朱熹曰:

> 志,只是心之所向,而今欲做一件事,这便是志。持其志,便是养心,不是持志外别有个养心。①

有得于心,心有所向,气随之而动,才进而得养浩然之气。程颐曰:

> 志,气之帅。若论浩然之气,则何者为志?志为之主,乃能生浩然之气。志至焉,气次焉,自有先后。

从气随志动,到浩然之气,当然是一个过程。既非自然而必然的进程,更非轻易能实现。这便需要养气。故程颐又曰:

> 持其志,无暴其气,内外交相养也。②

持志为养心,在内;养气见于形,在外。志虽然是气之帅,但程颐讲"内外交相养",养气不完全是被动的,它能反过来影响到养心,因此从气随志动到浩然之气的过程,"无暴其气"实为养气的一个技术关键。朱熹曰:

> 志最紧要,气亦不可缓,故曰"志至焉,气次焉","持其志,毋暴其气",是两边做工夫。③

---

① 〔南宋〕朱熹:《朱子语类》卷五二,《朱子全书》第15册,上海古籍出版社、安徽教育出版社2002年版,第1705页。
② 〔南宋〕朱熹:《论孟精义》,《朱子全书》第7册,上海古籍出版社、安徽教育出版社2002年版,第670页。
③ 〔南宋〕朱熹:《朱子语类》卷五二,《朱子全书》第15册,上海古籍出版社、安徽教育出版社2002年版,第1705页。

当然，除了反作用以外，养气的意义还在于两点：其一，由于气形于身，见于外，只有养气才足以最终使个体的生命存在由精神的自善成为实践的主体。《孟子精义》中录程颐答问：

> "或曰养心，或曰养气，何也？"曰："养心则勿害而已，养气则志有所帅也。"①

其二，个体的生命存在原本就是一团血气，只有养气才足以使之获得提炼，成为浩然之气。《朱子语类》载：

> 问"血气"之"气"与"浩然之气"不同。曰："气便只是这个气，所谓'体之充也'便是。"

然而，浩然之气与血气虽同为气，但体状与性质却有大不同。程颢曰：

> 浩然之气，天地之正气，大则无所不在，刚则无所屈，以直顺理而养，则充塞于天地之间，配义与道，气皆主于义而无不在道，一置私意，则馁矣。是集义所生，事事有理而在义也，非自外袭而取之也。②

这不仅明确描述了浩然之气的体状与性质，而且也阐明了养浩然之气的根本方法，即"配义与道"。程颐曰：

> 配义与道，谓以义理养成此气合义与道。方其未养，则气自是气，义自是义，及其养成浩然之气，气与义合矣。③

---

① 〔南宋〕朱熹：《论孟精义》，《朱子全书》第7册，上海古籍出版社、安徽教育出版社2002年版，第672页。
② 〔南宋〕朱熹：《论孟精义》，《朱子全书》第7册，上海古籍出版社、安徽教育出版社2002年版，第673页。
③ 〔南宋〕朱熹：《论孟精义》，《朱子全书》第7册，上海古籍出版社、安徽教育出版社2002年版，第674页。

这个"配义与道",最为关键的"是集义所生,非义袭而取之也",[①]即是由内心之义德的自觉,从而明白循理而行,不是为了迎合外在的种种标准而去做所谓合乎义的事情。

最后再回头略说持志,亦即养心。程颢曰:

> 圣贤千言万语,只是欲人将已放之心,约之使反复入身来,自能寻向上去,下学而上达也。[②]

程颐更进一步解释了"放"字,并以轻重而申说之:

> 放心谓心本善而流于不善,是放也。
>
> 心至重,鸡犬至轻,鸡犬放则知求之,心放则不知求,岂爱其至轻而忘其至重哉?弗思而已矣。今世之人乐其所不当乐,不乐其所当乐,慕其所不当慕,不慕其所当慕,皆由不思轻重之分也。[③]

个体的生命为血气所充,心感于外,易流而不返,故持志养心之要在"收放心"。只是,心之所以放流而不返,自然是外物不断在刺激与满足人的欲望,故孟子有"养心莫善于寡欲"说。[④]然如何能够做到呢?程颐曰:

> 养心莫善于寡欲,欲皆自外来,公,欲亦寡矣。

这是要以公心节私欲,只是人的许多欲望最初尚不到公与私的地步。故朱熹曰:

---

① 〔南宋〕朱熹:《论孟精义》,《朱子全书》第7册,上海古籍出版社、安徽教育出版社2002年版,第676页。
② 〔南宋〕朱熹:《论孟精义》,《朱子全书》第7册,上海古籍出版社、安徽教育出版社2002年版,第781页。
③ 〔南宋〕朱熹:《论孟精义》,《朱子全书》第7册,上海古籍出版社、安徽教育出版社2002年版,第781页。
④ 《孟子·尽心章句下》。

且如秀才要读书，要读这一件，又要读那一件，又要学写字，又要学作诗，这心一齐都出外去。所以伊川教人，直是都不去他用其心，也不要人学写字，也不要人学作文章。这不是僻，道理是合如此。人只有一个心，如何分做许多去？若只管去闲处用了它，到得合用处，于这本来底者不得力。①

由此便知，"寡欲"不可望文生义地等同为节欲，甚而禁欲，它其实还是持志的方法问题。志为心之所向，寡欲是为了志一，这是存心的关键。因此，程颐更主张正面地树立起目标，而不是从反面来寡欲，因为他有最亲切的体会，心之所向终究是要存于心之所乐的。谢良佐曰：

尝问伊川先生："养心莫善于寡欲，此一句如何？"先生曰："此一句浅近，不如理义之悦我心，犹刍豢之悦我口，最亲切有滋味。"②

六、辩学③

孟子"好辩"，④似与孔子"温良恭俭让"⑤大不同。前文尝引程颢比较孔孟之气象，可为表征。其实，二程兄弟亦有相似处，只是别具形态。程颢尝对程颐曰：

异日能使人尊严师道者，吾弟也。若接引后学，随人材而成就

---

① 〔南宋〕朱熹：《朱子语类》卷五二，《朱子全书》第16册，上海古籍出版社、安徽教育出版社2002年版，第1997页。
② 〔南宋〕朱熹：《论孟精义》，《朱子全书》第7册，上海古籍出版社、安徽教育出版社2002年版，第778页。
③ 辩与辨二字用法似略不同，辩字多作言语相析，如孟子好辩；辨字似有剔去之意，如朱熹《杂学辨》。但二字似又相通，辩导致辨，或辨即在辩之中。故笔者行文所及，不作细分，概作辩字，而引文照录。参《辞海》字条。
④ 《孟子·滕文公章句下》。
⑤ 《论语·学而》。

之，则予不得让焉。①

程颢能够"随人材而成就之"，必浑厚附就，否则门人不敢亲近；但太亲近了，往往失其敬意，自然更难"尊严师道"，故有程颐门人立雪之严厉，这是以行代言。朱熹以孟子自任，好辩有过之而无不及。此不待细言举证，只需看《（四书）或问》自设问答，便足以为表征。

好辩与否，虽与性格不无关系，但更有不得已处。这不只是像韩愈所讲的"物不得其平则鸣"，②更是因为人的性体所具四端的智之端，就是要明辨是非的。言是认知的表征，言有不明不清，或有分歧，自然要作分辨。换言之，辩是深具于人之性体的要求。因此，朱熹强调孟子虽然是知言与养气并举，但知言在先，是更具重要性的前提。《朱子语类》载：

> 知言，知理也。
>
> 知言，然后能养气。
>
> 孟子说养气，先说知言。先知得许多说话，是非邪正都无疑处，方能养此气也。
>
> 知言养气，虽是两事，其实相关，正如致知、格物、正心、诚意之类。若知言，便见得是非邪正。义理昭然，则浩然之气自生。③

这几则语录，可谓层层推进，甚至推到极处，以为"义理昭然，则浩然之气自生"，颇有弱化养气，视之为知言的自然衍生。可见好辩绝不是简单的个性问题。

此外，依孟子的自辩，"好辩"还有另一种"不得已也"。他从尧、舜讲起，经文、武、周公而至孔子，指出各时代都是不同的挑战，圣人们回应各自的挑战，任务与方式各不相同，而自己所处的当下，又是新的挑

---

① 〔北宋〕程颐：《程氏遗书附录·伊川先生年谱》，《二程集》，中华书局2004年版，第346页。
② 〔唐〕韩愈：《送孟东野序》，《韩昌黎愈文集校注》，上海古籍出版社1987年版，第233页。
③ 〔南宋〕朱熹：《朱子语类》卷五二，《朱子全书》第15册，上海古籍出版社、安徽教育出版社2002年版，第1708页。

战,必须面对,这是他的"不得已"。孟子曰:

> 圣王不作,诸侯放恣,处士横议,杨朱、墨翟之言盈天下。天下之言不归杨,则归墨。杨氏为我,是无君也;墨氏兼爱,是无父也。无父无君,是禽兽也。……杨墨之道不息,孔子之道不著,是邪说诬民,充塞仁义也。仁义充塞,则率兽食人,人将相食。吾为此惧,闲先圣之道,距杨墨,放淫辞,邪说者不得作。……岂好辩哉?予不得已也。

换言之,好辩除了性格、认知外,还具有担当之义。程朱对此是完全认同的。程颐曰:

> 仲尼圣人,其道大,当定、哀之时,人莫不尊之。后弟子各以其所学行,异端遂起,至孟子时,不得不辨也。①

而朱熹编撰《论孟精义》,除了自己"以备观省"外,诚如《自序》所言,也是因为二程以后,程门离散,所述相异,更有"自讬于程氏,而窃其近似之言,以文异端之说者",甚而"以其荒幻浮夸足以欺世也,而流俗颇已乡之",故须"明圣传之统,成众说之长,折流俗之谬"。

当然,辩学重在知言,如何知言是辩学的关键。孟子曰:

> 诐辞知其所蔽,淫辞知其所陷,邪辞知其所离,遁辞知其所穷。②

程颢以为,孟子对这四种存在问题的言语有清楚的认识,而且知其所以然,故"孟子知言,即知道也"。程颢进而解释:

---

① 〔南宋〕朱熹:《论孟精义》,《朱子全书》第7册,上海古籍出版社、安徽教育出版社2002年版,第712页。
② 《孟子·公孙丑章句上》。

> 诐辞偏蔽，淫辞陷溺深，邪辞信其说至于耽惑，遁辞生于不正，穷著便遁，……此四者杨墨兼有。①

诐是片面，淫是过头，邪是不正，遁是躲闪，这样的言语现象分别表征着言说者对理的认识存在着片面、夸大、陷于歧路，以及理的亏欠。请举杨墨例具体见之。程颐曰：

> 孟子言墨子爱其兄之子犹邻之子，《墨子》书中何尝有如此等言，但孟子拔本塞源，知其流必至于此。大凡儒者学道，差之毫厘，谬以千里。杨子本是学义，墨子本是学仁，但所学者稍偏，故其流遂至于无父无君。孟子欲正其本，故推至此。②

杨时对此又有更具体的阐释，其曰：

> 每读《孟子》，观其论墨子苟利天下虽摩顶放踵为之，未尝不悯其为人也。原其心，岂有它哉？盖亦施不欲狭济不欲寡而已。此与世之横目自营者，固不可同日议也。而孟子力攻之，至比禽兽，孟子岂责人已甚乎？盖君子所以施诸身措之天下，各欲当其可而已。③

概言之，诐淫邪遁的言语之病，实质是对义理的认识发生偏差，而这种偏差的共同问题未当其可，即不能恰如其分。因此尽管墨子兼爱，"苟利天下虽摩顶放踵为之"，看似崇高，却偏离人的心性之正，在墨子还未必显其危害，但由源而流，势必成灾。这里，也佐证了程朱理学的持论必基于个体生存的主体性。

只是，"各欲当其可"，绝不是容易的事。注意到了偏差或过分，自然

---

① 〔南宋〕朱熹：《论孟精义》，《朱子全书》第7册，上海古籍出版社、安徽教育出版社2002年版，第679页。
② 〔南宋〕朱熹：《论孟精义》，《朱子全书》第7册，上海古籍出版社、安徽教育出版社2002年版，第711页。
③ 〔南宋〕朱熹：《论孟精义》，《朱子全书》第7册，上海古籍出版社、安徽教育出版社2002年版，第744页。

是好事，但着意于求中，中也足以成为一种执念，最终成为障碍。程颐曰：

> 子莫见杨墨过不及，遂于过不及二者之间执之，却不知有当摩顶放踵利天下时，有当拔一毛利天下不为时，执中而不通变，与执一无异。

总之，知言以辩学，言语只有恰如其分，才不流于诐淫邪遁；而这四种毛病虽提醒了认识与言语的主体，但并不是诱导人为执中而执中，以至于执中而不通变，否则实与诐淫邪遁一样流于弊病。

相对于孟子指出的诐淫邪遁，在知言的问题上，二程以为理学所面临的辩学更为困难。程颢曰：

> 杨墨之害甚于申韩，佛老之害甚于杨墨。杨氏为我疑于仁，墨氏兼爱疑于义，申韩则浅陋易见，故孟子只辟杨墨，为其惑世之甚也。佛老其言近理，又非杨墨之比，此所以害尤甚。杨墨之害，亦经孟子辟之，所以廓如也。[1]

"杨子本是学义，墨子本是学仁"，都是儒者同道，只是各执一偏，而成毛病。佛老完全不同，他们在哲学的根本观念上与儒家就不同，而言语反而相近，似是而非，更容易迷惑人，为害尤甚。

比如心性问题。佛家自然也讲心性，而且稍不细究，确实与儒家很近似。程颢曰：

> 告子云生之谓性则可，凡天地所生之物，须是谓之性。皆谓之性则可，于中却须分别牛之性马之性。是他便只道一般，如释氏说蠢动

---

[1] 〔南宋〕朱熹：《论孟精义》，《朱子全书》第7册，上海古籍出版社、安徽教育出版社2002年版，第711页。

含灵皆有佛性,如此则不可。①

告子与孟子在性上的争辩是告子以生为性,而否定孟子主张的性善。性善与否,这当然是一种哲学预设,自可另当别论,但告子与孟子的分歧是显见的。佛家从言语上看,是主张性善的,即所谓"蠢动含灵皆有佛性",似乎与孟子性善论一样,但其实"蠢动含灵"大大溢出人的范围,这便与孟子性善论有着巨大的区别。

由于佛家把佛性落于整个"蠢动含灵",因此对于"蠢动含灵"的大多数,便以生死的恐怖以利诱之,而又期望最终能识心见性,其实是上下间断,中间没有儒家讲的存养。佛家有出家的路径,但这根本上无法成为大多数人的道路。可以说,佛与儒在路径上的分歧也是泾渭分明的,但"尽心知性"的话却很相似。程颢曰:

> 释氏本怖死生为利,岂是公道?惟务上达而无下学,然则其上达处,岂有是也?元不相连属,但有间断非道也。孟子曰:"尽其心者,知其性也。"彼所谓识心见性是也,若存心养性一段事则无矣。彼固曰出家独善,便于道体自不足。质夫曰:"尽心知性,佛亦有至此者;存心养性,佛本不至此。"明道曰:"尽心知性,不假存养,其唯圣人乎?"②

除了心性问题,"觉"也是一个显见的例子。佛家与儒家都讲觉,若不分辨,就很容易混同。程颢曰:

> 伊尹曰:"天之生斯民也,使先知觉后知,使先觉觉后觉。予天民之先觉者也,予将以斯道觉斯民也。"释氏之云觉,甚底是觉斯道?

---

① 〔南宋〕朱熹:《论孟精义》,《朱子全书》第7册,上海古籍出版社、安徽教育出版社2002年版,第767页。
② 〔南宋〕朱熹:《论孟精义》,《朱子全书》第7册,上海古籍出版社、安徽教育出版社2002年版,第791页。

甚底是觉斯民？①

这是就觉的内涵上作分辩。佛家的觉在勘破，在超离凡尘，而儒家的觉在觉民、觉道，这个道是存于人世的道。此外，在方法上，佛家的觉与儒家的觉也截然不同。

> 或问伊川："释氏有一宿觉、言下觉之说，如何？"曰："何必浮图，孟子尝言觉字矣。曰：'以先知觉后知，以先觉觉后觉。'知是知此事，觉是觉于理。古人云：'共君一夜话，胜读十年书。'若于言下即悟，何尝读十年书。"又曰："君子之学，则使先知觉后知，先觉觉后觉，而老子以为非以明民将以愚之，其亦自贼其性与！"②

佛家的觉是极具神秘性的，而儒家的觉是基于读书明事理的。至于老子道家，则完全是走向反智的方向了。依孟子四端说，智是性体之一，故反智无异于"自贼其性"。

当然，朱熹在型塑程朱理学话语的过程中，更迫切的辩学任务还不在佛老，而更是同时代的"贵显名誉之士"③，其中也包括了前引《论孟精义自序》中所提到的"自托于程氏，而窃其近似之言，以文异端之说者"。在编撰《论语要义》《论语训蒙口义》与《论孟精义》之间，即1166年（37岁）时，朱熹就专门针对苏轼《易传》、苏辙《老子解》、张九成《中庸解》，以及吕大临《大学解》④撰《杂学辨》，进行辩驳；后十年，又针对一册不知何人所编的杂书，"意其或出于吾党而于鄙意不能无所疑也，惧其流传久远，上累师门"，又撰《记疑》，以作辩正。朱熹的具体辩驳这

---

① 〔南宋〕朱熹：《论孟精义》，《朱子全书》第7册，上海古籍出版社、安徽教育出版社2002年版，第753页。

② 〔南宋〕朱熹：《论孟精义》，《朱子全书》第7册，上海古籍出版社、安徽教育出版社2002年版，第753页。

③ 〔南宋〕何镐：《杂学辨跋》，〔南宋〕朱熹：《朱文公文集》卷七二，《朱子全书》第24册，第3495页。

④ 《杂学辨》题"吕氏《大学解》"，吕氏有大临、希哲、本中诸种说法，此取顾宏义考证，见顾宏义：《宋代〈四书〉文献论考》，上海古籍出版社2014年版，第427页。

里不作引述，仅据其诸辨小序，撮其指要而言之。

苏氏兄弟自是高才，苏轼"会作文，识句法，解文释义必有长处"，[①]但朱熹以为他对于《易》中没有弄明白处，却每欲臆言之，而又恐人指出毛病，就总是先讲不可解，又进而解之，"务为闪倐滉漾不可捕捉之形，使读者茫然，虽欲攻之而无所措其辨"。[②]究其实，还是对性命之理有所不明。苏辙尤其"自许甚高"，以为当世无一人能合儒释道而言之，朱熹以为"其可谓无忌惮者与"，他的病不在于对佛的误解，而在于"学儒之失而流于异端"。[③]至于张九成与吕大临，张九成是杨时弟子，但逃儒归释，而自以为"世出、世间，两无遗恨矣"，[④]其实是阳儒阴释；"吕氏之先与二程夫子游，故其家学最为近正，然未能不惑于浮屠、老子之说，故其末流不能无出入之弊"。[⑤]朱熹的具体辨析都围绕着上揭各问题而进行。如果细读《杂学辨》《记疑》，不出前述知言中所示诸病，以及认识上的失中与失正之病，而言语之病的根源在于认识之病。

因此，程朱理学之辨学，最终指向在于识中与明白正意。对识中问题，二程几无异语。

> 明道曰："学问，闻之知之者，皆不为得，得者须默识心通。"[⑥]
> 伊川曰："中字最难识，须是默识心通。"[⑦]

[①]〔南宋〕朱熹：《朱子语类》卷六七，《朱子全书》第16册，上海古籍出版社、安徽教育出版社2002年版，第2232页。

[②]〔南宋〕朱熹：《杂学辨·苏氏易解》，《朱文公文集》卷七二，《朱子全书》第24册，上海古籍出版社、安徽教育出版社2002年版，第3460页。

[③]〔南宋〕朱熹：《杂学辨·苏黄门老子解》，《朱文公文集》卷七二，《朱子全书》第24册，上海古籍出版社、安徽教育出版社2002年版，第3469页。

[④]〔南宋〕朱熹：《杂学辨·张无垢中庸解》，《朱文公文集》卷七二，《朱子全书》第24册，上海古籍出版社、安徽教育出版社2002年版，第3473页。

[⑤]〔南宋〕朱熹：《杂学辨·吕氏大学解》，《朱文公文集》卷七二，《朱子全书》第24册，上海古籍出版社、安徽教育出版社2002年版，第3492页。

[⑥]〔南宋〕朱熹：《论孟精义》，《朱子全书》第7册，上海古籍出版社、安徽教育出版社2002年版，第733页。

[⑦]〔南宋〕朱熹：《论孟精义》，《朱子全书》第7册，上海古籍出版社、安徽教育出版社2002年版，第810页。

如何做到"默识心通",二程也是持论无异。

> 明道曰:"学者须敬守此心,不可急迫,当栽培深厚,涵泳其间,然后可以自得。若急迫求之,只是私己,终不足以达道。"
> 伊川曰:"解义理,若一向靠书册,何由得?居之安,资之深,不惟自失,兼亦误人。"①

二程于此似更强调体会,但不可据此以为二程主张不读书。程颐所谓"若一向靠书册",正表明他是针对着拘执于书册的毛病而作此强调。不过,由此也足以表征理学终究以个体生命的主体性为基础,并以此生命的自觉与充扩为目标。至于如何在辩学中明白正意,朱熹有一个非常亲切的说法:

> 某旧时看文字极难,诸家说尽用记。且如《毛诗》,那时未似如今说得如此条畅。古今诸家说,尽用记取,闲时将起思量。这一家说得那字是,那字不是;那一家说得那字不是,那字是;那家说得全是,那家说得全非;所以是者是如何,所以非者是如何。只管思量,少间这正当道理,自然光明灿烂在心目间,如指诸掌。②

至此,辩学由对他者的辩驳而返归自身,从而使得他者构成了程朱理学话语形态的相关环节。他者理论虽然是后现代哲学的重要主题,但它的由来也可以溯源于近代早期哲学。③这里自然无意于转移主题,由辩学的讨论转向存于其中的他者问题,而仅限于指出,当以他者问题的哲学视角来审视程朱理学的型塑过程,无可置疑地看到,程朱理学在接续孔孟传统

---

① 〔南宋〕朱熹:《论孟精义》,《朱子全书》第7册,上海古籍出版社、安徽教育出版社2002年版,第733页。
② 〔南宋〕朱熹:《朱子语类》卷一二一,《朱子全书》第18册,上海古籍出版社、安徽教育出版社2002年版,第3814—3815页。
③ 参见杨大春:《语言·身体·他者:当代法国哲学的三大主题》下篇,生活·读书·新知三联书店2007年版,第247—354页。

的同时,也非常自觉地接续了孟子在辟杨墨的辩学中所呈现的他者问题。对于整个理学来说,完全异端化的佛道是他者,而对于朱熹来说,他者却呈现出多样性,至《论孟精义》的完成时是如此,此后也是如此。多样性的他者事实上构成了程朱理学话语构型中的重要区块,这不仅见诸程朱本人,而且已完全成为理学群体共有的普遍意识。何镐(1128—1175)的《杂学辨跋》从孟子辟杨墨讲起,将理学处理他者问题的历史原因、现实关系,以及为什么要专门针对"贵显名誉之士"而辩学,阐述得很清楚,并最终揭明了针对他者的辩学对于理学自身的意义。何镐曰:

> 新安朱元晦以孟子之心为心,大惧吾道之不明也,弗顾流俗之讥议,尝即其书破其疵缪,针其膏肓,使读者晓然知异端为非而圣言之为正也。学者苟能因其说而求至当之归,则诸家之失不逃乎心目之间,非特足以悟疑辨惑,亦由是可以造道焉。①

结　语

作为主体的生命,人的一切展开无外于言与行。人活在自己的言语中,言语进而转成文本;人又呈现在自己的活动中,而活动是人基于自我认定的展开,并在展开中辨别不同的主体,作出取舍。《论孟精义》作为朱熹型塑程朱理学的初始文本,即以上述诸要素完成了程朱理学的话语型塑,而表征于文本、语言、身体、仁义、存养、辩学诸方面。

在经学的传统中,经典即为正典(canon),当正典形成闭合后,经典就不再具有变动的可能性。程朱理学不仅完成了《四书》的新经典建构,并以之彻底促成了经典系统的开放与扩大,而且通过类聚的方式,将自己的传释绑定在经典上,从而完成了自己的释经作品(commentary)的正典化,为整个理学奠定了重要的文本基础。与此同时,程朱理学在传释经典

---

① 〔南宋〕朱熹:《朱文公文集》卷七二,《朱子全书》第24册,上海古籍出版社、安徽教育出版社2002年版,第3496页。

的过程中，成功实现了语言学的转向，使汉学的注释性语言转向宋学的议论性言语。这种具有分析的论辩的言语，使得哲学性质的理学得以从静止的尊崇的经学中脱胎而出。更具意义的是，在经典扩大、语言转向的过程中，言语的主体获得高度彰显与自觉，并以身体为标识成为整个程朱理学的中心。程朱理学没有抽空身体的个体生存主体性，从而使主体抽象成为形而上学的普遍性存在；尽管普遍性的主体性是程朱理学的追求目标，但这一目标的实现是通过将这样的主体性赋予个体的身体存在，从而保证了个体生存主体性既是理学的起点，也是归宿。这一确认也构成了程朱理学的政治哲学的基础。基于个体生存主体性，程朱理学进一步对主体性的内涵作仁义的细致阐明，以及如何充扩仁义的存养讨论，形成了基于孔孟儒学传统，而又更具理学自身特色的思想系统与论说风格。程朱理学的整个话语型塑不是在自我封闭的语境下完成的，而是在开放的思想世界与生活世界中展开的，因而辩学不仅使他者的言说得以呈现在理学的话语中，而且构成了理学话语构型中的重要环节。

可以断言，到朱熹这里，程朱理学虽然形式上仍在经学的旧知识形态中进行着自己的哲学创造，但所型塑而成的话语构型已基本上摆脱了经学，使理学成长为新的学术思想形态，正如陆九渊所说，"惟本朝理学，远过汉唐"。[1]事实上，经过元代的消化，至有明一代，整个经学式微，而理学光大。故黄宗羲又讲：

有明事功文章皆不及前代，独于理学，前代之所不及也。[2]

以至于顾炎武发出严厉批评：

今之所谓理学，禅学也。不取之《五经》，而但资之《语录》，校

---

[1] 〔南宋〕陆九渊：《陆九渊集》卷一《与李省幹》二，中华书局1980年版，第14页。
[2] 〔清〕黄宗羲：《明儒学案发凡》，《明儒学案》，中华书局2008年版，第15页。

诸帖括之文而尤易也。[1]

并对宋学进行研判取舍,下开清学。[2]此自然是后话,却足以表征理学对经学的摆脱。

(原载《学术界》2020年第6期)

---

[1] 〔清〕顾炎武:《亭林文集》卷三《与施愚山书》,《顾炎武全集》第21册,上海古籍出版社2011年版,第109页。
[2] 参见何俊:《顾炎武对宋学的取舍》,《哲学研究》2017年第10期。

本心与实学

——兼论象山对心学谱系的疏证

何 俊

《朱子语类》载：

> 叔器问象山师承。曰："它门天姿也高，不知师谁。然也不问师承，学者多是就气禀上做，便解偏了。"①

象山门人也有此问。《语录》载：

> 某尝问："先生之学亦有所受乎？"曰："因读《孟子》而自得之。"②

朱子对象山心学表示了同情的理解，以为"就气禀上做"，似乎无可厚非，只是明确指出"解偏了"。"解偏了"的性质，朱子的评定姑且不论，但"解偏了"的原因却很明白，即象山之学"就气禀上做"，无所依归。因此，朱子的回答看似寻常，其实决不随便。由彼及此，也能真切体会象山的回答。象山申明自己的思想"因读《孟子》而自得之"，不仅是事实性质的陈述，而且是思想正当性的自辩。如果勘比朱子的伊洛道统，象山的自白也正是心学谱系的建构。象山之学"因读《孟子》而自得之"

---

① 〔南宋〕朱熹：《朱子全书》第18册，上海古籍出版社、安徽教育出版社2002年版，第3876页。
② 〔南宋〕陆九渊：《陆九渊集》，中华书局1980年版，第471页。

是众所周知之语，但象山"自得之"的是什么？他又是如何疏证心学的谱系？前贤虽多阐释，但亦未见的解，故参而试论之。

一、本心与实学

象山在儒学历史上标出两个重要节点，并赋予其特定意涵。象山曰：

> 姬周之衰此道不行，孟子之没此道不明。千有五百余年之间，格言至训熟烂于浮文外饰，功利之习泛滥于天下。①

第一个节点是"姬周之衰"，意涵是"此道不行"；第二个节点是"孟子之没"，意涵是"此道不明"。相对应于象山的另一句话，"道不稽诸尧舜，学无窥于孔孟"②，则明白在两个节点之间，造成"此道"由"不行"转向"不明"的原因，正在于"学"的丧失；孟子没后至宋，亦因此陷于学绝道丧的境地。

这一大的叙述框架，相比于韩愈的《原道》，以及宋初兴起的"回向三代"话语，③似乎并无新见。但细读象山的相关论述，便可发现在相同的大框架中，象山心学有鲜明不同。先谈"姬周之衰"。韩愈追溯道统的源起，以及宋代"回向三代"话语，对尧舜三代的崇尚更多是在文明递进。象山的"姬周之衰"虽也是讲礼崩乐坏，但重心并不止于这些历史表象，更在揭明存在于历史表象背后的东西。象山曰：

> 唐、虞之时，禹、益、稷、契，功被天下，泽及万世，无一毫自多之心。当时舍哺而嬉，击壤而歌，耕田而食，凿井而饮者，亦无一毫自慊之意。④

---

① 〔南宋〕陆九渊：《陆九渊集》，中华书局1980年版，第158页。
② 〔南宋〕陆九渊：《陆九渊集》，中华书局1980年版，第355页。
③ 〔南宋〕朱熹：《朱子全书》第18册，上海古籍出版社、安徽教育出版社2002年版，第4020页。
④ 〔南宋〕陆九渊：《陆九渊集》，中华书局1980年版，第101页。

"无一毫自多之心""无一毫自慊之意",换言之,历史表象背后的人,尤其是人心,乃是象山标举唐虞之时的关键,也是象山超越韩愈道统与宋代"回向三代"话语的根本。在上引那段话前,象山曰:

> 古人不求名声,不较胜负,不恃才智,不矜功能,故通体皆是道义。道义之在天下,在人心,岂能泯灭。第今人大头既没于利欲,不能大自奋拔,则自附托其间者,行或与古人同,情则与古人异,此不可不辩也。①

这种古今之别的揭明,正构成了象山创发心学的背景。象山心学的宗旨就是要世人充分意识到这种古今改变,从而返归"通体皆是道义"的存在状态。

对这种存在状态下的人心,象山最精练而最经典的确认,就是鹅湖会时酬和五兄九龄(子寿)的那句诗:"斯人千古不磨心。"②由于鹅湖会是朱陆之争的首次正面交锋,故当时与后人多聚焦于朱陆之争,尤以治学工夫的分歧为要,对于象山自己详述的陆氏兄弟之争却关注偏少。对本文主题而言,陆氏兄弟之争更为关键。

陆氏兄弟之争的核心是对于心的确认。表面上看,九龄原诗"孩提知爱长知钦,古圣相传只此心",似已充分接受了象山对心的标举。不仅九龄作此想,朱子也如此看,故对吕祖谦讲"子寿(九龄)早已上子静(象山)船了也"。但象山以为,"第二句微有未安"。这让九龄也不免惊讶,故立即作出"说得恁地,又道未安,更要如何"的反应。在象山看来,子寿举"孩提知爱长知钦"以说明"古圣相传只此心","孩提知爱长知钦"虽典出《孟子·尽心上》,且形象而精练,但这一用典终究是将心限制在了血缘亲情之心,从而使得对心的理解过于逼仄,用象山喜欢用的辞,不

---

① 〔南宋〕陆九渊:《陆九渊集》,中华书局1980年版,第101页。
② 〔南宋〕陆九渊:《陆九渊集》,中华书局1980年版,第427—428页。

免"小家相";①其结果,便是"古圣相传只此心"的阐发令象山"微有未安",进而酬和出自己的诗句,"墟墓兴哀宗庙钦,斯人千古不磨心"。

"古圣相传只此心"与"斯人千古不磨心"究竟又有什么重要区别呢?钱穆曰:

> "古圣相传只此心",象山云此句微有不安,但未说未安处何在。象山和诗云:"斯人千古不磨心",殆即所谓"千百世之上有圣人出,此心同,此理同。千百世之下有圣人出,此心同,此理同"也。谓"古圣相传只此心",则犹似谓我之此心传自古圣。谓"斯人千古不磨心",则此心即在我,不待古圣之传。象山所谓未安者宜指此。

钱穆进一步引朱子《记疑》对《震泽记善录》所记王萍(信伯)上奏高宗之语的批评,指出:

> 复斋(九龄)主以己心上传圣人之心,象山则主反求己心,实本信伯此奏。朱子所争,乃在如何使己心得上同圣人之心之工夫上。三人意见不同在此。②

上述解释是对的,而且已经触及心的问题。但是,最终所见仍落在工夫上,对"不磨心"与"相传心"的分别也还是落在文字表面,故实难说是已阐明象山之心。事实上,只有彰显"不磨心","易简工夫"才是成立的。

象山"不磨心"的意涵全在首句"墟墓兴哀宗庙钦"。这句诗典出《礼记·檀弓下》,鹅湖会诸儒当然很熟悉。象山《语录》称"翌日数十折议论",以及继日致辩,今已无从知晓其具体内容,从传世材料看,似乎还是全部围绕着工夫之争,没有涉论这句诗。今人研究,以钱穆之烂熟于

---

① 〔南宋〕陆九渊:《陆九渊集》,中华书局1980年版,第462页。
② 钱穆:《朱子新学案》,九州出版社2011年版,第325页。另参见陈来:《朱熹哲学研究》,中国社会科学出版社1987年版,第290页;何俊:《南宋儒学建构》,上海人民出版社2013年版,第54—59页。

经典,且如前述已触及陆氏兄弟之争,更引朱子与王萍作分析,竟仍忽略了象山的用典,对这句诗未作解释。牟宗三尝逐句解释此诗,对此句倒是有解释:

> 见墟墓,则起悲哀之感,见宗庙,则起钦敬之心,此种悲哀之感与钦敬之心所表示的道德之心乃正是人之千古不磨之永恒而相同之本心。①

这一解释无疑是对的,而且没有转落到工夫问题。就对"斯人千古不磨心"这句诗本身的阐释而言,比较起来,钱穆更具学术史意义,而牟宗三更具哲学意义。但是,牟宗三的解释似全落在文字本身,所呈现的亦只是抽象的概念,未必真正阐明象山这句诗所含有的思想,否则牟宗三何以分析到最后,竟以为象山对子寿"古圣相传只此心"的"微有未安","其实亦无甚紧要,其义不谬也。……陆氏兄弟如此言,皆本孟子而来"。②既如此,子寿"孩提知爱长知钦"出典于《孟子》,象山为什么非要改用《檀弓》为典,从而来表征"斯人千古不磨心"呢?当然,泛而言之,对诗义的把握如不错,诗的用典似可不必介意;况且知道了出典,也未必对诗句有更多理解。③然而,具体落在象山这句诗来说,恰恰不可泛而言之。

按《礼记·檀弓下》曰:

> 鲁人有周丰也者,哀公执挚请见之,而曰不可。公曰:"我其已夫。"使人问焉,曰:"有虞氏未施信于民,而民信之;夏后氏未施敬于民,而民敬之。何施而得斯于民也?"对曰:"墟墓之间,未施哀于民而民哀;社稷宗庙之中,未施敬于民而民敬。殷人作誓而民始畔,

---

① 牟宗三:《从陆象山到刘蕺山》,上海古籍出版社2001年版,第58页。
② 牟宗三:《从陆象山到刘蕺山》,上海古籍出版社2001年版,第59页。
③ 张立文:《走向心学之路——陆象山思想的足迹》,中华书局1992年版,第215页。张立文对此句诗的解释与牟宗三相似,而且出注指出了《檀弓》的出典,但仅作文字的理解,没有阐明此一出典的思想内涵。

周人作会而民始疑。苟无礼义、忠信、诚悫之心以莅之,虽固结之,民其不解乎!"

象山因和子寿诗韵,改"敬"为"钦",钦与敬义同。由此典故,印证前引象山对唐虞之时的称颂,足以表征"不磨心"正是"道义之在天下,在人心,岂能泯灭"的正面表达。首先,此心的具体意涵固然也包含着"孩提知爱长知钦",但却远不限于此。象山曰:

> 盖心,一心也。理,一理也。至当归一,精义无二,此心此理,实不容有二。……仁即此心也,此理也。求则得之,得此理也;先知者,知此理也;先觉者,觉此理也;爱其亲者,此理也;敬其兄者,此理也;见孺子将入井而有怵惕恻隐之心者,此理也;可羞之事则羞之,可恶之事则恶之者,此理也;是知其为是,非知其为非,此理也;宜辞而辞,宜逊而逊者,此理也;敬此理也,义亦此理也;内此理也,外亦此理也。故曰:"直方大,不习无不利。"①

概言之,心是涵摄着全部生活的存在,"墟墓兴哀宗庙钦"的典故所隐喻的生死兴亡与祖先敬仰,更足以涵盖这样的整体性,无论是广度与深度都远胜"孩提知爱长知钦"的典故。其次,心既不泯灭,且"直方大,不习无不利",心便绝无必要如子寿诗所言"古圣相传"。子寿的"古圣相传"严格说来,不只是"微有未安","无甚紧要,其义不谬",而是与"不磨心"有着本质区别。"斯人千古不磨心",象山所昭示的是超越时空的普遍性存在,心不是有待相传的,而是本来即有的"本心"。象山曰:

> 孟子曰:"所不虑而知者,其良知也;所不学而能者,其良能也","此天之所与我者","我固有之,非由外铄我也"。故曰:"万物皆备于我矣,反身而诚,乐莫大焉。"此吾之本心也,所谓安宅、正

---

① 〔南宋〕陆九渊:《陆九渊集》,中华书局1980年版,第4—5页。

路者，此也；所谓广居、正位、大道者，此也。①

再次，本心除了"本来即有"之义外，"直方大，不习无不利"也表明还有"本然"之义。本来即有，偏于存在；本然则偏于存在的状态。"斯人千古不磨心"重在本来即有，"墟墓兴哀宗庙钦"则重在本然，民哀民敬不待于施，全由本心本然而发。

更待申说的是，象山在用这个典时，非常有意味地用一"兴"字，对本心的本然而发作了极具精神的阐扬。事实上，心的兴发是象山关于本心意涵的重要内容。象山曰：

> 兴于《诗》，人之为学，贵于有所兴起。②
>
> 观山，云："佳处草木皆异，无俗物，观此亦可知学。"③
>
> 因曾见一大鸡，凝然自重，不与小鸡同，因得《关雎》之意。雎鸠在河之洲，幽闲自重，以比兴君子美人如此之美。④

虽然以"兴起"作为"人之为学"的重要起手，以及观山、见鸡等都是具体的经验，但强调兴之于本心的作用与意义，表明本心固然是人所具有的千古未曾泯灭的存在，但其存在的意义无法在沉寂中实现，故"要当轩昂奋发，莫恁他沉埋在卑陋凡下处"。⑤这意味着兴实际上构成了象山本心的不可或缺的意涵。本心只有在兴起中，亦即在人的对象性活动中才能真正表征本心的存在，这既是象山心学在理论上反复强调"道外无事，事外无道"⑥的原因，也是象山心学必与佛学相别，而与事功学相通的关键。⑦

---

① 〔南宋〕陆九渊：《陆九渊集》，中华书局1980年版，第5页。
② 〔南宋〕陆九渊：《陆九渊集》，中华书局1980年版，第407页。
③ 〔南宋〕陆九渊：《陆九渊集》，中华书局1980年版，第463页。
④ 〔南宋〕陆九渊：《陆九渊集》，中华书局1980年版，第465页。
⑤ 〔南宋〕陆九渊：《陆九渊集》，中华书局1980年版，第452页。
⑥ 〔南宋〕陆九渊：《陆九渊集》，中华书局1980年版，第395页。
⑦ 何俊：《南宋儒学建构》，上海人民出版社2013年版，第220—234页。

此外，据《檀弓》，唐虞时代的状态严格地讲只是传至夏，至殷周则始坏，所谓"殷人作誓而民始畔，周人作会而民始疑"，最终发展到"姬周之衰"。象山曰：

> 周道之衰，民尚机巧，溺意功利，失其本心。①
>
> 周道之衰，文貌日胜，良心正理，日就芜没，其为吾道害者，岂特声色货利而已哉？②

周朝虽"文貌日胜"，但骨子里其实都是追尚机巧、溺意功利的事情，而唐虞之时"通体皆是道义"的状态，却完全是发其本心的结果。象山反复比较唐虞与后世的不同，他讲：

> 道塞天地，人以自私之身与道不相入。人能退步自省，自然相入。唐、虞、三代教化行，习俗美，人无由自私得。后以裁成天地之道，辅相天地之宜，以左右民。今都相背了，说不得。③
>
> 唐、虞之朝，禹治水，皋陶明刑，稷降播种，契敷五教，益作虞，垂作工，伯夷典礼，夔典乐，龙作纳言，各共其职，各敦其功，以成雍熙之治。夫岂尝试为之者哉？盖其所以自信与人之所以信之者，皆在其畴昔之所学。后世之为士者，卤莽泛滥，口耳之间，无不涉猎，其实未有一事之知其至者。④

由此，象山进而提出"实学"的概念。他讲：

> 人无不知爱亲敬兄，及为利欲所昏便不然。欲发明其事，止就彼利欲昏处指出，便爱敬自在。此是唐虞三代实学，与后世异处在此。⑤

---

① 〔南宋〕陆九渊：《陆九渊集》，中华书局1980年版，第123页。
② 〔南宋〕陆九渊：《陆九渊集》，中华书局1980年版，第150页。
③ 〔南宋〕陆九渊：《陆九渊集》，中华书局1980年版，第462页。
④ 〔南宋〕陆九渊：《陆九渊集》，中华书局1980年版，第239页。
⑤ 〔南宋〕陆九渊：《陆九渊集》，中华书局1980年版，第454页。

唐虞之美与周代之衰，除了表象背后存有本心之发与失的根源外，在本心与表象之间还存有一个学之实与虚的分别。周朝之衰，呈现为礼崩乐坏，根源在失其本心，而枢纽在实学流于虚文。如何是"实学"，不易一言概之，①当见诸象山整个论学与活动。此处以周道之衰而言之。象山在与朱子信中，尝有"古人质实"与"周道之衰"的对比，曰：

> 古人质实，不尚智巧，言论未详，事实先著，知之为知之，不知为不知。所谓"先知觉后知，先觉觉后觉"者，以其事实觉其事实，故言即是事，事即是言，所谓"言顾行，行顾言"。周道之衰，文貌日胜，事实湮于意见，典训芜于辨说，揣量模写之工，依仿假借之似，其条画足以自信，其习熟足以自安。②

这虽只以周道之衰而论古人的质实之学，但可以认为是象山关于实学最重要的论述。象山自己对这段话非常看重，后来还专门抄录给曾宅之，即前引《与曾宅之》书。正是在此书中，象山阐明心理合一，仁即此心此理，以及明确提出了"本心"的概念。在这些论述之后，抄录上引《与朱元晦》书中语，而在两者之间，象山有一段论述，说明本心与实学的关系：

> 古人自得之（引按即本心），故有其实。言理则是实理，言事则是实事，德则实德，行则实行。③

可见，实学是与本心密切相关的概念，其基本内涵就是人依其本心面向事情而形成的知识，这个知识切用于人生而表征于从治水播种到制礼作乐的整个人类文明中，不是空言虚文。周道之衰正在于此实学的失落，流于虚文。

---

① 杜维明：《陆象山的实学》，中国实学研究会编：《实学文化与当代思潮》第七章，首都师范大学出版社2002年版。
② 〔南宋〕陆九渊：《陆九渊集》，中华书局1980年版，第27页。
③ 〔南宋〕陆九渊：《陆九渊集》，中华书局1980年版，第5页。

总而言之，象山由"墟墓兴哀宗庙钦"所隐喻的，乃是彰显于唐虞时代而千古不灭的本心。千古不灭构成了本心超越时空的普遍性，而本心为"斯人"所共有则构成另一重普遍性。作为构成宇宙中心的主体性存在，由于唐虞时代为之背书，本心便不是一个空洞的抽象概念，而是涵摄着全部并具体表征为"道义"的历史意涵。这些意涵随着本心面向事情而兴发形成实学，从而成己成物，创造出唐虞三代文明，周朝文胜于质所带来的衰败则从反面印证了本心与实学的根本性与重要性。本心与实学也构成了象山进一步评判儒学史的基准与疏证心学谱系的依据。

二、孟子前后诸儒之病

"孟子之没"是"姬周之衰"后的重要节点，象山自称"因读《孟子》而自得之于心"，故首先须对孟子前后作出评判，才足以确立与彰显孟子。孟子的升格与确立乃宋代理学的标志性思想成果，并非象山独有的工作。只是象山心学除了在思想内涵与诸如概念、架构等思想形式上与孟子最为契合外，他确立孟子的方式之一就是对孟子前后的评判。实际上，这也是象山对心学谱系的建构。

孟子之前的评判主要聚焦在孔门弟子，他反复对孔门弟子进行分析与比较，从而为树立孟子作出铺垫。象山以为，孔子致力于行道，然而道未能行，转而讲道。门下弟子虽多，但真正能够承其学者，却很有限。象子曰：

> 夫子既没，百家并兴，儒名者皆曰自孔氏。颜渊之死，无疑于夫子之道者，仅有曾子，自子夏、子游、子张，犹欲强之以事有若，他何言哉？章甫其冠，逢掖其衣，以《诗》《书》《礼》《乐》之辞为口实者，其果真为自孔氏者乎？[1]

这里着重否定的是有子。据《礼记·檀弓》《孟子·滕文公》《史记·仲尼

---

[1] 〔南宋〕陆九渊：《陆九渊集》，中华书局1980年版，第236页。

弟子列传》等，孔子逝后有子曾为继承者。《论语》对有若称子，且《学而》第二章就是有子语录，也大致可佐证。但象山对有子始终坚持13岁时的定见，①这里则讲得更具体，并表现出不屑。对照《学而》中的有子三章，显见象山对有若的不满与不屑在于他规规于具体的孝行与礼仪。象山当然不反对孝行与礼仪，但他强调这些都必须基于本心的明觉。象山的持论不是抽象而言，而是针对具体的背景，即"夫子生于周季，当极文之弊"。②在那样的时代，象山以为有若所注重的东西是支离破碎而无益于拯拔人心的。与象山相反，朱子尽管在学理上对有子也有批评与辨析，如"言语较紧"，以及对孝弟为仁之本的疏解，但对有子更具同情与肯定。朱子曰：

> 有子言语似有些重复处，然是其诚实践履之言，细咀嚼之，益有味。
>
> 想是一个重厚和易底人，当时弟子皆服之，所以夫子没后，"欲以所事夫子者事之"也。③

朱、陆的分别其实也源于各自对当时问题的不同理解。朱子以为两宋的问题在于学理不清，而学理不清的根源在于误读经典，故他穷其毕生精力于经典释传；而象山以为这种工作几乎就是周季极文之弊的变相。象山曰：

> 二帝三王之书，先圣先师之训，炳如日星。传注益繁，论说益多，无能发挥，而祗以为蔽。家藏其帙，人诵其言，而所汲汲者顾非其事，父兄之所愿欲，师友之所期向，实背而驰焉。而举世不以为非，顾以为常。④

---

① 〔南宋〕陆九渊：《陆九渊集》，中华书局1980年版，第483页。
② 〔南宋〕陆九渊：《陆九渊集》，中华书局1980年版，第236页。
③ 〔南宋〕朱熹：《朱子全书》第14册，上海古籍出版社、安徽教育出版社2002年版，第683—684页。
④ 〔南宋〕陆九渊：《陆九渊集》，中华书局1980年版，第237页。

故他对朱子与有若都有"支离"的批评，只不过对有若的批评尚偏重在"章甫其冠，逢掖其衣"的礼仪上，而对朱子的批评更偏重在经典的"传注益繁，论说益多"上。

更为甚者，象山进而以为，有子不仅不足以传承孔子儒学，而且几乎还是促成老庄道家思想泛滥的罪人。在"章甫其冠"的质疑后，象山接着讲：

> 老聃、蒙庄之徒，恣睢其间，摹写其短，以靳病周、孔，蹢籍诗礼，其势然也。

象山将有若与道家的兴起相联系，既是对有若的批评，也是有所针对朱子。程朱以佛老为异端，而象山以为朱子所定"无极而太极"正是"老氏宗旨"。①

有若既不足论，象山又分析孔门其他著名弟子。象山曰：

> 孔门弟子如子夏、子游、宰我、子贡，虽不遇圣人，亦足号名学者，为万世师。然卒得圣人之传者，柴之愚，参之鲁。盖病后世学者溺于文义，各见缴绕，蔽或愈甚，不可入道耳。②

所谓"溺于文义"，这里主要还是指子夏，然而"子夏之学，传之后世尤有害"。③换言之，"溺于文义"是象山所轻弃的。实际上，象山对子贡评价最高，他讲：

> 子贡在夫子之门，其才最高，夫子所以属望，磨砻之者甚至。……当时若磨砻得子贡就，则其材岂曾子之比。颜子既亡，而曾子以鲁得之。盖子贡反为聪明所累，卒不能知德也。④

---

① 〔南宋〕陆九渊：《陆九渊集》，中华书局1980年版，第24页。
② 〔南宋〕陆九渊：《陆九渊集》，中华书局1980年版，第470页。
③ 〔南宋〕陆九渊：《陆九渊集》，中华书局1980年版，第408页。
④ 〔南宋〕陆九渊：《陆九渊集》，中华书局1980年版，第396—397页。

所谓"子贡反为聪明所累",究竟是什么意思?象山尝论及此。《语录》载:

> 夫子问子贡曰:"汝与回也孰愈?"子贡曰:"赐也,何敢望回。回也闻一以知十,赐也闻一以知二。"此又是白著了夫子气力,故夫子复语之曰:"弗如也。"①

孔子与子贡为什么有这段对话?以及孔子所答的"弗如"究竟表达什么?所有的解释与分析都只是推测,因为没有更多的信息提供佐证。但象山以为,子贡觉得自己的悟性不如颜回,所争在知识的多少,这样的识见才真正是孔子以为的"弗如"。换言之,子贡的毛病是在追求外在知识,他不如颜回、曾参的根本处,不是在悟性不够、知识不多,而是在做人的实沉工夫不够,这是象山最不以为然的。

颜回早死,有子"支离","子夏之学传之后世尤有害",子贡"反为聪明所累","无疑于夫子之道者仅有曾子"。不过,虽然"曾子以鲁得之",象山也充分肯定"鲁"所表征的质实是根本,但象山很明白,"鲁"能传之,却不足以光大之,故终须孟子来担荷圣人之道。象山曰:

> 颜子没,夫子哭之曰:"天丧予。"盖夫子事业自是无传矣。曾子虽能传其脉,然参也鲁,岂能望颜子之素蓄。幸曾子传之子思,子思传之孟子,夫子之道,至孟子而一光。然夫子所分付颜子事业,亦竟不复传也。②

只需细细体味"然夫子所分付颜子事业,亦竟不复传也",则似乎象山在孔子、颜回与孟子之间还是有所区别的。此且待后论。

弄清了象山对孔门弟子的判识后,再看象山对孟子以降人物的评判,以见他的"孟子之没此道不明"的论断。对这些人物,象山多有散论,但

---

① 〔南宋〕陆九渊:《陆九渊集》,中华书局1980年版,第396页。
② 〔南宋〕陆九渊:《陆九渊集》,中华书局1980年版,第397页。

也有一个基本的总体论断。象山曰:

> 由孟子以来,千有五百余年之间,以儒名者甚众,而荀、扬、王、韩独著,专场盖代,天下归之,非止朋游党与之私也。若曰传尧、舜之道,续孔、孟之统,则不容以形似假借,天下万世之公,亦终不可厚诬也。至于近时伊洛诸贤,研道益深,讲道益详,志向之专,践行之笃,乃汉唐所无有,其所植立成就,可谓盛矣!然江汉以濯之,秋阳以暴之,未见其如曾子之能信其皜皜;肫肫其仁,渊渊其渊,未见其如子思之能达其浩浩;正人心,息邪说,距诐行,放淫辞,未见其如孟子之长于知言,而有以承三圣也。①

象山的论述分两段:一是宋以前,象山举了荀子、扬雄、王通、韩愈,此四子虽是孟子以降的儒学代表,但不足以"传尧、舜之道,续孔、孟之统"。二是宋代的"伊洛诸贤",虽然超越汉唐,但也不足以承曾子、子思、孟子。

表面看,象山对伊洛诸贤的评价似乎很高,不仅研道深、讲道详、志向专、践行笃,为汉唐所没有,而且"植立成就,可谓盛矣",但这种高的评价更在外在形式而具抽象意味,至于具体内涵却并未给予充分肯定。象山讲得很清楚,伊洛诸贤在思想确信上,"未见其如曾子之能信其皜皜";在内涵把握上,"未见其如子思之能达其浩浩";在思想阐扬与捍卫上,"未见其如孟子之长于知言"。实际上,象山所谓伊洛诸贤,主要针对二程;而其不满的,更在程颐。象山曰:

> 某旧日伊洛文字不曾看,近日方看,见其间多有不是。②
>
> 二程见周茂叔后,吟风弄月而归,有"吾与点也"之意。后来明道此意却存,伊川已失此意。③

---

① 〔南宋〕陆九渊:《陆九渊集》,中华书局1980年版,第13页。
② 〔南宋〕陆九渊:《陆九渊集》,中华书局1980年版,第441页。
③ 〔南宋〕陆九渊:《陆九渊集》,中华书局1980年版,第401页。

> 元晦似伊川，钦夫似明道。伊川蔽固深，明道却通疏。①

象山评断程颐"蔽固深"，请引一例示之。《语录》载：

> 伊川解《比卦》"原筮"作"占决卜度"，非也。一阳当世之大人，其"不宁方来"，乃自然之理势，岂在它占决卜度之中？"原筮"乃《蒙》"初筮"之义。原，初也，古人字多通用。因云："伊川学问，未免占决卜度之失。"

"原筮"究竟如何解释，另当别论。但象山因伊川"占决卜度"的解释，认定程颐在"自然之理势"面前还要作人为的计算，其实是一种不明道理的行为；"占决卜度"的解释，实质上便是一种自以为是的蔽固。故象山接着讲：

> 富贵不能淫，贫贱不能移，威武不能屈，非知道者不能。……文王居羑里而赞《易》，夫子厄陈蔡而弦歌，岂久幽而不改其操之谓耶？②

换言之，文王、孔子从来都是秉心直道而行，决不会因境遇变故而占决卜度来作调适。

至于荀、扬、王、韩四子各自的问题，象山未及细论，但都有重要点示。如扬雄好呈自我，而实未能见道。象山曰：

> 古人实头处，今人盖未必知也。扬子云再下注脚，便说得不是，此无足怪，子云亦未得为知道者也。③
> 杨子默而好深沉之思，他平生为此深沉之思所误。④

---

① 〔南宋〕陆九渊：《陆九渊集》，中华书局1980年版，第413页。
② 〔南宋〕陆九渊：《陆九渊集》，中华书局1980年版，第403页。
③ 〔南宋〕陆九渊：《陆九渊集》，中华书局1980年版，第91页。
④ 〔南宋〕陆九渊：《陆九渊集》，中华书局1980年版，第404页。

> 扬子云好论中，实不知中。①

象山对扬雄尤不满意的是《太玄》的揲蓍之法。他讲：

> 今世所传揲蓍之法，皆袭扬子云之谬，而千有余年莫有一人能知之者。子云之《太玄》，错乱蓍卦，乖逆阴阳，所谓君不君，臣不臣，父不父，子不子。由汉以来，胡虏强盛，以至于今，尚未反正。而世之儒者犹依《玄》以言《易》，重可叹也。②

王通的问题与扬雄相似，喜欢立异标新，自说一通，以为见道，其实不然。象山曰：

> 王文中《中说》与扬子云相若，虽有不同，其归一也。③

王通不仅未能见道，而且模拟经典，仿《论语》作《中说》，尤为有害。象山自谓"从来不尚人起炉作灶"，④故对这种自比圣贤而欺世盗名的行径作了尖锐批评。象山曰：

> 有人于此，被服儒雅，师尊圣贤，知大分大较之不可易，隐然思以易当世，志不得而攄其所有，著之简编，以自附于古人，……乘人之不然，而张其殊于人者，以自比于古之圣贤，袭其粗迹，偶其大形，而侈其说以欺世而盗名，则又有大不然者矣。彼固出于识量之卑，闻见之陋，而世衰道微，自为翘楚，莫有豪杰之士剖其蒙，开其蔽，而遂至于此，非固中怀谲诈，而昭然有欺世盗名之心而为之也。然其不知涯分，偃蹇僭越，自以为是，人皆悦之，而不可与入尧、舜之道者，盖与贼之乡原所蔽不同，而同归于害正矣。欺世盗名之号，夫又焉得而避之？《续书》何始于汉，吾以为不有以治王通之罪，则

---

① 〔南宋〕陆九渊：《陆九渊集》，中华书局1980年版，第434页。
② 〔南宋〕陆九渊：《陆九渊集》，中华书局1980年版，第201—202页。
③ 〔南宋〕陆九渊：《陆九渊集》，中华书局1980年版，第434页。
④ 〔南宋〕陆九渊：《陆九渊集》，中华书局1980年版，第465页。

王道终不可得而明矣。[1]

相比于扬、王，荀子与韩愈只是在儒家思想的把握上出现了偏差。韩愈"因学文而学道"，[2]但在关于人性的认识上出现了问题，"韩退之原性，却将气质做性说了"[3]。荀子亦然。象山对荀子的评价是相当高的，他讲：

> 荀子去孟子未远，观其言，甚尊孔子，严王霸之辨隆师隆礼，则其学必有所传，亦必自孔氏者也。[4]
>
> 荀卿之论由礼，由血气、智虑、容貌、态度之间，推而及于天下国家，其论甚美，要非有笃敬之心，有践履之实者，未易至乎此也。

然而"荀卿性恶之说，君子之所甚疾"。[5]也正因为荀子主张性恶，故"乃甚非子思、孟轲"，"至言子夏、子游、子张，又皆斥以贱儒"；[6]而且象山指出，荀子虽然思想论辩能力甚好，著有《解蔽》，但终是"无主人"，否则"有主人时，近亦不蔽，远亦不蔽，轻重皆然"；[7]亦因此，荀子固然在先秦诸子中最能写逻辑性强的论说文字，但象山仍以为，"文以理为主，荀子于理有蔽，所以文不雅驯"。[8]概言之，象山标举荀子的笃敬与著实，指出他认识上的失误，而且在象山看来，前者乃是根本。正是在这个意义上，象山将荀子与先于孟子不动心的告子相联系，以为"要之亦是孔门别派"。[9]既是"孔门别派"，则终究表征了象山"孟子之没此道不明"的论断。

---

[1] 〔南宋〕陆九渊：《陆九渊集》，中华书局1980年版，第383页。
[2] 〔南宋〕陆九渊：《陆九渊集》，中华书局1980年版，第399页。
[3] 〔南宋〕陆九渊：《陆九渊集》，中华书局1980年版，第404页。
[4] 〔南宋〕陆九渊：《陆九渊集》，中华书局1980年版，第289页。
[5] 〔南宋〕陆九渊：《陆九渊集》，中华书局1980年版，第347—348页。
[6] 〔南宋〕陆九渊：《陆九渊集》，中华书局1980年版，第289页。
[7] 〔南宋〕陆九渊：《陆九渊集》，中华书局1980年版，第448页。
[8] 〔南宋〕陆九渊：《陆九渊集》，中华书局1980年版，第466页。
[9] 〔南宋〕陆九渊：《陆九渊集》，中华书局1980年版，第445页。

三、"孟子十字打开"与"因读《孟子》而自得之"

孔孟之学的核心,以及孟子对孔子思想的光大,象山有精要而形象的断言。象山曰:

> 夫子以仁发明斯道,其言浑无罅缝。孟子十字打开,更无隐遁,盖时不同也。①

道见之于唐虞之时,至周季已衰,孔子以学发明之,这个学的核心精神就是"仁"。所谓"发明",意味着孔子的仁学并不简单等同于唐虞之道。唐虞之道是源自本心的本然呈现,自发而不自觉。这种状态如果未受破坏,那么虽不自觉却完全能够自足地运转,所谓"上古道义素明,有倡斯和,无感不通,只是家常茶饭";②但如果遭受破坏,甚至于周季衰败,那么欲重建斯道,便必须经过一个对唐虞之道的自觉理解与阐明。因此,孔子的仁学固然是唐虞之道的"发明",其实已是"学"的创造了。这样的创造无疑是艰难的,故唯有圣如孔子足以承担。象山曰:"夫子生于晚周,麟游凤翥,出类拔萃,谓'天纵之将圣',非溢辞也。"③

孔子"以仁发明斯道",为什么"仁"足以成为唐虞之道的核心?象山引《论语·里仁》语而阐明之:

> "苟志于仁矣,无恶也。"恶与过不同,恶可以遽免,过不可以遽免。……学者岂可遽责其无过哉?至于邪恶所在,则君子之所甚疾,是不可毫发存而斯须犯者也。苟一旦而志于仁,斯无是矣。④

换言之,有志于仁,便有了正确的开端与基础。不过,仁又是什么?仁存于何处?人为什么能够有志于仁?又如何有志于仁?毫无疑问,整部《论

---

① 〔南宋〕陆九渊:《陆九渊集》,中华书局1980年版,第398页。
② 〔南宋〕陆九渊:《陆九渊集》,中华书局1980年版,第133页。
③ 〔南宋〕陆九渊:《陆九渊集》,中华书局1980年版,第14页。
④ 〔南宋〕陆九渊:《陆九渊集》,中华书局1980年版,第263页。

语》都在回答这些问题,孔子删修《六经》也完全是在彰显仁学。只是,孔子的时代正处在道衰之际,孔子意在使道能完整地传之后世,故他发明的仁学重在系统与圆融,"其言浑无罅缝";到孟子的时代,却早已是微言绝而大义乖,诸子蜂起,百家竞言,尤以杨墨为重,对孔子仁学的传承已不能只是自顾自讲,而必须有所针对,在论辩中予以阐发,这样的传承虽有所失去"浑无罅缝"的特征,却使孔子仁学于阐发中得以光大,即象山所谓"孟子十字打开,更无隐遁,盖时不同也"。

"十字打开"作何解释?牟宗三讲:"所谓'十字打开',即是分解以立义者。(分解是广义的分解。)"由此进而列出了象山从《孟子》中所分解出来的"六端",即辨志、先立其大、明本心、心即理、简易、存养。牟宗三讲:

> 凡此六端并本孟子而说,并无新说。即此本孟子而说者亦是指点启发以说之,并非就各概念重新分解以建立之。①

此六端包括了象山心学的基本内容与根本方法,这里限于本文主题只论内容。象山自称:"平生所说,未尝有一说。"②可以佐证牟宗三所讲的"凡此六端并本孟子而说,并无新说"。但是,象山所讲的"十字打开,更无隐遁"的孟子思想,是否就是牟宗三概括的"六端"呢?"六端"似乎没有呈现"十字"的纵横形状,而更近于一竿子到底。

"十字打开"正如对切西瓜,实宜对象山的隐喻作纵横的形象理解。阐明心之存养,即存心,可以视为"十字"的纵向切开。牟宗三所举六端,正是纵轴上标示的节点,这样的节点还可以增加。在这个纵轴上,象山对孟子思想的分解开示,重心是要确立心的存在,阐明心的作用,以及立心的方法。在《与李宰》书③中,针对来信"容心立异,不若平心任理"

---

① 牟宗三:《从陆象山到刘蕺山》,上海古籍出版社2001年版,第2—3页。
② 〔南宋〕陆九渊:《陆九渊集》,中华书局1980年版,第499页。
③ 〔南宋〕陆九渊:《陆九渊集》,中华书局1980年版,第149—150页。

的说法，象山首先从语源上指出"容心"与"平心"的出处，以及后来的使用，明确二者不是孔子的概念，而是对道家术语的沿袭，进而指出所谓"容心"与"平心"其实是"无心"。在这一基于语源学意义上的辩正中，象山推倒了"无心"之说，厘清了儒与道的区别。[①]接着，象山正面阐明心的意涵。象山引《洪范》与《孟子》，说明心作为最重要的器官，其功能在于思，而思是获得睿智，进而成圣的前提。随后，象山进一步将价值性的仁义赋予功能性的器官之心，而且强调了仁义是心具有普遍性（人皆有之）与本然性（天之所以与我者）的内涵。功能性的心为什么必定含有价值性的仁义，象山没有论证。但从他随后所引的孟子话，足以表征他的确认是基于孟子四端之心的论证的。换言之，在象山看来，孟子已将仁义之心内涵于器官功能之心完全论证清楚了，并已成为自己预设了的前提观念。至此，可以说象山都是在复述孟子。但接着，象山便转进了一层。象山曰：

> 人皆有是心，心皆具是理，心即理也，故曰"理义之悦我心，犹刍豢之悦我口"。所贵乎学者，为其欲穷其理，尽此心也。

虽然也引了孟子的"理义之悦我心，犹刍豢之悦我口"，但孟子之"理义"与"我心"显然还是二分的，而象山则是由"心皆具是理"直接推出了"心即理也"的命题。无疑，这中间是存在跳跃的。但是，心体的意涵却是清楚地得到了层层呈现，由功能性的思之器官与价值性的仁义之心的相互涵摄，到主体的心与客观的理相合无间，象山在阐述孟子的过程中，既提出了自己的心学，也完成了心学谱系的建构。

在心之意涵的阐发中，象山对处于不同层面的心，有一个揭明主体状

[①] 由象山这一语源学意义上的辩正，可知前文引及牟宗三认为象山对孟子的分解立义，"亦是指点启发以说之，并非就各概念重新分解以建立之"，未必确然，而是值得商榷的。此外，崔大华将象山的言语与禅庄作比附，以证明象山心学受禅庄影响（崔大华：《南宋陆学》，中国社会科学出版社1984年版，第54—64页），由象山这一辩正，似可佐证这样的比附在方法论上是过于简单了。

态上的概念区分。在功能性的心器官中保存价值性的仁义之心,象山称之为"存心";追求内具于心之中的理,象山称之为"尽心"。存心与尽心都是孟子既有的语辞,孟子曰:

> 尽其心者,知其性也。知其性,则知天矣。存其心,养其性,所以事天也。①

在孟子这里,虽然也有"知"与"养",即认知与养育的分别,但"尽心"与"存心"都是相对于"性"而言,即围绕着主体内在的规定性而展开的。象山将理确定为心之意涵,虽然理因此而内在化,此亦为象山所强调,象山曰:

> 道理无奇特,乃人心所固有,天下所共由。②

但理终究是呈现在主体的对象性的活动中的,象山作此申明,本身也表征着理具有外部性的特征。换言之,由于象山对心的意涵阐发最终落在"心即理"的结论上,因此他对"存心"与"尽心"的区分,便使得"尽心"与"理"相关联而导向认知的关注。故在《与李宰》书中,象山强调,真正实现心的确立,除了对心有正面的确认外,还需要"讲学"为代表的认知方式使心从"蒙蔽""移夺""陷溺"中摆脱出来。概言之,阐明心的意涵以存之,即存心,构成了"十字打开"的纵轴;实现心的确立,即尽心,则构成"十字"的横轴。虽然"存养是主人",③存心之纵轴于"十字"而言是根本,但缺了横轴"尽心",终究不可能"十字打开"。只有"存心"与"尽心"都打开,心的意涵才真正完整,本心也才真正得以确立。

就对应的关系而言,存心因其见之于辨志、先立其大、明本心、心即

---

① 《孟子·尽心上》。
② 〔南宋〕陆九渊:《陆九渊集》,中华书局1980年版,第184页。
③ 〔南宋〕陆九渊:《陆九渊集》,中华书局1980年版,第450页。

理、简易、存养这些环节，故偏重于知，虽最终落实于存养，亦可谓行，然此行仍是摄于知的，只是这个知更近于主观的心性。[1]尽心因其落在明理，理虽内具于心但见诸事，故尽心与否则偏重于行，但此行实又基于知，乃是摄知于行的，只是这个知更近于客观的事理。不过，无论在存心的纵轴，还是在尽心的横轴，都是一端是知，一端是行。此下专以尽心为论。象山曰：

> 为学有讲明，有践履。《大学》致知、格物，《中庸》博学、审问、慎思、明辨，《孟子》始条理者智之事，此讲明也。《大学》修身、正心，《中庸》笃行之，《孟子》终条理者圣之事，此践履也。[2]

这段话虽就尽心而言，但同样适用于存心。只是，存心所呈现的知，紧紧围绕于心展开，难见客观的知识追求；尽心所涵之知，又几乎全摄于行中。故象山心学便给人以不读书、不言学的强烈印象。

事实上，认知与读书都构成象山心学的重要环节，尤其表征于尽心这一横轴上，象山尝自辩："人谓某不教人读书。……何尝不读书来？只是比他人读得别些子。"[3]在前引"为学有讲明，有践履"的话后，象山又进一步引《大学》《中庸》与《孟子》，强调"讲明"为首务。象山曰：

> 讲明之未至，而徒恃其能力行，是犹射者不习于教法之巧，而徒恃其有力，谓吾能至于百步之外，而不计其未尝中也。

学除了是尽心的内在需要，同时又构成心之意涵的重要部分。这种重要性缘于两方面：一、作为尽心的内在需求，学本身与心之存养构成相对应的

---

[1] 另参象山为贵溪县宰吴博古所撰《敬斋记》（〔南宋〕陆九渊：《陆九渊集》，中华书局1980年版，第227—228页）。此记表彰吴治县有方，但记文开宗明义，"古之人自其身达之家国天下而无愧焉者，不失其本心而已"，合知行于一事言存心，而以知为重。
[2] 〔南宋〕陆九渊：《陆九渊集》，中华书局1980年版，第160页。
[3] 〔南宋〕陆九渊：《陆九渊集》，中华书局1980年版，第446页。

内容。象山曰:"大抵讲明、存养自是两节。"①二、学是心摆脱陷溺与蒙蔽的根本路径。象山曰:"人未学,其精神心术之运皆与此道背驰。"②当然,象山对学的认识与方法自有一套,这便是他标示的"实学"。象山强调:"然必一意实学,不事空言,然后可以谓之讲明。若谓口耳之学为讲明,则又非圣人之徒矣。"总之,学是心之内在要求,著书讲学读书尚友都是学的呈现,不可或缺。象山与人书曰:

令兄谓诸公伤于著书,而其心反有所蔽,此理甚不精,此言甚不当矣。彼学不至道,其心不能无蔽,故其言支离。彼惟不自知其学不至道,不自以为蔽,故敢于著书耳。岂可言由其著书而反有所蔽!当言其心有蔽,故其言亦蔽,则可也。故亲师友于当世,固当论其学,求师往圣,尚友方册,亦当论其学。③

心有所蔽,不在于学,而在于学非实学,学不至道;心有所蔽而不自知,遂有种种学之病相。

尽心这一横轴上,"讲明"一端清楚,另一端便是"践履"。尽心以讲明为起手,讲明不是空论,而是围绕着理而展开的;理不是悬空的,而是见之于事,即人的践履的。因此,讲明必然落于践履,只有践履了才达到了尽心。对尽心作这样的阐明,既可以说是象山对孟子尽心的确认与阐扬,更不妨说是象山对颜回的继承。按"因读《孟子》而自得之(于心也)",《年谱》较《语录》的记载多出括号中三字。《年谱》注明此条出自詹阜民记录,而詹阜民所记《语录》既无此三字,则《年谱》照理不应自加三字。之所以加三字,显然表征着"于心也"是重要的,意味着象山心学有超出《孟子》的意涵,即本心与实学的标示。联系到前曾言及的"夫子之道,至孟子而一光。然夫子所分付颜子事业,亦竟不复传也",验

---

① 〔南宋〕陆九渊:《陆九渊集》,中华书局1980年版,第91页。
② 〔南宋〕陆九渊:《陆九渊集》,中华书局1980年版,第160页。
③ 〔南宋〕陆九渊:《陆九渊集》,中华书局1980年版,第159页。

之象山整个生平与学术，似亦可以确信，象山对自我的期许未尝不是由读《孟子》而发明本心，接续颜回精神，从而彰显孔子仁学。事实上，象山也是这样说的："窃不自揆，区区之学，自谓孟子之后至是而始一明也。"①

象山因其本心的张扬，以及对孟子的标举，时人已多以为空疏而不能立事，正如孟子一样"见以为迂远而阔于事情"。②象山不无感慨地讲：

> 某皆是逐事逐物考究练磨，积日累月，以至如今，不是自会，亦不是别有一窍子，亦不是等闲理会，一理会便会。但是理会与他人别。某从来勤理会，长兄每四更一点起时，只见某在看书，或检书，或默坐。常说与子侄，以为勤，他人莫及。今人却言某懒，不曾去理会，好笑。③

对孔子仁学成己成物于当下的具体落实，象山不仅与官宦中人有别，而且与儒学中人亦异其趣。本心与实学既见之于象山心学谱系的建构，还证之于象山一生事业的认识。在朝廷对象山谥以"文安"的《覆谥》中，其评定是中肯的。《覆谥》曰：

> 惜乎不能尽以所学见之事业。立朝仅丞、匠、监，旋即奉祠以归。惠政所加，止荆门小垒而已。世固有能言而不能行，内若明了而外实迂阔不中事情者。公言行相符，表里一致。其吐辞发论，既卓立乎古今之见；至于临政处事，实平易而不迂，详审而不躁，当乎从情而循乎至理，而无一毫蹈常袭故之迹。若公者，在吾儒中真千百人一人而已。④

朝廷的《覆谥》充分表明，象山接续颜回而彰显的孔子仁学是富具实

---

① 〔南宋〕陆九渊：《陆九渊集》，中华书局1980年版，第134页。
② 《史记》卷七四《孟子荀卿列传》。
③ 〔南宋〕陆九渊：《陆九渊集》，中华书局1980年版，第463页。
④ 〔南宋〕陆九渊：《陆九渊集》，中华书局1980年版，第387页。

践精神的，这既是象山由心学谱系的建构所最终凸现的，也是象山心学由本心而发为实学的表征。请述象山对于颜回精神的识断及其落于己身以见之，并以此结束本文。象山曰：

> 天下之理无穷，若以吾平生所经历者言之，真所谓伐南山之竹，不足以受我辞。然其会归，总在于此。颜子为人最有精神，然用力甚难。……颜子当初仰高钻坚，瞻前忽后，博文约礼，遍求力索，既竭其才，方如有所立卓尔。逮至问仁之时，夫子语之，犹下克己二字，曰"克己复礼为仁"。又发露其旨，曰"一日克己复礼，天下归仁焉"。既又复告之曰："为仁由己，而由人乎哉？"吾尝谓此三节，乃三鞭也。①

概言之，在象山看来，颜回的三鞭精神对于孔子仁学的把握全在于着力于发自本心的践履。

（原载《哲学研究》2022年第2期）

---

① 〔南宋〕陆九渊：《陆九渊集》，中华书局1980年版，第397页。

叶适事功学的自我疏证

——《习学记言序目》札记

何 俊

永嘉学派的集大成者叶适（1150—1223，字正则，号水心）在最后退隐家乡温州水心村的16年间，完成了代表作五十卷《习学记言序目》（以下简称《序目》）。这部札记体著作广涉叶适所处时代的整个知识系统，以及北宋文献，以其迥异于朱、陆的思想，与之鼎足而三。由于此书是基于文献研读所作笔记后的深思札记，不同于宋儒广泛采用的注经、经说、文集、语录等文体，故晚宋博学如黄震，在《黄氏日抄》中也只涉《水心文集》与《外集》，而未涉及《序目》。真正彰显此书而重视叶适学术思想者是《宋元学案》[①]。今人受其影响，虽关注此书，但受限于现代学术的学科分类与论述文体，都只是取其一鳞半爪，[②]既不能全面深入理解其学术思想，也不能真切体会其风格气象。今试脱出时文程式，依《序目》而札论之，冀得见叶适事功学的自我疏证。

[①] 《宋元学案》不仅为叶适立《水心学案》上、下两卷，与朱熹的学案作等量齐观，且照录《习学记言序目》卷四十九《皇朝文览三》中的"总述讲学大指"，置于《水心学案》所辑资料首条，独具只眼。

[②] 最具代表性的便是牟宗三的《心体与性体》专辟一章"衡定"叶适的"总述讲学大指"。其他论著中引用"大指"，以及杂引《习学记言序目》者不一而足，但既未见其淹博，亦难得其总贯。

一、根柢《六经》以明尧舜之道

叶适论学,根柢《六经》。《序目》说经十四卷:《易》四卷,《尚书》《毛诗》各一卷,《周礼》《仪礼》合一卷,《礼记》一卷,《春秋》一卷,《左传》二卷,《国语》一卷,《论语》《孟子》各一卷,其中《国语》以为《左传》参较。[1]叶适"虽以《诗》《书》《春秋》《易》《周官》《左氏》为正文,推见孔氏之学,而患无书可以互考"[2],故于十四卷后,续以《老子》《孔子家语》《孔丛子》各一卷,以作参考。不过,叶适以为,《六经》载道,孔子述道,而孔子的弟子们及孟子未必真知孔子之意,《论语》《孟子》与《六经》终有根本区别。故本文将《六经》与《论语》及其后,分而论之。

卷三《周易三》"上下经总论"条:

《易》推天道以明人事,在传统知识系统中它居群经之首,在知识内涵上又被认为是所有知识的源头,宋代儒学对它高度重视,叶适也是如此。《序目》论经共九卷,首四卷都是关于《易》,不仅对于六十四卦一一讨论,而且在此基础上,专门写了这则"上下经总论",阐明自己的总看法。

解《易》的维度因人而异,大致有四:辞、象、占、变。叶适主张取象是解《易》的正道,每一卦象代表了人类实践的一种典型经验,以及隐含于这一经验中的道理。他摘录《象传》对每卦的解释,指出这些解释都是"因是象,用是德,修身应事,致治消患之正条目也",其内涵与《论语》所记载孔子问答弟子们的内容相吻合。

传统认为整个《易传》是孔子所撰,但叶适质疑这一看法,他以为只有《彖传》《象传》可能是孔子写的,而《象传》尤其反映了孔子的精神。《象传》不仅在思想上如上所讲,与《论语》的内容相吻合,而且言语风

---

[1] 〔南宋〕叶适:《习学记言序目》,中华书局1977年版,第173页。
[2] 〔南宋〕叶适:《习学记言序目》,中华书局1977年版,第229页。

格也相一致。孔子以后,《象传》与《论语》这种简明亲切、明确易行的道理与风格渐趋消失,所谓义理看似千端万绪,其实只是繁杂空洞。

与《象传》重视因象明理相区别,《彖传》重在揭明卦义理。叶适指出,卦所隐含的义理,有些很明白,有些则需要通过解释才能说明,而且当时的卦义在后代也未必适用,因此,对卦义不必太拘执,全部卦义无不在后来的仁义礼智信中。总之,叶适解易,由卦象而明德,由卦名以通义。

卷四《周易四》"系辞"条:

叶适在四卷关于《易》的札记中,前三卷是逐一解卦,第四卷专论《系辞传》与《序卦传》。由于程朱理学的理论架构与核心概念主要来自《系辞传》,因此叶适专论《系辞传》主要是针对着程朱理学,持批判与否定的态度。

在这条札记中,叶适首先指出历来众多的解《易》者,淫诬怪幻者居多。孔子自称述而不作,但于《易》却有专论,这就是叶适主张的《彖》《象》为孔子所作。孔子不语怪力乱神,因此与历来解《易》的淫诬怪幻有根本的区别,而且叶适以为孔子所作《彖》《象》,就是对解《易》淫诬怪幻的忧患。然而学者往往推崇《系辞传》以下的诸篇,未得孔子解《易》的根本精神。叶适以为,《系辞传》的根本问题是"依于神以夸其表,耀于文以逞其流",虽已相当摆脱了淫诬怪幻,但终究与《彖》《象》所呈现的朴实相悖。

叶适最后讲道,据《周官》,原本有《三易》:《连山》《归藏》《周易》)。只是前二者失传了,仅《周易》流传了下来,但因此对其进行神化,则是不应该的。

"系辞上"条:

叶适对《系辞上》的攻驳较详,所论散布,难以列举,这里仅举几例,以为管见。

一、主张崇阳。解《易》在阴阳关系上,有崇阳、崇阴、阴阳并重三种立场。《系辞传》取阴阳并重,所谓"一阴一阳之谓道"。程朱理学也主要取此立论。叶适批评这一主张看似精妙,"以为微言之极",其实"至难明也";落在践行上,则往往"综统之机难执","归全之本易离"。只有坚持崇阳,才真正能继善成性,仁者不忧,智者不惑。

二、否定《易》有成序。程朱理学强调事物背后都有特定的理据,程颐的《周易程氏传》尤其重视《序卦传》,但叶适否定这种卦象背后秩序的存在,他强调六十四卦就是独立的人类经验,经验之间并无内在的逻辑,人们研修《易》,就是从具体的经验中获得启示。

三、否定揲蓍成卦。《系辞上》"大衍之数五十"一节,后人据此解释成卦的方法,朱熹即是。叶适以为《易》的成卦就是三爻而成八卦,八卦重叠而成六十四卦,所谓用四十九,经过挂、归、扐,只是筮人后来浅薄了的仪式化,如果执此而解卦,那就成了本末倒置。

四、否定太极概念。"易有太极"是程朱理学重要的理论,即叶适所谓"近世学者以为宗旨秘义"。叶适以为,《易》象只有八物,各具其义,八物之义不足,则进而有六十四卦,但唯独没有所谓"太极"。"太极"其实源自庄子、列子的概念,这是《系辞传》引道家以释《易》的表征。

"系辞下"条:

在这条札记中,叶适所论要简略许多,且以第一、第二段为例。在第一段,叶适针对《系辞下》第二章中举六十四卦中的十三卦以推测古人因卦象而立礼法、制器用,批评这样的比附过于牵强,研习《易》不应沉迷于这种附会,而应该由卦象而明义,以此经世济民,律身成德。

在第二段,叶适针对《系辞下》讲的"天下同归而殊涂,一致而百虑",指出这样的说法实为虚浮的夸大之辞,"以为不足思,不足虑也"。叶适这样的批评,旨在针对宋代理学的发展过程中所出现的援禅入儒,强调知识的增长与德性的培植,都有赖于对前人言行的艰苦学习,不存在着轻松的殊途同归,百虑一致。

"序卦"条:

叶适对《易传》中的《序卦传》最具负面看法,一是以为《易》的六十四卦本来以卦象取之,文辞甚少,而且有些也不清楚在讲什么,彼此之间并无内在的逻辑关系，只是零散的经验案例的汇集。《序卦传》试图揭明六十四卦背后的逻辑，这在叶适看来是强为之说。再则是因为叶适的易学思想主要针对程颐的《周易程氏传》。程颐的易学思想重在建构理的观念，他的《易传》依据《序卦传》，着力阐发卦的内在逻辑，以彰显事物表象背后的理据。叶适强调事物本身，其思想与程颐理学正相反。

卷五《尚书》"书序　孔安国序"条：

传统认为《六经》都是孔子删修，其中包括《尚书》及其《书序》。叶适以为这一说法出自班固，班固出自司马迁，而司马迁是根据孔安国的说法。孔安国是孔子的十世孙，汉武帝时，孔府旧宅破壁，发现了《尚书》《礼记》《论语》等，其书写的文字是汉代人已不认识的古文字，孔安国用汉代人书写的文字进行了整理，但孔安国认为《尚书》及其《书序》为孔子作，在叶适看来是无依据的。在思想上，由后文论及的"总言讲学大指"知道，叶适以为，道由尧、舜起，孔子只是道丧以后的传承，因此孔子整理了《尚书》是可能的，但不能认为《尚书》是孔子所作。这一札记是叶适关于道统思想在《尚书》上的反映。

"总论"条：

此札仍然是强调，道应当从尧、舜讲起。近世之学，即宋代儒学，虽然都尊经，但泛泛而言，未经梳理，因此杂乱无统，以至尊崇舜与文王，却忽略了尧、禹，强调曾子、子思的思想，而无视皋陶、伊尹的贡献。叶适以为，道的源起要从《尚书》加以求证。

卷六《毛诗》"诗序"条：

诗用形象的语言勾勒出的是诗的意象，在诗的意象中是否隐含着诗义，或者究竟寄托了怎样的诗义，这是《诗经》学上的重要问题。叶适以为诗的意象中应该是隐含着诗义的，否则就没必要创作诗了。

在《诗经》学上，《诗序》因其对诗义的阐释而具有重要的地位。但是，宋儒疑传疑经的风气兴起，对经典的注释乃至经典都提出了许多疑问，对《诗经》也是如此。朱熹是宋代对《诗序》质疑乃至否定的重要代表。虽然没有朱熹那么强烈与系统，但叶适同样持质疑态度，以为用《诗经》来进行印证，可以发现《诗序》的论断是有失条理的。比如讨论诗风的正变是《诗经》学的一个重要内容，《诗序》虽然多有见解，但并不都尽然。

此外，关于孔子"删《诗》为三百篇"，"《雅》为朝廷礼乐政事而作"等传统观点，叶适也提出疑问。最后，叶适试图说明唯独周代的诗得以流传是因为周人行诗教。

"总论"条：

叶适根据《诗》的成篇年代，参证《左传》中的逸诗，推断《诗经》的编集目的主要是取治乱兴亡以及中兴，从而对君王进行美刺，以行诗教。而且诗教的传统起于周，由朝廷而下及诸侯。因此，《诗经》成书应在西周之后，东周之时，断非孔子删定为三百篇。不仅《诗经》如此，《六经》大义，皆源深流远，后世全归于孔子，虽出于尊崇孔子之意，但并不符合历史事实。叶适的根本宗旨，就在阐明儒家的道就是华夏民族的文明，而此文明是尧、舜以来的创造演化。孔子的贡献在于他生当礼乐崩逸之时，以自己的努力纠正当时的偏离背悖。叶适这一核心思想的关键，在于强调人在现实生活中的实践的重要性与先在性，这也是永嘉事功学在叶适这里得以集大成的根本精神。

在此札最后，叶适由《诗》《书》而论及《易》。他的看法是，《诗》《书》原已有之，《易》是卜筮的工具，占卜者各自立说，结果象数之学胜，易的义理茫昧难明。孔子撰《彖》《象》，从而使易的义理得以彰显，与文王、周公的精神相一致，因此，孔子系《易》的性质与删《诗》《书》是有所不同的。

卷七《周礼》条：

此札是叶适关于《周礼》的一个总评论。永嘉学派以经制言学：所谓经，是根柢六经，以六经为思想基础；所谓制，是重视周制，以周礼为历史基础。这个特点在宋代永嘉学派即已形成，至晚清民初永嘉学重振时依然继承。

《周礼》又称《周官》，是周代政治制度的记载与说明，但晚出于秦汉之际，故真伪一直难定。叶适既不认为《周礼》是周公所作，也不认同完全是刘歆伪造。他总体上认为此经是由类似周公这样的人物所设想的政治理想，即所谓"周、召之徒，因天下已定，集成其书，章明一代之典法"。叶适在对此书的论证与阐释中，参用《诗》《书》，证诸历史，这是叶适治学的重要特征。参用《诗》《书》，这是以经证经的方法；证诸历史，则是以史证经的方法。

由于《周官》是基于一定政治实践的政治理想，因此后世怀抱政治野心与政治追求者，多有死搬硬套《周官》来进行政治改革者，前者如汉之王莽，后者如宋之王安石，这在叶适看来，都是极成问题的，因为历史已发生变化，不可能让基于历史中的经验而设想的政治制度来施治于变化了的后世。但是，叶适对《周官》的基本精神还是充分肯定的，他指出"《舜典》以人任官，而《周官》以官任人尔"，以官任人，才能以职责设岗任人，从而"知官有职业，则道可行；知人有职业，则材可成"。

"天官冢宰"条：

《周官》设天、地、春、夏、秋、冬六卿，其中冬官司空已失，仅存《考工记》一篇。叶适对其余五官都有评论，是他的政治思想的重要表达。天官冢宰，又称太宰，是主财务与王家宫内事务的官。周武王死时，成王年少，周公曾以此官行摄政，可知这其实是六卿之首。财政是国家的根本，它以赋税的形式取之于民，用之于政。赋税究竟收多少合理，这是人民能否安康、社会能否持续发展、国家能否长治久安的重要问题，为历代政治家与思想家所重视。叶适批评汉代经学大师郑玄对赋的解释只重文字表面之义，而失政治大意。叶适以为，"尧、舜三代之治法，任民以地而不责其身，故用民之力，丰年无过三日，其爱惜如此"，强调赋税的核定依据在地，即实际收入，而不是以人口，要减轻赋税。其次，国家财政应该用于教养人民，使人民起居饮食有足，吉凶生死和谐，至于具体的定税标准应该以此为准，而不是死扣十取一与否。如果真正用于人民，则不止十取一亦无妨；如果不真正用于人民，哪怕三十取一也是多了。

财政用于人民的教养，能使人民起居饮食有足，吉凶生死和谐，这就是"儒以道得民"。叶适进而指出,《周官》"言道则兼艺",即养之外,重教化,这便是"至德以为道本"。对道的这一精神,叶适以为孔子讲得尤为著明,但没有对道作直接的界定;老子则相反,离开具体的事物本身,大讲特讲道,近于隐士所言。《易传》以及子思、孟子开始界定道为何物,至宋儒进一步援引佛老加以阐扬,结果愈详说愈乖离。因此,叶适强调,"儒以道得民"与"至德以为道本"最为关键。这其实也是叶适事功哲学在政治思想上的呈现。

"地官司徒"条:

地官掌管田地耕作与劳役。此札考证分封的领地大小事,旨在说明分封领地的大小与其可食者并无必然关系,从而表示田地耕作与劳役的政策应当据实而定。此外,由于市场既是人员混杂的场所,也是利益交集的地方,故管理应该特别加强,即"司市为之治教禁令甚详"。

"春官宗伯"条:

春官宗伯掌管邦礼。叶适以治道为儒家的精神内涵,故他以功能主义的视角来说明礼乐的作用。人的行为言语是经过理性支配的,属于"魂知",可以"匿情",亦可称之"伪",归于阴;人的感官情绪是"体魄"的自然反映,无所隐藏,归于阳。礼的功能是规范人的行为言语,乐的功能是调和人的感官情绪,礼乐兼用从而使人"性正而身安","中和兼得"。中和是宋代儒学非常关注的哲学主题,但所论偏重于人的内在精神,"教人抑情以徇伪",叶适由《周官》作了不同的解释,立足于人的活动,使人的生命感性存在与社会的文明规范达成某种和谐。由此,叶适对古代的原始歌舞与原始宗教也作了相应的解释,强调以人为中心的文明建构。

此札最后一段又论及三易之法,沿用一贯的以经证经的方法,引《诗》《书》证伪有关《易》"人更三圣、世历三古而后成书"的观点,阐明孔子系《易》的根本精神是抉发易学的中正理性精神,剔除祸福利害的卜筮虚妄。

"夏官司马"条:

夏官司马掌军。叶适引《周官》军事设施的用心安排,说明南宋与金的边界无险固可守。叶适一直主张抗金北伐，但开禧北伐时，他已深知南宋的困境，主张改北伐为备边。《序目》是开禧北伐失败，叶适致仕后隐居水心村写成，此札首段由古论今，亦是有感而发。此札第二段讨论周的疆域。以为周的实际统治领域狭小，但战略所及却广大，表明周公、召公之政，并非赖以武力，而主要仰赖德政。

"秋官司寇"条：

秋官司寇掌刑狱。刑狱是治国不可或缺的工具，但如何认识与使用，则是政治思想的一个重要内容。《周官》有"刑新国用轻典""刑平国用中典""刑乱国用重典"的"三典"之说。但叶适以为，"周、召之用刑，罪有余而法不足；孔子之论刑，杀有穷而生无穷"，刑不可无，但不得已而用之，并不恃刑滥用。而且，周重礼制，也并不在仪式本身，而在人心的感召。周朝礼崩乐坏以后，对刑狱真正有所认识与实践的，只有管仲的德礼之治。只是由于孔子对管仲有"小器"的批评，加之孟子对刑狱问题缺乏真正的认识，"欲以建三典，纠万民"，使得后世对刑狱问题的认识蔽塞甚多，管仲的贡献也一并被忽略。

《仪礼》条：

《礼》有三礼之称，包括《周礼》《仪礼》《礼记》。《仪礼》记载周朝冠、婚、丧、祭等种种仪式，"当时举一礼必有仪，仪不胜记"，虽《仪礼》已难全。叶适以为，仪式本身只是一种形式，它的真正价值在于形式中所隐含的意义。因此，研究《仪礼》，根本是要把握其隐含的意义，弄清楚其精神，而不是就形式而论形式。但与此同时，仪式虽有隐含的意义，又并不意味着任何仪式都有明确的指义，而且仪式本身也在时时变化中。因此，学者应该从儒家之道的根本出发，把握仪式的真精神，而不宜拘执于破碎的仪式复原。

卷八《礼记》"曲礼"条：

《礼记》原是《仪礼》的附属，是战国秦汉时期儒家有关礼的论述，至东汉郑玄选辑作注而定编，收有四十九篇论述，从而由附属而独立，逐渐成为经典，其思想的丰富与影响的深远要超胜于《仪礼》与《周礼》。

叶适《序目》论《礼》三卷，也以《礼记》的讨论最多。

《曲礼》是《礼记》中的一篇，在这篇札记中，叶适对《曲礼》上下篇给予高度评价，以为所记的三百余条礼，"人情物理，的然不违"，不仅"使初学者由之而入"，而且"固当终身守而不畔"。叶适以为，孔子教人为仁，克己复礼是根本路径，"必欲此身常行于度数折旋之中"。然而，曾子将广泛的生活实践压缩为"动容貌、出辞气、正颜色"三件事，使克己复礼严重窄化。后世对于传统的各种礼规已难以知晓，在这样的背景下，曾子三事固然也可以遵用，但必须在生活实践中作进一步的打开，"有致于中，有格于外"，才能真正把握与践行儒家之道。此札不仅反映了叶适内外交相成的思想，而且也重在否定程朱确认的曾子对孔子思想的垄断性继承。

"王制"条：

《王制》是《礼记》中的一篇，反映了儒家关于国家法律制度的思想，内容涉及封建、职官、爵禄、祭祀、刑罚，以及建邑、选官、学校等。叶适以为此文是出于施政的实际需要，由博士诸生考论而撰成，因此不同于一般的见闻记录，所述比较系统。但是，叶适指出，历史是向前不断演化的，孔子的时代已不同于唐虞三代，孟子又身处不同于孔子的时代，秦汉郡县制以后更是大不同于宗周封建礼制，因此对国家法律制度的梳理考论，应该体会制度背后的精神，即"古人之意"，而绝不是复原陈迹，妄想以虚文致用于当下。

"月令"条：

月令原是古代的一种文体，主要按月将人事活动纳入，以为准则。《礼记》中的《月令》是这种文体现存的一篇，主要反映了汉代的思想。叶适认为月令这种思想，根本上是对自然世界的功能与作用作一种僵化而呆滞的认识，如果以此进而来决定支配人的活动，更是荒诞不经。《礼记》所存的《月令》把汉代的五行观念附于四季，看似精致，实则更成问题，后来的谶纬种种附会之说，都由此滋生。《月令》的作者与《礼记》中其他篇章的作者一样，都难以确考，叶适推测《月令》是来自吕不韦的杂家思想。当然，叶适并不完全否定自然有其规律，但他反对对自然规律作简单化的处理，以免陷于虚妄，而更重视自然规律的丰富性与复杂性，强调具体现象世界中的经验习得。

"曾子问"条：

婚与丧是人的生命中重要的环节，其相关的仪式在儒家礼仪中也成为重要的部分。《曾子问》是《礼记》中以孔子与曾子答问的形式，讨论丧制与丧服主题的一篇文章。叶适在这则札记中着意指出，曾子所问反映出他对礼仪的关注更偏向内心，而不注重仪式本身，与《论语》中所记录曾子所讲的"笾豆之事则有司存"是相吻合的。叶适批评曾子的这种内心化的偏向，认为礼仪背后是存有意义的，不习礼，实际上将难以体会仪式中的义；孔子的持守与所教在克己复礼，虽颠沛流离而犹不忘，曾子的偏向与孔子的言行是有所偏离的。这实际上也是叶适否定程朱以曾子为孔子正统继承者的重要依据，同时也是叶适对儒家精神的理解不同于程朱理学的重要内容。

"礼运"条：

《礼运》是《礼记》中以孔子与言偃答问的形式而论述礼的演变和运用的一篇文章。叶适此札，首先否定《礼运》是孔子的思想。他认为，孔子的言语都非常简单明了，直面当下事情，解决当下问题，根本没有道行与道隐、大同与小康这些浮辞泛说，后世对儒者的诟病皆因这些浮辞泛说而起。其次是分析了孔门弟子对孔子精神的偏离及其后果。叶适指出，知识性质的"义数"可以通过书本传承，价值性质的"义理"可以存于人心而不泯灭，因此孔门弟子中，颜回与曾子求于心，子贡、子游、子夏等则求于书，结果使孔子承担当下之事的精神被分散而不可复合，礼亦因此坏而不行，即便勉强行之，又因失其传承而不能。

"乐记"条：

《乐记》是《礼记》中关于乐论的文章，不仅论述了乐的产生，乐与礼的关系，以及乐对人类社会的作用等，而且论及人性与认知及其价值偏向等。由于《六经》中的《乐》失传了，因此《乐记》便在相当程度上成为替代《乐》的经典。

叶适把儒学的根本界定为文明的建构与演进，即所谓治道，因此他对一切知识，包括礼乐，都在治道的功能上作阐释。在此札中，叶适以为治道初以礼乐，后转进为政刑，这在孔子以前就已如此。后人礼乐刑政并称，看似融通，其实肤浅，最终落到"礼乐不用而以刑政为极功"。

《乐记》中论及人性及其与外物的关系，以为人的天性是静的，感应于外物而生发出的是人的欲望，叶适否定"以性为静，以物为欲，尊性而贱欲"的观念。此外，《乐记》中还讨论到人的认知与外物的关系，以为认知因外物而生，进而衍生出情感上的好恶，好恶的情感不受节制，致使天理灭矣。叶适对此显然也不认同，因为这把知与物都界定为不善，如此人类文明的发展便无从谈起。叶适在讨论《乐记》的知与物时，援引了《大学》"致知在格物"的观念，以为对照，表征他对《大学》观点的认同。

"祭义"条：

《礼记》中的《祭义》专论祭祀的相关问题。叶适摘录了其中孔子与弟子宰我关于鬼神魂魄的答问，就此发表了自己的观点。叶适先引《论语》中孔子不谈论死与鬼神的材料，强调《祭义》中孔子与宰我的答问是不可信的。进而引《周官》说明，祭祀本是政治文明的组成部分，其功能在于建立族群的共同认同，不是个人性质的行为，这是《论语》中孔子不回答这类问题的原因。然后叶适杂引季札、子产，以及《礼运》《易传》的相关论述，综而论定孔子在鬼神问题上的思想，是强调"人道立而鬼神可安，人职尽而生死为一"，中心在人道的确立。

"经解"条：

《礼记》中的《经解》篇引孔子关于《六经》得失的话，作进一步阐发。叶适据此而论"当时读书之人，其陋已如此"。叶适强调周公、召公之后，儒家的大道已离析，只有孔子还能加以统合，予以传承，至子思、孟子已有所缺憾了。叶适自视甚高，他的志向就是要根柢《六经》，折衷诸子，从而继承孔子，这也是《序目》的宗旨。

"仲尼燕居"条：

《仲尼燕居》记述孔子与弟子子张、子贡、子游漫谈礼的问题。针对该文首段所载孔子对子张（师）、子夏（商）与子产的评论，叶适以为只是贬抑子产而已，而叶适对子产是高度肯定的。同时又针对接此评论而提的问题，指出"愈疏阔矣"。

接着，叶适就礼乐问题作了自己的阐述。叶适以为，礼乐固然有其内在的意义，但玉帛钟鼓所表征的仪式是不可或缺的。后儒不明此义，将仪式停留于言语，以为只要讲述清楚，便足以体认到仪式中所隐含的意义，从而落实于践行，其结果，"不惟礼乐无所据，而言行先失其统"，"天下遂无复礼乐矣"。

"中庸"条：

《中庸》是《礼记》中被抽离出来，与《论语》《大学》《孟子》合为《四书》的篇章。《四书》是宋代理学发展中确立起来的新经典系统，视作通往传统经典《五经》的阶梯。叶适显然不认同这个新经典系统，所以他强调自己根柢《六经》。关于《中庸》的作者，汉代学者认为是子思，但叶适在小注中怀疑"不专出子思"。

由于《中庸》为宋代理学高度重视，所以叶适此札也辨析甚详，对《中庸》的主要论断几乎都作了考论，提出了自己的论述。如对"为近世言性命之总会"的首章"天命之谓性，率性之谓道，修道之谓教"，叶适不以为然，他运用一贯的论学方法，援引《六经》，此处主要是引《书》，以及《论语》，予以辩驳。与此相反，叶适对"故君子戒慎乎其所不睹，恐惧乎其所不闻，莫见乎隐，莫显乎微，故君子慎其独也"一章给予高度肯定，以为"《礼记》中与圣人不抵牾如此类者甚少"。总体而言，叶适强调，"古人教德必先立义，教成则德成矣"；"教立于此，而德成于彼，非以义理为空言也"。

"大学"条：

《大学》与《中庸》一样，属于《四书》新经典系统之一；而且，《六经》中的文字，"往往因事该理，多前后断绝，或彼此不相顾。而《大学》

自心意及身，发明功用至于国家天下，贯穿通彻，本末全具，故程氏指为学者趋诣简捷之地，近世（指朱熹）讲习尤详"。但叶适并不完全认同《大学》的论述，而是以为"其间极有当论者"。

叶适认同《大学》以致知为始的观点，但认为不必再添一"物"字，将致知与格物并提，因为格物的内涵是不明确的。如果"以为物欲而害道，宜格而绝之"；如果"以为物备而助道，宜格而通之"，但是"物之是非固未可定"，关键仍在致知，所以不必在致知之上，再画蛇添足，提格物。叶适进而指出，程颐说"格物者，穷理也"，更是有问题。叶适强调，《大学》的正心、诚意、致知，都是"入德之门"，并未能达到穷理的层面。如果物理获得了穷尽，自然已是达到了正心、诚意、致知；如果为了穷尽物理，那么没有达到正心、诚意、致知，又如何可能去穷理。因此，程颐将格物界定为穷理，是有疑问的；而程颐的问题，正是《大学》致知与格物并举造成的。此外，叶适还对诚意章提出辨析。

叶适对《大学》总体的认识是，大学异于小学，其根本就在于强调"以其学而大成"，"处可以修身齐家，出可以治国平天下"，但《大学》硬是将此根本思想"开截笺解"，结果"彼此不相顾，而贯穿通彻之义终以不明"。《大学》本身有此弊病，而"学者又逐逐焉章分句析，随文为说，名为习大学，而实未离于小学"，这又是针对朱熹的。

卷九《春秋》条：

《春秋》为《六经》之一，自孟子起，认为是孔子所作的鲁国历史，内含褒贬，"以代天子诛赏"。叶适认为，"古者载事之史，皆名《春秋》"，只是"史有书法而未至于道，书法有是非而不尽于义，故孔子修而正之，所以示法戒，垂统纪，存旧章，录世变也"。尤其是，叶适强调，对历史事实作价值评判，并不只是帝王的权力，而是每个人都拥有的权力。

《春秋》难读，后世有《公羊传》《穀梁传》《左传》予以解释。叶适以为，三传之中，只有《左传》为理解《春秋》提供了可靠的史实，《公羊传》与《穀梁传》是"末世口说流行之学"，"空张虚义"，"《春秋》必欲因事明义，故其浮妄尤甚，害义实大"。叶适对三传的评定与取舍，充分表征了他对史学的重视。但是，叶适指出，虽然"读《春秋》者，不可以无《左氏》"，但并不等于"《春秋》非《左氏》不成书"，作为经的《春秋》与作为史的《左传》，互为印证，这正是叶适集大成的永嘉事功学经史并重的思想特征与方法。

此外，叶适指出，《春秋》的大旨是对世治道行与否的记录，而以管仲为代表的功业，即所谓齐桓、晋文之事，则是《春秋》之桢干。"至于凡例条章，或常或变，区区乎众人之所争者，乃史家之常，《春秋》之细尔"，是史学者应该有所了解的。

卷十一《左传二》"总论"条：

叶适关于《春秋》的这则《总论》，核心是为《左传》作辩护，细述《左传》与《春秋》的关系，指出《左传》的重要性是在于"以其足以质传闻之谬，订转易之讹，循本以知末，因事以明意"。叶适重视史事，因为他强调道理存于事实之中，离开了事实的道理只是虚理，这正是永嘉事功学的根本思想。但是，历史是向前的，为什么记录过往史事及其隐涵的价值的《六经》对后人仍然具有永久性的意义呢？如何对待孔子的工作呢？叶适在此则札记最后指出，华夏文明的发生与创化，如果没有孔子的工作，都湮灭了，孔子使得文明与文化得以传承，这是孔子的贡献。但是，"若夫托孔、孟以驾浮说，倚圣经以售私义，穷思致虑而无当于道，使孔氏之所以教者犹郁而未伸"，则是令人"甚惧"的。

卷十二《国语》"总论"条：

《左传》与《国语》同是记载春秋史事的重要著作，但汉、魏相传二书的作者是一人，叶适对此提出了自己的分析。

二、推见孔子之学以明一贯之道

叶适虽然根柢《六经》，但他对《论语》的整个评价并不低，他讲："余尝疑集《论语》何人，而义精词严，视《诗》《书》有加焉。孔子而无是书，其道或几乎隐矣。"①同样，叶适对孟子思想虽有许多不以为然，但也以为对尧舜之道的传承具有重要作用，他讲："尧舜，君道也，孔子难言之；其推以与天下共而以行之疾徐先后喻之，明非不可为者，自孟子始也。"由于依靠《六经》来推见孔子之学受限于文献，故叶适于《论语》《孟子》后，取《老子》《子华子》《孔子家语》《孔丛子》以参见。颇有意味的是，叶适对这些书的真伪都持有怀疑，但他显然更看重它们的思想是否有助于对孔子之学的阐明。这一思想取向，从下文首条论《论语集解》"何晏序"，高度肯定"破经生专门之陋"，就看得很清楚。

卷十三《论语》"何晏序"条：

《论语》共二十卷，叶适的札记只涉及其中十四卷，这正是《序目》笔记体的特征，有感而发。何晏是魏晋玄学的代表，他的《论语集解》推翻了汉儒的注疏，开宋学先风，即所谓"后世诣理之学，以晏及王弼为祖，始破经生专门之陋"。但东晋经学家范宁对何晏、王弼非常不满，而叶适对此说则不以为然。

"学而"条：

《学而》共十六章，叶适只札记了五章，此下各卷亦随感而论之。今亦仿之。比如，对《学而》首章的三句话，叶适给予高度肯定，"若孔子成圣之功，在此三语而已，盖终其身而不息也"，表明叶适将此三句话视为人整个生命的存在形态。叶适将自己的代表著作命名为《序目》，亦足以表征他对《学而》首章的认同。针对《学而》第二章有子所言，叶适指出："有子虽不为放言，而卑弱如此，孔氏之传失矣。"有子的地位在孔门中很高，孔子逝后，曾一度为接班人，但不被众人服。叶适此评点出了有子的优点与短处，有子之优点在规规矩矩，短处在卑弱，可知有子守成有余、开拓不足，不能真正继承与光大孔子儒学。

"为政"条：

叶适是同时代中非常具有独立思考与批判意识的思想家，同时他的批

---

① 〔南宋〕叶适：《习学记言序目》，中华书局1977年版，第231页。

判意识也不是凭空而发，通常都依据文献对比，或者经验推论来断。比如，此札中对于孔子六十耳顺、七十从心所欲的质疑，便是例子。又如，关于学而不思，思而不学，叶适以为在孔子，这是具体语境中有所针对的讲话，但在后世读书人，则表现为另外的两种病症：学而不思，表现为"祖习训故，浅陋相承"；思而不学，表现为"穿穴性命，空虚自喜"。

"八佾"条：

叶适以治道为儒学的根本内容，故他对孔子思想的阐扬也着重在这一方面。《八佾》共二十六章，但叶适仅由首章"孔子谓季氏章"而发论。叶适由三家之僭礼，论及治道的败坏，再联系管仲的功业，以及孔子对管仲的评价，强调孔子的志向是在现实政治秩序的建立，"将率天下以复周、召之功"。孔门弟子误解孔子对管仲的评价，孟子则把现实治理看得易如反掌，"以齐王犹反手"。在叶适看来，这些都偏离了孔子思想的根本。

"里仁"条：

孔子思想以仁为核心概念，至宋儒都强调在心性上用工夫，而叶适依据《里仁》所记诸条，强调"要须有用力处"。其中，"克己复礼"与"为仁由己"是具体内涵，"出门如宾，使民如祭"是操作形式，"己欲立而立人，己欲达而达人"则为更细碎的工夫。

此札对《子曰参乎章》作了长段论述，因为这涉及叶适思想的关键。宋儒复兴儒学，从韩愈那里接过了道统的观念，以构建自己思想传承的正统性。这一具有正统性的道统自孔子而下，曾子是关键。曾子对孔子"吾道一以贯之"解释为忠恕，叶适认为文本并不支持这一解释，只是曾子的自以为是，故"疑此语未经孔子是正，恐亦不可便以为准也"。至于"一以贯之"的道究竟是什么？叶适以为，从功能上讲，道应该是"行之于身，必待施之于人，措之于治"，但要给予界定，则"道者，自古以为微渺难见；学者，自古以为纤悉难统"。因此，叶适要根柢《六经》，折衷诸子，证于历史，见于文章，予以阐明，《序目》的宗旨，也就在于此。

"公冶长"条：

此札论及《公冶长》中的五章，这里略讲其中两章。《伯夷叔齐章》

讲伯夷、叔齐不念旧恶，很少抱怨。这个怨，可以有己怨与人怨二解。己怨，指伯夷与叔齐兄弟之间不念旧恶，彼此很少怨恨；人怨，指他俩对别人不念旧恶，故别人很少怨恨他俩。人有过错，虽圣人不免；有过错，招人厌恶，也是正常，但能恶其事，不恶其人，便是难得。伯夷、叔齐能够做到，故孔子在此章给予肯定。叶适于此札，对比孔子与孟子，微讽孟子过于高标。这其实也是叶适对孟子有所不满的地方。

《颜渊季路侍章》是一则很有画面感的场景记录，讲孔子与颜渊、子路各言其志。子路的志向是与朋友分享自己的车马与衣裘，虽坏无憾。颜回的志向更精神面一些，不夸耀自己的善德，不吹嘘自己的劳苦。孔子的志向似乎很平淡，给前辈安宁，给同辈信任，给晚辈关怀，但其实是一个很高的境界。只是，宋代儒学对孔子的这一志向又作了无限的抽象拔高，"与天地同量"，叶适对这样的赞颂不以为然，因为这样反而遮蔽了孔子"安老而怀少"的世俗情怀。

"雍也"条：

对《哀公问弟子章》叶适作了颇有意味的评述。此章记录哀公问孔子门下弟子谁最好学，孔子告知是颜回，而给出的理据是"不迁怒，不贰过"。孔子弟子三千，通六艺者七十二，孔子独誉颜回好学，因此颜回所好何学，便成为一个令人感兴趣的问题。"不迁怒，不贰过"的说明，表征孔子对颜回的好学显然不在知识，而在践履。颜回早逝，他的知识也许还没有达到博通的程度，但他的践履却进入相当境界，因为怒与过，人所难免，颜回能够不迁、不贰，很难得。不迁怒，说明他克己工夫很强；不贰过，反映他用力工夫很正。但是，叶适以为，仅作此解，还不足以体会孔子称誉颜回的根本。他强调，"盖置身于喜怒是非之外者，始可以言好学，而一世之人，常区区乎求免于喜怒是非之内而不获，如挦泥而扬其波也"。换言之，孔子标举颜回好学而欲垂教于世的，乃是对知识的追求，应当超越个人喜怒的情感与是非的价值判断，不人云亦云。叶适此札中其余多条也涉及人物评品。

"述而"条：

《述而》篇中，叶适札记较多，此举前三章《述而不作章》《默而识之章》《德之不修章》而言之。叶适以为"三章相属联，似若有意次第者。盖初言功用，中言所以用功，末言功之所以不得成而废；虽未必一时之言，而其言正相发明，学者不待他求也"。故叶适论此三章，从发明孔学根本、知晓孔子如何用功，到揭示孔子的警示，构成了一个完整的闭环。

《述而不作章》中，孔子自比于商朝贤大夫老彭，"述而不作，信而好古"，自谦没有创作什么新东西，只是整理编纂了旧材料。这看似保守，但其实在旧材料的整理中不仅确立起知识系统，而且蕴涵着对人类价值的确认。叶适所谓"初言功用"，即在此意。在叶适关于儒家思想的确认中，他始终以治道，即人类文明的形成与展开，作为儒家精神的根本。因此，尧、舜、周、孔之道贯通一体，而又分为两段。"自尧、舜至于周公，有作矣，而未有述也"；孔子虽述而不作，但传承了文明，型塑确立了知识与价值系统，使得后世有所依据。叶适反复强调，只有明确这一点，才能既充分认识到孔子的地位与意义，又能得孔子儒学之精神，如此才算得上是真正信奉孔子。否则，无论怎么尊崇孔子，也只是"不述乎孔子而述其所述，不信乎孔子而信其所信，则尧、舜、周、孔之道终以不明"。

在接着的《默而识之章》，孔子讲自己"默而识之，学而不厌，诲人不倦"，叶适以为承接上章，这是讲如何用功。孔子这三条，看起来似乎寻常，但作为学者，真正做到，绝非易事，常人更难做到。学不见道，虽久也难默识；学非所乐，很难日久不厌；事不关己，哪来不倦的热情与耐心？故叶适称誉孔子是"自陈尽力处以告后人，如火燎暗冥，舟济不通，可谓至切至近，无微妙不可知之秘"。

《德之不修章》孔子讲了自己所忧的四件事："德之不修，学之不讲，闻义不能徙，不善不能改。"这四件事，叶适以为正是"功之所以不得成而废"的原因。修德是目的与手段的合一；德是目的，修是手段；德是道理见之于心，心随事而发，其状态如何，只有自己知道，故需要时时体会调适，这便是修。修德据于明理，故不能不学，而学问是必须讨论讲习的。明白了道理，践行又是一大考验。有些事，方向虽然正确，但有许多不合理处，一旦认识了，就要调整；有些事，压根就错了，那就要下决心改。每个人遇到的问题有所不同，但这四件事可以作为重要的抓手，引导自己前行。

"泰伯"条：

《曾子有疾孟敬子问之章》是涉及宋代儒学思想正统性辩论的重要文本，这一正统性的背后涉及的则是对孔子儒学精神的确认问题。《曾子有疾孟敬子问之章》记载曾子临终前的答问。曾子以为君子最在乎的道主要是三个方面："动容貌，正颜色，出辞气"，而表征礼制与一切政务的笾豆之事，则属于官员职守，非道之所重。这样的遗训将孔子的儒学精神内卷为个人的修身，呈现在诸如体貌、神色、言辞等。由于宋代儒学的主流认同孔子、曾子、子思、孟子的思想传衍代表了正统，因此曾子对孔子儒学的内卷化便获得了思想正确性。叶适对此是持坚决否定态度的。叶适的否定从两方面讲，一是质疑曾子对孔子的垄断性继承。孔子弟子众多，叶适以为，这些弟子"所受各不同。以为虽不同而皆受之于孔子则可，以为尧、舜、禹、汤、文、武、周公、孔子之所以一者，而曾子独受而传之人，大不可也"。二是质疑曾子对孔子思想的理解。叶适指出，曾子的话并没有得到孔子的认定，因此，"以为曾子自传其所得之道则可，以为得孔子之道而传之，不可也"。叶适进而阐明，孔子告知颜回"一日克己复礼，天下归仁焉"，这表明"己不必是，人不必非，克己以尽物可也"。如仅以曾子所强调的体貌、神色、言辞而言，"则专以己为是，以人为非，而克与未克，归与未归，皆不可知，但以己形物而已"；曾子以修身为贵，视政务为官员的职守，实是"尊其所贵，忽其所贱，又与一贯之指不合，故曰'非得孔子之道而传之'也"。概言之，叶适所认为的孔子儒家之道是内外交相成之道，必是成己成物之道，而不只是内卷于一己之身的修养。

"子罕"条：

孔子倡言复礼，尝被识为极端的保守者，《麻冕礼也章》很能表征孔子的真精神。在这章中，孔子举了两个例子，一个是选用什么质料的冠冕，一个是如何行拜礼。在他的时代，这些服饰与仪式都在变化之中，孔子深明这种变化的必然性，但他有自己的取舍。在选用冠冕的事上，他缘俗而化，接受改变，因为改变的背后是更为俭省。在行拜礼的事上，孔子不接受改变，固执传统，因为礼仪改变的背后是对人的尊重的丧失。叶适对孔子的真精神具有高度的理解与认同，指出"孔子言古今异同，有所损益从违于其间，一本乎理而已。若记礼及他书之言，不能判其是非而但以变古为贬者，非也"。孔子并不是一个保守主义者，他的复礼，他对传统的取舍损益，依据的是合理性。

"先进"条：

《先进》篇凡二十五章，叶适札记仅四章，出处进退是其中一个主要论点。在《从我于陈蔡章》中，叶适指出，那些早年追随孔子周游列国、受困蒙难的弟子，都是远离了父母兄弟妻子，周旋于天下而不得安宁，其困顿的境遇有时"欲自比于寻常怀土力田之人而不可得"，但正是这样的坚持，才"卓然成材，没世而名立也"，"此圣贤出处之要也"。

叶适从年轻起就怀抱经世济民之志，故他并不欣赏消极的人生观，但是他的进取与否绝不是在个人的利益，而在能否有功于国家与社会。他在开禧北伐上的态度、担当与退隐，就是最显著的表征。《子路、曾晳、冉有、公西华侍坐章》因孔子有"吾与点也"的评断，令后人对孔子精神作飘然洒脱的解释。叶适在此章的札记中指出，"孔子之所以为天下后世师者，道进而心退"，他对曾点的肯定，是在于"其心庶几焉"，即曾点的"浴沂风雩，咏歌而归"的心志比较接近于"道进而心退"的境界。如果仅就"浴沂风雩，咏歌而归"而言，"通国皆然"，又有什么值得肯定的？故叶适一生抱持着积极的人生观，并不以自己的个人利益而进取或消沉，唯如此，在他晚年退出政坛，息影于家乡以后，能够勤勉于学，著成极有思想针对性，充满现实关怀的《序目》。

"颜渊"条：

叶适对孔子答颜回的"克己复礼为仁"非常看重，反复强调这是孔子仁学的精神。在此札中，他更揭明这是"举全体以告颜渊"；这一"全体"

又"因目而后明"。所谓"目",就是视听言动,即生活的具体展开。叶适否定曾子以忠恕为孔子精神,就在于曾子将孔子之仁从生活的全体大用内卷为修身。

"子路"条:

孔子的弟子冉有担任鲁国季氏的家宰,《子路》篇中的《冉子退朝章》记录某日冉有退朝颇晚,孔子问原因,冉有答"有政",孔子便回应了"其事也。如有政,虽不吾以,吾其与闻之"这句极富深义的话。叶适指出,这个深义是在于揭明废兴,为后世法。为什么呢?因为季氏专权,冉有与季氏讨论的只是季氏的家事,并非国家的政务,否则孔子虽已不见用,但他尝为大夫,按制度,他对政务是应当有所听闻,不会全然不知。孔子着意于政务与家事的区分,亦即公与私的分别,便揭示了废兴所在。

"季氏"条:

现在通行的《论语》共二十篇,但如仔细看,前十篇似乎构成了一个较完整的单位。这十篇中,前九篇记录了孔子应答学生与时人的话,以及学生相互记录的孔子教诲,或个别弟子的话,总之是语录,这正是《论语》的基本风格;第十篇《乡党》记录的不是语录,而主要是孔子日常生活中的行为。言与行,似已呈现了孔子的完整形象。《论语》后十篇好像是前十篇的续编,不仅略有重复,而且编到第十九篇时似乎已基本完成了,最后的第二十篇只有三章,仿佛是凑数。总之,《论语》后十篇与前十篇是存在一定差异的。这也就是程朱以为存有"错简"的原因。但是,叶适否定这样的怀疑。他强调:"《先进》以后诸篇,言厉而义峻,皆成德以上之事,当时门人不能尽识,谓之错简,非也。"叶适的思想根柢《六经》,同时他对《论语》非常重视,认为后者是对前者的发明。

"微子"条:

在《微子》篇的《逸民章》,记录了七位隐逸者,孔子按持志、身份认同、言行取舍,将七人分成三类,予以评价,从而说明虽同为隐逸,但立心与造行大不同。只是,只要是隐逸者,即便是率性放言,舍弃自己,也大抵是坚守大道之权变的。换言之,虽为隐逸者,也不至于全然放倒。

孔子自认为自己与此七人有根本的不同，即表现在"无可无不可"。叶适对"可"与"不可"作了解释，但同时强调，孔子之"无可无不可"只是表示"不为"，并非"以无可、无不可为圣人也"。无可无不可，在孔子并不是失其持守，而是孔子"从心所欲不逾矩"，正如尧、舜、文王，无所谓可与不可。

卷十四《孟子》"梁惠王"条：

《孟子》一书自唐代起逐渐受到士人重视，至宋代叶适之时，已与《论语》《大学》《中庸》一起合为《四书》，构成儒学的新经典系统。叶适对曾子、子思、孟子的传统不认同，以为这一传统将孔子所传述的尧舜三代之道内卷为狭隘的心性之说，故他对《孟子》的评论多围绕此而发。《孟子》共七篇，叶适的札记涉及六篇，最后的《尽心》篇没有涉论，恐亦与他对孟子的格心之功不以为然有关。

在《梁惠王》的札记中，叶适先摘引梁惠王与孟子的问答，然后指出，孟子以为"格君心之非"乃国家治理的关键，因为"君仁莫不仁，君义莫不义，君正莫不正，一正君而国定"；而心术之公私的判明，又可以在切近的事情中以一二语指出，这便将国家治理的复杂艰难看得易如反掌，太轻巧了。叶适强调，"舜禹克艰，伊尹一德，周公无逸，圣贤常道，怵惕兢畏，不若是之易言也"。况且，孟子的时代，"去孔子殁虽才百余年，然齐韩赵魏皆已改物，鲁卫旧俗沦坏不反，天下尽变，不啻如夷狄"，单凭梁惠王因为孟子的显示与警发，"岂能破长夜之幽昏"？结果，叶适最后指出，"自孟子一新机括，后之儒者无不益加讨论，而格心之功既终不验，反手之治亦复难兴，可为永叹矣"！

"公孙丑"条：

此札议论孟子大致在三点。其一是引孟子的"四十不动心"，以批评"近世之学"，即程朱为代表的理学。叶适以为，孟子"四十不动心"，能够"乐其道而忘人之势，不以壮老易其守"的原因，是在于"集义所生，非义袭而取之"。他进一步引孔子"君子有三戒"之语，强调人的生命自始至终基于血气，无血气则无生命，"集义所生"就是"化血气从义理","义理本要调和一身,使蹴趋者能为浩然,耘锄者不为助长"。如"近世之学",则反其道而行之,"摭义理就血气","以不动心、养气为圣贤之难事,孟子之极功,诘论往反,析理精粗",结果到老也未能有成,更谈不上"四十不动心",一遇到出处进退等具体事情,离古人远甚。

其二是分析孟子的以不忍人之心行不忍人之政。叶适指出,孟子的这个观点是针对"战国之人失其本心,无能不忍人者,故著此论";至于现实的政治治理,则"先王之政,则不止为不忍人而发"。叶适强调,"舜、禹未尝不勤心苦力以奉其民,非为民赐也,惧失职耳"。后世因孟子之语,作偏狭之论,将儒家之道内卷为格心之功,这正是叶适所反复争辩的问题。

其三主要是比较孔子与孟子面临出处进退时的果断与迟缓,微讽孟子。

"滕文公"条:

叶适对孟子思想难得有肯定的议论,此札中有两点肯定。一是论"孟子道性善,言必称尧、舜",肯定孟子对政治的自觉担当。叶适讲:"尧、舜,君道也,孔子难言之;其推以与天下共而以行之疾徐先后喻之,明非不可为者,自孟子始也。"宋代士人有与君共治天下的高度自觉,叶适年轻起就以天下为己任,雅意经济自负,他把士人的这种政治自觉归于孟子,无疑是对孟子的一个极大肯定。二是以为孟子"与梁、齐、滕文公论治,最孟子要切处"。叶适以为,孟子的时代,"大抵民不能皆有田而尽力于农,学校废缺而上无教,乃当时之大患,故谆谆言之";同时,赋税问题是国家治理的根本,故孟子亦多论之。这说明,孟子对于国家治理的认识并非全是在格心之功,经世济民的举措同样是认真考量的。叶适指出,诸如田地、学校、赋税这些现实问题,需要根据具体时代而论,后人因为孟子有所议论,或"争论不已",或"违避弗称",结果对于现实问题,"乃茫然无以救此",无益于治道。

"离娄"条:

此篇的数则札记，都是针对《孟子》书中的一些议论而发。叶适重批判意识，好作质疑性评论。有些颇多启发，也自有依据，有些则近乎硬挑毛病。见仁见智，不必一概而论。

"万章"条：

叶适论学，经史并重，经为理义，史为事实，而理义须见诸事实。《六经》在叶适看来，不完全是空言义理，其本身即是古史的记录。"六经皆史"的正式提出虽然晚至清代章学诚，但其思想意识实早已有之，叶适大致也持这样的意识。对于孟子，叶适讲："孟子之论理义至矣，以其无史而空言，或有史不及见而遽言，故其论虽至，而亦人之所未安也。"即孟子所议论，在叶适看来，常常缺乏历史依据，而孔子不是这样的。

"告子"条：

性善是孟子的核心思想，叶适对此唯唯否否。一方面是肯定提出性善的意义。他认为孟子的时代，政治已极度败坏，人们以为人性本是如此，或如告子所讲，可以进行纠正。孟子提出人性本善，其不善是因为政治的败坏，"牧民者之罪，民非有罪也"。因此，孟子的主张直指现实政治的问题，"以此接尧、舜、禹、汤之统"。另一方面是质疑性善论的不准确。叶适引汤、伊尹、孔子之言性，以为"乃言性之正，非止善字所能弘通"。

孟子在《告子》篇中提出的另一个重要思想，就是将心与耳目对立起来，强调心的功能，认为心是"天之所以与我者，先立乎其大者则小者弗能夺也，此为大人而已矣"。叶适对此很不以为然。他引《洪范》而强调，耳目感官与心之思不可偏废，而须相得益彰，唯有如此，才可能"内外交相成"。内外交相成是叶适最重要与最基本的思想，他认为人的一切知识与能力都由此而成，并进而发展与完善，"古人未有不内外交相成而至于圣贤"。孟子独标心的重要，"舍四从一，是谓不知天之所与"。对此，叶适的批评是非常严厉的，他讲："盖以心为官，出孔子之后，以性为善，自孟子始；然后学者尽废古人入德之条目，而专以心性为宗主，致虚意多，实力少，测知广，凝聚狭，而尧、舜以来内外交相成之道废矣。"

卷十五《老子》条：

叶适对于司马迁《史记》中关于老子的史述，以及庄子所述，皆持怀疑态度，以为"二说皆涂引巷授，非有明据"；所谓孔子学礼于老子，叹其犹龙，则是"黄老学者借孔子以重其师之辞也"。至于老子的思想，叶适的基本看法是："盖老子之学，乃昔人之常，至其能尽去谬悠不根之谈，而精于事物之情伪，执其机要以御时变，则他人之为书固莫能及也。"

"一章"条：

《老子》八十一章，叶适的札记或论单章，或合几章而论之，但也并非各章皆论。在首章札记中，叶适以为，老子虽被后世奉为虚无之宗，但所言都是可以加以验证的道理，所论范围从事物的有无之变，到人间的好恶之情，启示人把握其中的机理，从而应对之。如果将老子的思想理解为虚幻不定的东西，那么对老子的思想宗旨就不能把握，只能以浮言澜漫于世。换言之，叶适秉持他对知识的经验主义精神，对老子思想持理性的认识。

"四章"条：

叶适以为四章所言是老子论道而示人最亲切处，其要义是在冲而不盈。人的所为，都会因舒泰而过分，结果引发事物与自己关系的变化，而道的要义在于冲而不盈，故人应该知道谦退。

"五至七章"条：

叶适对老子思想放置于经验的层面上作理解，反对作超经验的论说；如果是作超经验的论说，其实只是一己的主观臆断，无法获得自然的验证。此札开门见山就点明这一点，即"余固谓老子之言有定理可验，至于私其道以自喜，而于言天地则多失之"。此下，叶适杂引《老子》五至七章中所论天地言语，指出"古人言天地之道，莫详于《易》"，而"老子徒以孤意妄为窥测，而其说辄屡变不同"。最后，叶适断言："从古圣贤者畏天敬天；而从老氏者疑天慢天，妄窥而屡变，玩狎而不忌，其不可也必矣。"

"五十三章"条：

最后这则札记对老子论道作一总的论断。叶适指出，老子之论道，

"以盈为冲，以有为无，以柔为刚，以弱为强而已"，这些智慧与修养尧、舜三代之圣不可能不知晓，或不具备。但是，尧、舜三代文明的历史发展过程所表征的儒家之道要远比老子的道丰富而艰难。因此，《老子》的作者绝不可能是周代史官的老聃，而只可能是王道衰阙之际的处士山人；《老子》所言，实是"妄作而不可述，奇言而无所考，学者放而绝之可也"。

卷十六《子华子》"总论"条：

《子华子》旧题周朝程本撰。程本之名见于《孔子家语》，子华子则见于《列子》。程本与子华子是否同一个人，并不清楚。《子华子》一书汉代已亡，南宋始流布，但被疑为伪托。叶适似乎并不在乎《子华子》的真伪，而更在乎程本以及此书的论述，即所谓"盖程子与孔子同时，相从一倾盖之间，所敬惟夫子，其书甚古，而文与今人相近"。事实上，《子华子》也多被认为是颇具理致文彩的子书，故叶适颇多采录而论之，反映了叶适对于知识的理性态度。

卷十七《孔子家语》"总论"条：

《孔子家语》是一部记录孔子及其门弟子思想言行的著作，汉代曾失传，至东汉末王肃自称得之于孔子后人并为之作注后，此书得以广泛流传，但唐代起始疑为伪书，清代以后更成为定论。晚近的考古出土文献表明并不能简单视《孔子家语》为伪书。

叶适对《孔子家语》比较重视。虽然"终不能明其于孔子之言为正伪"，但他仍作了较多的摘录并作了札记，《总论》可以看到叶适的基本观点。他认为，《家语》虽然比不上《论语》的"问对之极"，不如《论语》的"正实"与"切事"，但"孔子周旋当世五六十年，所从之众，问对之多，宜不特《论语》一书而止，则其别为记集以辅世教，如《家语》之类几是也"。这里，叶适还提出了一个重要的思想方法问题，即他表示，他也怀疑《论语》《左传》之外所记录的孔子言行，但并不持简单粗暴的排斥态度；相反，孟子自视甚高，推倒众人，"以孔子为生民所未有而愿学之者，然其于《论语》《左氏》及《家语》之正伪亦未能有别也"。

《孔丛子》"独治"条:

《孔丛子》二十一篇,内容近似于孔子家学案,记述了从战国到东汉中期十几位孔子后代子孙的言语行事,旧题孔子八世孙孔鲋(子鱼)撰。书末另附孔藏写的赋和书,故又别称《连丛》。《孔丛子》的编纂与成书年代,一直就有争论,至今没有定论。

叶适针对此书中的《嘉言》《居卫》《独治》《连丛书》撰有四条札记,从中可以看到,叶适对此书评价不高,认为不仅对于孔子的思想认识有偏差,而且对孔子后代的岁月记载也不可考。但是,叶适并不完全否认此书的学术价值,在《独治》的札记中,他以子鱼与叔孙通的师生关系,试以说明秦汉之际的儒学传承。

三、 剖析秦汉讫于五季以明治乱通变之原

《序目》论史,诸家目录多以为二十五卷,这是从卷十九《史记》到卷四十三《唐书六 五代史》,但按这样的划分,卷十八《战国策》便无从安顿。叶适以为,战国史缺乏史书,而"《战国策》本(司马)迁所凭依,粗有诸国事,读者以岁月验其先后,因之以知得失,或庶几焉"。[①]故《温州经籍志提要》将论《战国策》归入读史部分。[②]叶适剖析历史,充分表征了叶适事功学"欲废后儒之浮论"[③]的学术风格。后人尝以为"水心之才之识,最长于论史事","是书史学二十五卷,往往得水心经济所在";[④]四库馆臣亦云:"论唐史诸条,往往为宋事而发,于治乱通变之原,言之最悉,其识尤未易及。"[⑤]由于史事繁杂,难以细述,故于所涉各史略取数则而偏于思想,以冀得窥斑之效。

[①] 〔南宋〕叶适:《习学记言序目》,中华书局1977年版,第249页。
[②] 《附录·温州经籍志提要》,〔南宋〕叶适:《习学记言序目》,中华书局1977年版,第769页。
[③] 《附录·宋元学案水心学案语》,〔南宋〕叶适:《习学记言序目》,中华书局1977年版,第770页。
[④] 《附录·黄体芳序》,〔南宋〕叶适:《习学记言序目》,中华书局1977年版,第761—762页。
[⑤] 《附录·清四库全书总目提要》,〔南宋〕叶适:《习学记言序目》,中华书局1977年版,第768页。

卷十八《战国策》"刘向序"条：

《战国策》三十三篇，作者不详，名称原亦多种，西汉末年刘向对它进行校订、整理，取名《战国策》。《战国策》体例与《国语》相同，按国编排，但内容主要是战国时游说之士的策谋和言论的汇编。因此，此书不能完全作为史书看，可以作为战国纵横家的材料。它反映的时代是《春秋》之后，始于东周定王十六年（前453）韩、赵、魏三家灭智氏，终于秦二世元年（前209），故又的确是战国的重要史书。叶适《序目》研读史书部分，由此书始。

叶适对刘向序文中关于战国史的论述，以为"大意虽不差，尚浅而未究"。他认为，时势的变化是一个过程，"道德、礼义、学校，自有天地圣人以来共之，非文、武之所独为也，及圣人不作，积以废坏，极于亡秦，而诈伪之弊遂不可复反"，战国之行诈作伪不完全是战国本身的问题。

"总论"条：

在《总论》中，叶适根据"《战国策》国别必列苏、张从横，且载代、厉始末"，推测"其宗苏（秦）氏学者所次辑也"。此外，叶适提出"论世有三道，皆以人心为本"的论断，而人心由止于道德仁义，渐失而最终背心离性，则是一个世变的过程。人类的知识追求应当是"复于人心之所止"，但从历史中需要把握的根本是要认识其世变，而不是流于表象；如果津津乐道于《战国策》中的策谋，则更不应该，当为学之大禁。

卷十九《史记一》"《五帝本纪》"条：

司马迁《史记》作为第一部纪传体通史，在史著中具有崇高地位。叶适对《史记》自然也很重视，分别摘录本纪、表、书、世家、列传等，最后是太史公自序，进行评论。只是叶适从史法到史识，重在批评，提出问题，而不是表彰。

在《五帝本纪》条中，叶适批评司马迁"不择义而务广意"。虽然叶适颇具史识，对古史断自尧、舜，认为是取以文明开化为标准，即所谓"简弃鸿荒"，而不是因为孔子讲的，但他对司马迁"未造古人之深旨，特于百家杂乱之中取其雅驯者而著之"的批评则不免苛责。上古史料缺乏，司马迁穷其可能而述之，其实正是他的贡献。

"《项羽本纪》"条：

叶适指出"古书之于圣贤，皆因事以著其人，未尝以人载事"，而项羽是"盗夺"，《史记》却为他立本纪。由于《项羽本纪》详细记载了他的成学经历，足以让后人了解"古人之材与后世之材何以教，何以成就"，但叶适以为，"上世教法尽废，而亡命草野之人出为雄强。（司马）迁欲以此接周、孔之统纪，恐未可也"，则多少反映出他的历史观的偏颇。

"《高祖本纪》"条：

"述高祖神怪相术，太烦而妄"，叶适极不以为然，认为是"史笔之未精也"。传统史籍中的帝王传记，乃至重要人物的传记，大多有诸如此类的神异化记载，叶适强调，"若舍其德而以异震愚俗，则民之受患者众矣"，他的批评显然是理性而光辉的。

"表"条：

叶适高度重视历史经验的习得，但他并不简单地在古今之间作取舍。他以为，历史中的所有举措，都是据于时势所作出的，后人研习历史，重在由中知其是非得失，了解变化的由来。他讲："明于道者，有是非而无今古。至学之则不然，不深于古，无以见后；不监于后，无以明前；古今并策，道可复兴，圣人之志也。"但他同时指出，对此，"言之易者行之难"。

卷二十《史记二》"自序"条：

《太史公自序》是司马迁自述撰写《史记》的理论依据的重要文章，但叶适以为司马迁依据董仲舒的《公羊》春秋学，存有许多问题，故此札详疏而论之，反映了叶适对汉代儒学的评断。其大意强调，《春秋》只是《六经》之一，不可舍它经而专奉《春秋》，而且《六经》是一个整体，不可自为分别，否则对儒家之道就缺乏系统整体的把握。"学者必学乎孔孟，孔子之言约而尽其义，孟子之言详而义不遗"；董仲舒的《公羊》春秋学，"前后章义俱不尽，杂然漫载；迁之言亦然"。

卷二十一《汉书一》条：

叶适指出，自司马迁《史记》起，上古时期的历史记载方式发生了根本性的改变，班固《汉书》以下不得不别自为法，这便是包举一代的断代史体例。叶适对《汉书》《后汉书》都比较重视，分别有三卷札记。在这则《汉书》的开篇札记中，叶适承认了班固的"别自为法"，并为"汉以来为准点"，但又指出因此而"唐、虞、三代姑泛焉而已"。叶适比较了作为史书的《六经》与后世的史书，指出："古人以德为言，以义为事，言与事至简，而犹不胜德义之多，此《诗》《书》诸经所以虽约而能该贯二千年也。"换言之，班固以下的史书详于言与事，即所谓"世次日月，地名年号，文字工拙，本末纤悉，皆古人所略，而为后世所详"，至于德与义，则反而淹没了。对人类的历史而言，真正的意义在于"德与义"所表征的人类价值系统的确立与发展，"言与事"只不过是历史的陈迹而已。

《汉书》的编纂体例，大体根据《史记》而小有改变，其中最凸显的是改"书"为"志"。《汉书》的"志"不仅比《史记》的"书"更为系统，而且内容也远为扩大，有些完全是独创，如食货、刑法、地理、艺文等志。此为叶适所重视。

卷二十三《汉书三》"列传·董仲舒"条：

"正其谊不谋其利，明其道不计其功。"这是董仲舒的著名论述。此语强调人的行为动机与理据，而不以行为的结果为虑，此属义务论的立场。但人的行为完全脱了行为的结果而论，则所谓动机与理据终亦难以成立。叶适是事功学的集大成者，他自然不认同董仲舒的论断，以为"此语初看极好，细看全疏阔"。他强调，"古人以利与人而不自居其功，故道义光明"，行为的结果是行为的重要依据，只是人不完全以此结果为一己所有，此为根本。事实上，董仲舒此语，思想也近于此，他所谓利与功，也是针对一己而言，只是话一旦成为一种标签，便往往被滥用而失其本义。

卷二十五《后汉书二》"列传·郑玄"条：

宋儒推倒汉唐经学，这是大势，其背后的理据便是以为训义解说不足以把握尧、舜、三代之道。只是，训义解说虽然可能构成一种认识上的间隔，但人终究难以摆脱语言本身，就此而言，叶适也不得不承认孔子言教的必要性与必然性。但在叶适的思想中,孔子之言教,仍是面向生活世界本身的,而郑玄的训义解说,"不过能折衷众俗儒之是非尔,何曾望见圣贤藩墙耶"!

"列传·崔骃"条:

叶适在政治上主张宽政,故对崔寔欲以威刑整肃治理的政论颇为不满。他认为,崔寔所论,针对末世而发,其祸犹小,但这样的政论一旦成立,对后世而言,其祸甚大。

卷二十六《后汉书三》"列传·黄宪"条:

叶适认同对黄宪的肯定,但他着意指出,"观孔子所以许颜子者,皆言其学,不专以质",即他对学的肯定,以为这是"德"的由来。如果只是以质为道,那么就会使老庄之说与孔颜并行。

"总论"条:

《后汉书》是纪传体东汉史,南朝宋范晔撰。司马迁、班固撰《史记》与《汉书》时,虽无史官,但作者与时代相接,采撰有所便利。范晔距东汉亡国已有200多年,因此见闻传说难以获得,但却有前人所撰史书可以采录。尤其是后汉开始有史官,有官修史书《东观汉记》,加之其他各种私人所撰《后汉书》,为范晔撰《后汉书》提供了极大的便利。对此书,叶适的总体论断是"类次齐整,用律精深,但见识有限,体致局弱";此外,范晔在《后汉书》各卷中,多数有论或序,颇多议论,反映了宋、齐以来的文字风格。

卷二十七《魏志》"彭城王据"条:

叶适非常主张人的成长,即德性的培养,要依靠学习,而学习是一个过程。学习的根本是除去那些拖累德性成长的积习,以及对蒙蔽之心的持续启悟,以求通透,即"常虑所以累德而去之,开心所以为塞而通之"。

"和洽"条:

义与利的关系是论学者的重要议题之一,好虚名者容易高标义,以致"以义抑利"。作为事功学的思想家,叶适取"以利和义"的主张,即义与利相协和,离开了利的义只是空言,"勉而行之,必有疲悴"。

"杨阜"条：

论治道，制度与人才是两个要素，而说到底，制度由人制定，人是根本。一世自有一世的人才，而主事者往往以为没有人才，究其实，多是制度设计成为障碍。结果，进入体制内的，因循守旧，"皆愚儒也"；未能进入体制内的，又为不逞之徒。叶适以为，只有能够做到"度内而非愚，度外而非不逞"，才足以真正谈得上人尽其才。

卷二十八《吴志》"吴主权"条：

此札引孙权论魏明帝事，比较魏明帝与孙权的治理，对孙权的统治予以彻底的否定，由中可知叶适的政治思想。叶适指出"（孙）权有地数千里，立国数十年，以力战为强，以独任为能，残民以逞，终无毫发爱利之意，身死而其后不复振"，吴国败亡正缘于孙权的统治。

"总论"条：

《三国志》六十五卷，包括《魏志》三十卷，《蜀志》十五卷，《吴志》二十卷，晋陈寿撰，南朝宋裴松之注。《三国志》有纪、传，无志、表，素以文笔精简而记事翔实著称。叶适对《三国志》评价甚高，以为"笔高处逼司马迁"，"终胜（班）固"。此札中，叶适指出了一件很有意味的事，即由裴《注》可知，陈寿著书时，有许多史料"已尽取而为书矣，《注》之所载，皆寿书之弃余也"。正史修纂都经过了史料的取舍，后人偶见正史中没有记录的史料，即以为是新发现，实际上，这些史料往往是"书之弃余也"。

卷二十九《晋书一》"志·天文"条：

天人感应论在传统中国是一直存在的，只是呈现出渐为淡化的趋势。此则札记，叶适引《左传》，试图说明"先王旧学，天不胜人"，表达了即便是有所应验，人道仍应为重的思想。

"志·职官"条：

传统政治中，君相关系曾有复杂的变化；同时在制度设计中，权力如何分配才能有效，也是极为重要的问题。叶适此则札记便是围绕上述问题而作出的史论，总体而言，权力的分配似应该总是处于调整之中，不然，久则弊病滋生。

卷三十《晋书二》"列传·陶璜"条：

兵是国家重器，销兵在国家是为了让百姓获得休息，但如因此而放松战备，以致祸患，则反让百姓受害。故在叶适看来，如何认识与把握才是其中关键。

"总论"条：

《晋书》共一百三十卷，唐太宗贞观年间修成。自修《晋书》以后，历代正史皆由官修，《晋书》是中国史学史上由私人修史到官府修史的转折。官修正史，署名者主要是领导者，如《晋书》署名是房乔（房玄龄），实际上房玄龄只是以宰相身份领导修书，真正参与修撰的，主要是令狐德棻等十余人。《晋书》在史学史上被认为保存了许多有重要价值的史料，编纂体例也甚有可取之处，令狐德棻等撰者也被认为是老于文学。叶适对《晋书》的取舍，秉承自己一贯的经世济民之志，对历史的成败得失更为重视，而于文字则轻之，故对韩愈"记事者必提其要，纂言者必钩其玄"的读书法仍具微言。

卷三十一《宋书》"帝纪·顺帝"条：

此则札记，叶适由刘宋讲起，下及整个南朝，分析国祚短促的原因在于"君臣上下自富贵娱乐一身之外更无他说"，并予以批评；又穿插讨论古人治理天下的常道在于"肇修人纪以至于有万邦"，指出周、秦以下，此一常道被逐渐破坏的过程。整个议论涉及历朝重要人物，不仅对理解所涉史事人物有启示，而且也有助于认识叶适的政治思想。

"总论"条：

《宋书》一百卷，南朝梁沈约撰，记刘宋60年史事，有纪、传、志，而无表，保存史料较多，八志的内容上溯三代秦汉，魏晋部分尤为详细，但《宋书》叙事多所忌讳，所以叶适说它"事多义少，其后遂为会要矣"，并以为这样的体例能"备一代之故"。

卷三十二《南齐书》"列传·王僧虔"条：

南朝梁萧子显所撰《南齐书》，今存五十九卷，记南齐24年史事。萧子显是齐高帝萧道成的孙子，齐明帝萧鸾杀萧道成子孙殆尽，萧子显时8岁，幸免于难。齐亡入梁，萧子显官至吏部尚书，奉敕撰修南齐史。以前朝帝王子孙修前朝史书，在二十四史中《南齐书》是唯一的。由于萧子显是宫廷政治的亲历者，撰记的是与自己关系非常密切的史事，因此一方面保留了原始史料，另一方面不免夹杂着恩怨。《南齐书》以叙事简洁著称。此则札记综述当时玄学的情况及其兴衰。叶适指出，学术思潮一旦形成，便有自己的兴衰周期，其兴衰既决定于学术思潮的内容，又决定于参与其中的学者的水平。

"列传·张融"条：

叶适的学术思想具有高度的独立批判意识，这则札记便充分表征了他的观念。叶适强调，"人具一性，性具一源，求尽人职，必以圣人为师，师圣人必知其所自得，以见己之所当得者"。

卷三十三《梁书二》"列传·王褒"条：

南朝中的《梁书》《陈书》都是唐初姚思廉在其父姚察的基础上撰成的。《梁书》记梁朝56年史事，《陈书》记陈朝33年史事。姚察与梁、陈二朝都有密切关系，经历了梁、陈二朝的亡国，入隋后奉诏撰梁、陈之史。姚思廉在初唐任职，受诏与魏徵同撰梁、陈二史，但魏徵实是监修，姚思廉完成了父亲的未竟之业。二史是现存记载两朝比较原始的史书，其中《梁书》内容更丰富、文笔也更生动。本条札记述论梁朝士大夫三教兼举的情况。宋儒追求儒学复兴，故叶适有此评论，从中亦可知宋人对韩愈肯定的原因。

"列传·诸夷海南诸国"条：

此札反映了叶适对佛教的认识。叶适曾经专门研读过大量佛教著作，他的总体认识是佛教属于"夷学"，与中国的学术思想迥异，但因各随自己的国情而起，因此对佛教"无足深贬"。叶适曾指出，周敦颐、张载、二程的思想，表面上是兴儒斥佛，实质上只是袭用《易传》中的一些概念，结合了佛教的思想，因此只是"变其道而从夷，而又以其道贬之"，"颠倒流转""不复自知"。

卷三十四《魏书》"帝纪"条：

《魏书》是北齐魏收撰，记北魏道武帝拓拔珪到东、西魏相继灭亡的史事，共170余年。叶适此札讨论政治治理，极有自己的识见。在叶适看来，"华夷地势不同，习俗亦异，统御不一，彼此不安，亦其势然也"。因此，要有效治理，必须各有针对。他举道武帝与孝文帝为例，指出道武帝"纯用胡法控勒诸夏，故最为长久。孝文慨慕华风，力变夷俗，始迁洛邑，根本既虚，随即崩溃"的历史事实，强调"用夏变夷者，圣人之道也；以夷制夏者，夷狄之利也；失其利则衰，反其常则灭"，表征了叶适政治思想中理想而又现实的特性。

"列传·高道穆"条：

永嘉学派重事功，对经济多有心得，此札所论钱币问题就是一例。

"列传·徐遵明"条：

叶适言学极重独立精神与自由意志，故此有"古者师无误，师即心也，心即师也；非师无心，非心无师"的论断。但他"师即心也"并不是弃学，而是相反，他强调习学，只是在习学中须持心的自觉。

卷三十五《北齐书》"列传·陆法和"条：

《北齐书》五十卷，唐李百药撰，记载公元534年前后北魏分裂，东魏建立，中经公元550年北齐代东魏到公元577年北齐亡的40余年史事。在这则札记中，叶适批评"世人舍仁义忠信常道而趋于神怪"。无论个体，还是社群，都存在着难以预料的事件，即所谓无常。如何处身于无常，趋利避害，几乎是所有人追求的，其根本的常道只能是仁义忠信。但世人往往以为仁义忠信不足以为常道，因而趋于神怪，"然神怪终坐视成败存亡，而不能加一毫智巧于其间"。上古时期，人类的生活中充满了怪力乱神，而孔子儒学则敬鬼神而远之，"子不语怪力乱神"。叶适不仅秉承这一理性传统，而且该传统在他的思想中占有重要比重。

《周书》"列传·苏绰"条：

《周书》五十卷，唐令狐德棻撰，记载北周20余年史事。当时的北方，高欢据中原，为北齐；宇文泰据关陇，为北周。双方力量相当，但高欢自以为正统，宇文泰门望不如高欢，文化不如江南，故着意改革。主持这一改革的是苏绰，改革的特点是复古，尤其在官制与文字上，《周书》卷二十三《苏绰传》是有关北周政治史的重要文献。叶适此札高度肯定了苏绰，以为"由晋以后，南北判离，弃华从戎"，因苏绰改革，"至是自北而南，变夷为夏"。

卷三十六《隋书一》"志·律历"条：

《隋书》八十五卷，其中本纪列传五十五卷，唐魏徵等撰，记载隋代37年史事；《五代史志》三十卷，唐长孙无忌等撰，记载梁、陈、周、齐、隋五代的典章制度。隋代虽只有37年，但隋结束了从东晋南北朝以来的长期分裂，实现了国家统一，为后来唐代的发展奠定了基础。对于宋代而言，隋唐五代便是近代史，隋的短暂、唐的长久、五代的混乱，对宋代具有直接的历史意义，因此叶适研读史籍的札记，以隋唐五代为重。此札因《隋书·律历志》所涉阴阳自然观而论，表征了叶适如何认识自然现象，以及对人事与自然之间关系的认识。

卷三十七《隋书二》"经籍志·因《隋史》叙谶纬事"条：

此札可以视为叶适对"谶纬"的基本认识。谶是秦汉间兴起的预示吉凶的隐语，附会在自然现象上，后来衍生为民间社会的求神问卜；纬是汉代附会儒家经义的解释。谶纬之学在传统政治中常被用来干预政治，叶适对此明确斥之，他指出，"古圣人所以为治道者，必能知天人之常理而顺行之"；进而又以鲧治水的失误，分析政治能否依顺自然与人事的常理而施行是"三代"与"汉唐"的根本区分，对谶纬之说作出"起于畏天而成于诬天"的判定。

"列传·儒林"条：

东晋以降，因南北分治，遂有南学与北学的差异，但叶适此札所论颇具只眼。他以为，前人对南北之学的认识，只是表象，而非根本。在他看来，学术的根本在于对道的认知，进而正确表达这样的认知。至于章句注疏，只是形式。也许正是因为叶适秉持这一有关知识的观念，故他的学术思想呈以《序目》的形式，基本上是以问题为导向，通过对经典史籍的研读，阐明自己的思想。

卷三十八《唐书一》"帝纪"条：

叶适读唐五代史札记从卷三十八至四十三，达六卷，所议论者往往从宋代的治理出发，具有很强的现实针对性，这其实也正是叶适治学的重要特征。《唐书》有《新唐书》与《旧唐书》。《旧唐书》是后晋刘昫等撰，修成后未及百年，宋人不满意而重修，由欧阳修、宋祁等撰。自《新唐书》行世，《旧唐书》读者日少，得书亦不易，直到明代才有翻刻宋本流行。但叶适的札记是《新唐书》《旧唐书》都涉及的。关于《新唐书》《旧唐书》的比较，一直有不同的判识。在此条札记中，叶适以《书》《左传》为准，强调史书当以载事为重，载事必具本末。批评《公羊传》"空言主断"，《史记》纪传体又变史法，因人以著其事。指出欧阳修《新唐书》杂用三者，结果做得都不好。这条札记对于理解叶适的论史法很有益。

"帝纪·高祖"条：

叶适是永嘉事功学的集大成者，但什么是"功"，却是首先需要弄清楚的。陈亮与朱熹曾就汉唐帝王的王霸义利有争论，陈亮基本的观点是以效果论英雄。这则札记表明，叶适显然不认同陈亮的观点。叶适讲："如汉高祖、唐太宗，与群盗争攘竞杀，胜者得之，皆为己富贵，何尝有志于民！以人之命相乘除而我收其利，若此者犹可以为功乎？"表明在叶适看来，"功"的内涵应该是有志于民，绝不是单纯以成败论之。

卷三十九《唐书二》"表·宰相世系"条：

唐宋转型的一个重要标志，就是世系望族被散户细民取代，故叶适对于《唐书》所称颂的那些"各修其家法，务以门族相高，其材子贤孙，不殒其世德，或父子相继居相位，或累数世而屡显，或终唐之世不绝"的望族，提出了与时代相适应的看法。他先引孟子的观点，强调所谓世臣，"必常与其国其民之命相关，治乱兴衰之所从出也"，而不只是顾了自家门户的兴盛。他指出，"若夫志不必虑国，行不必及民，但自修饰进取为门户计，子孙相接，世有显宠"，只能算是叔孙豹所讲的"谓之世禄，非不朽也"。

卷四十三《唐书六》"列传·李德裕"条：

叶适对佛老持坚决的否定态度，所据立场主要是在治道的层面。在他看来，佛老各自有一套自圆其说的理论，但与以治道为本的儒家思想风马牛不相及。因此，对于宋儒念念不忘辟佛斥老，叶适以为完全是多余的事；甚至认为表面上在辟佛斥老，实质上是援佛老以乱儒。

"列传·南蛮"条：

叶适以治道为儒家学术思想的中心，其内涵是宽民致利、迁善远罪的社会繁荣，即"古人勤心苦力为民除患致利，迁之善而远其罪，所以成民也，尧、舜、文、武所传以为治也"。如果社会治理只是追求简单粗暴的整齐划一，则虽不难达到，但对于人民而言却不过是桎梏而已。叶适强调，战国至秦，儒家的治道遭到败坏，后世杂霸王而用之，以致往往把申不害、商鞅的法家之术视为有效的治道，这是对儒家治道的错误认识。

《五代史》"梁本纪"条：

《五代史》也有新旧之分。《旧五代史》是北宋薛居正等撰，后散佚，今本是清人所辑。《新五代史》是北宋欧阳修所撰。欧阳修奉命修《唐书》，《新唐书》属于官修；《新五代史》原名《五代史记》，是欧阳修私人所修，为二十四史中自唐朝以后唯一的私修史书。

此条札记虽然是讲梁太祖朱温，但针对的却是宋代的事情。李纲与宗泽都是两宋之际著名的抗金名将，黄潜善则是南宋初年主和的宰相，叶适强调，即便有李纲与宗泽，但如遇黄潜善这样的权相，仍然是无所作为的。

四、折衷子通《文鉴》总述讲学大指

现存《序目》据叶适弟子孙之弘序，是由叶适儿子叶宷"以先志编次"，汪纲锓板刊印的。①另据汪纲跋，知叶适另一弟子林德叟另有一个两帙本："一自《书》《诗》《春秋》三经历代史记迄《五代史》，大抵备史法

---

① 《附录·孙之弘序》，〔南宋〕叶适：《习学记言序目》，中华书局1977年版，第759页。

之醇疵，集时政之得失，所关于世道者甚大；一自《易》《礼》《论》《孟》《五经》诸子讫吕氏《文鉴》，大抵究物理之显微，著文理之盛衰，所关于世教者尤切。"[1]叶适论学，"根柢《六经》，折衷诸子"，对诸子熟读深研，但以为《庄》《列》无益治道，加之晚年精力不济，故《序目》著力于荀、扬、管子与《武经七书》。吕祖谦婺学有"中原文献之传"的称誉，承诏所编《皇朝文鉴》实北宋文化之总汇，时人以为叶适之学足以嗣之，叶适《序目》以此殿后，"总述讲学大指"。

卷四十四《荀子》"劝学"条：

荀子（约前313—前238）作为战国末期的著名思想家，儒家学派的代表人物，对先秦时代的诸子思想有集大成的贡献。荀子提出性恶论，主张隆礼明法，以及制天命而用之的一系列重要观点。荀子的著作在汉代流传较多，但有许多是重复的，经过汉代的整理，定著三十二篇传世。后世儒者论孔孟以后，常常将荀子与汉代扬雄并举，故叶适折衷诸子，首先是对荀、扬二人的著作作了认真的研读与评论。

关于荀子，这里只就这条札记与最后一则"总论"略加讨论。荀子的论述富有逻辑，析理精细，《劝学》是荀子的名篇，但叶适不以为然。叶适认为"道无内外，学则内外交相明"，在别处又称作"内外交相成"，而不是区分知与行，然后以知论学。叶适以为，荀子虽然"比物引类，条端数十，为辞甚苦，然终不能使人知学是何物，但杂举泛称，从此则彼背，外得则内失"。叶适又进而指出，扬雄亦是如此。总之，内外相隔，知行区分，在叶适看来，正是学之不明的根源。

"总论"条：

在这则关于荀子的总论中，叶适作了一个总结性的批评，即"于陋儒专门立见识，隆礼而贬《诗》《书》，为人道之害，又专辨析诸子，无体道之弘心"。这一批评主要包含了两点，一是"隆礼而贬《诗》《书》"，其实质在认为荀子舍弃《六经》所承载的治道，追求表层的制度设计，而依

---

[1] 《附录·汪纲原跋》，〔南宋〕叶适：《习学记言序目》，中华书局1977年版，第762页。

据的理论是性恶论，故"为人道之害"。叶适进一步举例说明，正是由于这样的认识偏差，所以不仅"先王大道，至此散薄，无复淳完"，而且还把孔子"诛少正卯，戮俳优"，视为"孔子之极功"；二是"专辨析诸子"，指荀子论理明晰，在理论上对诸子进行批判，这似乎是有益于对儒家思想的辨明与认识，但在叶适看来，其实是流于言语，不能真正去践行孔子的精神。孔子的精神是"未尝以辞明道，内之所安则为仁，外之所明则为学"，故荀子热衷的"辨析诸子"，其实是"无体道之弘心"。叶适还进一步对于"以辞明道"作了追溯性的认识，指出是由子思所开始，中经孟子，推极于荀子。

《太玄》条：

扬雄（前53—18），汉代著名的文学家与思想家。早年以辞赋著称，后来以为这是雕虫之事，转而研究哲学，仿《论语》而作《法言》，仿《易经》作《太玄》。叶适以为《太玄》一书，"首名以节气起止，赞义以五行胜克，最为此书要会"。但是，此书最终归结为吉凶祸福死生，教人以避就趋舍。同时，叶适强调《易传》中只有《彖》《象》可能是孔子所撰，《十翼》的其他诸篇都不是孔子的，而扬雄与汉代人都笃信《十翼》是孔子作品，加以模仿，并融入汉代的五行、四时、二十四节气等知识，结果在思想上远不如《十翼》。

《法言·吾子》条：

扬雄仿《论语》作《法言》，共十三卷，每卷约语录三十条左右，最后有自序，述说每篇大意，以及概述自己的思想。《法言》的内容很泛，举凡政治、经济、伦理、文学、艺术、科学、历史人物与事件等，均有涉及。扬雄被后世儒家所肯定，与他强调孟子思想，自觉捍卫儒学有关。叶适将荀子与扬雄并重，虽然多有批评，但显然是高度重视的。这里择取两条为例。

《吾子》是《法言》第二卷，扬雄主要讲了两层意思：一是表达了对赋的看法，作为一个著名的赋文学家，扬雄对赋的创作进行了否定；二是尊崇儒家经典，强调要排除诸子的影响，像孟子一样，维护孔子的思想。

叶适在这则札记中，肯定了扬雄对赋的批评，认为尧、舜、三代之文自屈原始变，至扬雄"方知以上更有事"，此"乃雄回转关捩处"。但扬雄欲自拟《法言》为《经》，叶适指出："虽更有孔子，其书亦不得为经也，而况《太玄》《法言》乎！"最后一段就孔子的博与约展开讨论，以为只有颜回有正确的理解，孟子已"渐失孔子之意"，"至雄析见为卓，而失之愈甚矣"。

《法言·问道》条：

道是以形象的路而表达具有普遍合理性的概念，是先秦哲学中最重要的核心概念。《问道》篇是《法言》的第四卷，叶适先引扬雄关于道的回答，然后就道的解释进行辩驳。叶适强调，道是唯一的，因此，"以道为止"。这意味着，道与人的生活不可分离。如果以道为始，叶适认为这是子思、孟子的观点；或如果以道为通，这是扬雄的观点，那么道就可能与人的生活是分离的，其结果便引导人于生活之外别求所谓的道；这样，对道的追求，开始尚只是小小的差异，但久之便有南辕北辙的结局，即所谓"其初不毫忽，而其流有越南、燕北之远矣"。

卷四十五《管子》条：

《管子》是托名于春秋齐国政治家、思想家管仲的著作，原有八十六篇，今本存七十六篇。由于管仲是杰出的政治家，因此《管子》一书也被后来的人视为先秦时期政治家治国平天下的经典。但叶适讲："《管子》非一人之笔，亦非一时之书，莫知谁所为；以其言毛嫱、西施、吴王好剑推之，当是春秋末年。"总览《管子》全书，内容很庞杂，几乎包括了先秦各家的思想，而以道家与法家为重。叶适对管仲评价甚高，但对《管子》一书多有批评，他在摘录《管子》诸篇的各条札记中，基于他的摘录，凡近于儒家思想的，则予以肯定，批评处多属道家与法家的观点。叶适指出，由于此书托名于管仲，故后世论治道者，基于此书发挥引申，极大地损害了儒家治道的正确理解，使法家思想得以张目，更使百姓蒙受祸害，即所谓"山林处士，妄意窥测，借以自名，王术始变，而后世信之转相疏剔，幽蹊曲径遂与道绝；而此书方为申、韩之先驱，鞅、斯之初觉，民罹其祸而不蒙其福也"。

卷四十六《孙子》条：

《序目》卷四十六是关于《武经七书》的札记。《武经七书》是北宋时朝廷颁行的兵法丛书，由《孙子兵法》《吴子兵法》《司马法》《六韬》《三略》《尉缭子》《唐太宗李卫公问对》七部著作汇编而成，基本包括了北宋以前主要的军事著作，属于兵家。叶适根柢《六经》，折衷诸子，他本人对抗金北伐始终关心，故《武经七书》也自然属于他研读的组成部分。

《孙子兵法》十三篇是最早也是最著名的兵家著作。孙武是春秋末期齐国人，由齐流亡到吴国，辅助吴王治军。《孙子兵法》是孙武晋见吴王阖闾时已完成的著作，孙武在吴国的经验进一步使之补充完善。汉初，《孙子兵法》十三篇是独立而完整的，但后来又有了八十二篇的记载。恢复十三篇是东汉末年曹操完成的工作，其余八十余篇唐以后失传。叶适此条札记对于孙武与《孙子兵法》都表示怀疑，他推定《孙子兵法》只是"春秋末、战国初山林处士所为，其言得用于吴者，其徒夸大之说也"。因此，他对《孙子兵法》总体上是评价不高的，在具体的札记中，主要也是持批评意见。在《孙子》札记的最后，叶适讲："司马迁谓世所称师旅多道《孙子》十三篇。始管子、申、韩之学行于战国、秦、汉，而是书独为言兵之宗。及董仲舒、刘向修明孔氏，其说皆已黜，而是书犹杰然尊奉逮今，又将传之至于无穷，此文武所以卒为二涂也。悲夫甚哉！"可以说是叶适对《孙子兵法》的论定。

《吴子·图国》条：

《吴子》即《吴子兵法》，相传是战国初期吴起所著，战国末年已流传。吴起是卫国人，一生历仕鲁、魏、楚三国，在内政与军事上都有很高的成就，他的兵家思想融合了儒家与法家，主张内修文德，外治武备。《吴子兵法》汉代称四十八篇，但唐代都记载为一卷，今本分上、下两卷，共《图国》《料敌》《治兵》《论将》《应变》《励志》六篇。

叶适的札记涉及《图国》《治兵》《论将》，三则札记都是摘录原文，然后简单下一评语。在《图国》札记中，叶适的摘录反映了他对吴起的分类法显然是肯定的,这其实也是吴起兵法强调"以治为胜"的重要基础,但叶适最后的评语"屠城、决围非是",非常明确而清楚地表明,他对吴起兵家的肯定只是在战术与技术的层面,而在思想与价值的层面是否定的。从下面《治兵》的评语"按孙子言将事太深远,不若此之切近",以及《论将》的评语"按《孙子》《军形》《兵势》《虚实》《军争》《九变》诸篇,微妙入神。然起此语简直明白,无智愚高下皆可用,用而必验,则过之矣",同样可以看到叶适是在战术与技术层面对《吴子兵法》作肯定,而且在这个意义上,叶适对《吴子兵法》的评价要高于《孙子兵法》。

《司马法》条:

《司马法》大约成书于战国初期。据《史记·司马穰苴列传》,齐威王使大夫追论古者司马兵法而附穰苴于其中,故称《司马穰苴兵法》。另外,司马迁在《太史公自序》中还讲到,《司马法》一直为人所尊崇。《司马法》并非一人所撰,而是在夏、商历代掌兵的司马编纂的基础上,最后由周朝的首任司马姜太公初编成书,又经后人增补完成的。在《汉书·艺文志》中,《司马法》共一百五十五篇,至《隋书·经籍志》时仅存三卷五篇,即今本原型。司马迁对《司马法》评价很高,即叶适所引述的"司马兵法闳廓深远,虽三代征伐未能竟其义",但叶适对此深表怀疑。在这则札记中,他摘引了二三句,以为"不成语"或"尤不成语"。总体上,叶适以为后世儒生学士没有从根本上领会儒家之道,因而也不能积学以成德,只是借名于兵,结果"漫漶弛靡无所归宿"。

《六韬》条:

《六韬》又称《太公六韬》《太公兵法》。《汉书·艺文志》曾有著录"《太公》二百三十七篇,其中《谋》八十一篇,《言》七十一篇,《兵》八十五篇";《隋书·经籍志》收录此书,题"周文王师姜望撰"。姜望即姜太公吕望。全书以太公与文王、武王对话形式编成,分文韬、武韬、龙韬、虎韬、豹韬、犬韬六卷。南宋始,此书被疑为伪书。1972年,山东临沂银雀山汉墓出土与《六韬》有关的竹简,证明此书至少在西汉已流传。现一般认为此书成于战国时代。

叶适相信文王遇太公望之史事，但可惜记载阙略，只有《诗》与《左传》有一些零星记载。至于《六韬》，叶适认为是"兵家窃借以为书"，内容"阴谲狭陋"。所撰两条札记，一条综论《龙韬》至《犬韬》，说明是对孙子、吴起，包括先秦诸子有关思想的混合；另一条专论《虎韬》中的《军用》篇，对其内容质疑。

《三略·上略》条：

《三略》，又称《黄石公三略》，相传作者是汉初隐士黄石公，《史记·留侯世家》中记载的张良遇见黄石公授兵书，就是讲此事。实际上，《三略》不早于西汉中期，它是后人在吸收先秦兵家思想的基础上，总结秦与汉初的政治与军事，假托前人名义编纂而成的。《三略》分上略、中略、下略三部分，主要讲战略，尤侧重政略。叶适的札记仅涉上略与中略。

此札从"将礼"二字切入，指出"礼"的本义在"有所别异"，而兵家所讲的军礼在求同，实是兵家自创，与《周官》讲的"军礼"不吻合。但叶适同时说明，兵家提出"将礼"，"亦不可谓不得古人之意"。只是"后世及今，讹谬相传，为将者不言礼而皆言威"；"其有能吊死哀伤，同士卒甘苦，则又以为恩而不复言礼"。结果，使得原本是"将之本"的礼，与"将之末"的威，本末倒置，恩则成为威之余；士兵对于长官，"惟威是必，无敢希恩"，更谈不上"将礼"。

《三略·中略》条：

"使智使勇，使贪使愚"是《三略·中略》引述古书《军势》中的话，以阐述《中略》所关注的用人问题，核心是强调权变，用人所长，志在取胜，即叶适所谓"师必以功，无不可使，惟其胜而已"。叶适对《武经七书》的评价总体上都不高，原因不在于战术或技术，而在于兵家没有正义的观念，"惟其胜而已"。叶适以为，如果兵家"惟其胜而已"的价值观成立，那么其后患便不可止。

《尉缭子·制谈》条：

《尉缭子》传世本共五卷二十四篇，此书的作者、成书年代，以及属于兵家或杂家，一直都存有争议。宋代将它收入《武经七书》，表明在宋人看来，它主要属于兵家。《隋书·经籍志》注称作者是梁惠王时的尉缭，但也有学者以为是秦始皇时人。1972年，山东临沂银雀山汉墓出土《尉缭子》残篇，表明此书在西汉已流传，故一般现认为成书于战国时期。叶适的札记只涉及二十四篇中的《制谈》与《武议》篇。

在《武经七书》中，叶适最认可的是吴起，认为吴起的军事思想切近而简直明白。此则因《尉缭子·制谈》而引述吴起语，"要在强兵，破游说之言纵横者"。叶适以为，兵家著作喜欢在谋略上动脑筋，但"世固自有常势，士已无特出之智，所恃者以前代成败自考质，或能警省尔"。如果不能从历史中吸取经验教训，认清世之常势，那么历史只是徒增眩惑；至于专谈权谋计略的兵书，"则腐陋不足采听尤甚矣"。

《尉缭子·武议》条：

《孙子》是兵家的代表，但叶适并不以为然，而是批评甚多。此札引尉缭子之语，批评《孙子》强调"计虏掠之多少"。进而指出，天下名为禁暴除患者，其实往往不过盗贼自居。这也是叶适对喜谈兵法的兵家之不以为然的原因。

《唐太宗李卫公问对》条：

李卫公是李靖。《唐太宗李靖问对》，简称《唐李问对》，共三卷，因以李世民与李靖一问一答的形式写成而得名。此书的真伪一直存有争议，但所涉军政问题则是有意义的。卷上主要论述军事理论中的奇正问题，以及其他阵法、兵法、军队编制等；卷中主要论述戍边、训练军队等问题；卷下主要论述重刑峻法与胜负关系、御将、阴阳术数等问题。叶适择取自己关心的议题，结合史事，进行了讨论。

"孙之弘附记"条：

叶适讨论诸子的札记是他的事功学思想的重要组成部分。孙之弘这则附记说明了叶适讨论诸子没有涉及《庄》《列》《文中子》的原因。从孙之弘所引叶适信中所言，大抵可以看到，《庄子》《列子》是道家名著，叶适虽熟读，但没有专门讨论，一则是所涉甚广，难以简单处理，晚年精力恐亦不济，再则也是觉得不值得去处理，即所谓"因思向前有多少聪明豪杰之士，向渠蘁瓮里淹杀，可邻！可邻！"可邻，便是可怜之意。至于《文中子》，这是隋唐之际的儒家王通的著作，颇受宋人重视，但叶适没有太关注。

卷四十七《皇朝文鉴一》"周必大序"条：

《皇朝文鉴》又称《宋文鉴》，共一百五十卷，是南宋吕祖谦奉宋孝宗之命编选的文集，共收北宋文集达八百家。古人所称的"文学"，内涵要比今天的文学宽泛许多，属于孔门德行、言语、政事、文学四教之一。《皇朝文鉴》所收文章，从赋、诗、骚等比较单纯的文学，到诏、敕、册、诰、奏疏等纯政书类文书，涵盖了当时所有的文体，内容则政治、经济、文化、军事、技艺等无所不包，正如札记所讲，"以道为治，而文出于其中"。一代的文章总汇足以表征一代的兴衰存亡，而选文的宗旨则如孝宗所谕，"专取有益治道者"，故取名《文鉴》，如《资治通鉴》一样，"以文为鉴"，可以"资治"。

吕祖谦（1137—1181），字伯恭，浙江金华人，学者称东莱先生。吕祖谦在南宋初中期的学术思想史上与朱熹、张栻并称。朱熹尝认为吕学合永嘉陈傅良与永康陈亮二人学术于一，是浙学的代表人物；吕祖谦去世后，浙学中人认为叶适足以传承吕学。《序目》以《皇朝文鉴》殿后，表明叶适有继承吕学之意。周必大是南宋重要的政治家与文学家，承诏为序，但叶适以为，周序对北宋一代的文章梳理简单地套以年代，"均年析号各擅其美"，并不成立，而对王安石改革、二程倡言道学的危害也没有指出，整个序文"无一词不谄"，不足以论。

卷四十九《皇朝文鉴三》"序·因范育序《正蒙》，遂总述讲学大指"条：

这则札记，叶适自称"总述讲学大指"，足以说明它是叶适思想的大纲，非常重要，前注已言及，牟宗三于《心体与性体》中专辟一章讨论。这个"讲学大指"分几层：

第一层是从尧讲到周公。主要是对儒家之道作了"唐虞三代之道"的概括与描述，也就是对儒家的基本内容与根本精神作了历史性的阐述。通过这一历史性阐述，叶适说明儒家之道就是华夏文明形成与演化的历程，这一文明涵盖了从物质生活到制度安排，从社会伦常到精神世界的全部，它是在历史中逐渐演化而完善的。

第二层是讲孔子。这层文字虽然很少，但却是叶适思想中的关键。叶适以为，在孔子的时代，发展到周公的华夏文明遭到了毁灭性的破坏，孔子删修《六经》，使华夏文明得以传承下来。叶适的这一阐述，表彰了孔子有传道的贡献，但对于孔子思想的创造性贡献轻易地遮蔽了。即便如此，叶适对于孔子删修《六经》，也依然持有疑问；同时，他对于孔子思想本身，也指出了文献中的问题。

第三层是从孔子殁讲到孟子。叶适围绕着宋儒所认同的孔子传曾子、曾子传子思、子思传孟子的思想脉络，辩驳这一传承脉络在事实与思想两方面的不可靠性。在事实方面，主要是质疑曾子对孔子的传承，从而切断这一脉络；在思想方面，主要是指出曾子、子思、孟子的思想虽然自有创发，但在精神宗旨上是与孔子思想有根本分歧的，从而否定这一脉络。

第四层是其余部分。叶适着重指出入宋以后，儒者依托《易传》，重构儒学，以此来攻驳佛教，但实质上是援佛入儒，既不足以真正攻倒佛教，也未能真正阐扬儒家之道。为了阐明这点，叶适对于孔子是《易传》作者的真实可靠性提出了疑问，予以否定。最后则对佛教本身阐发了自己的认识，指出佛教与儒家的根本区别。

从"总述讲学大指"，既可以看到叶适关于儒家之道的基本认识，也可以看到叶适《序目》具有非常强烈的针对性。《序目》并不是单纯的读书札记，而是叶适思想的系统表达，他的表达是针对着宋代儒学的主流，即程朱理学与陆九渊心学而展开的。叶适以为，陆九渊心学以心通性达为学，虽自以为接续孟子，但其实近乎废弃知识学问，其不足取而不足以论；程朱理学强调格物穷理，对于知识学问高度重视，故叶适的批判主要针对程朱理学。在叶适看来，程朱理学虽重学，但将学自限于从曾子、子思、孟子的脉络，依托《易传》来展开，其实质是引佛入儒，不仅背离了孔子思想的精神，而且更把儒家之道的丰富性遮蔽了，使得呈现广阔的整个生活世界的儒家之道抽象成虚幻的形而上学，并内卷为狭窄的心性之学。整个《序目》就是要通过以往全部知识的重新学习，彰显儒家之道的丰富性与广阔性。

卷五十《皇朝文鉴四》"总论"条：

叶适在此《总论》中，先说明《皇朝文鉴》足以表征北宋一朝的治道，即所谓"盖一代之统纪略具焉"，同时以为由此可以理解吕祖谦的学术思想，即"欲明吕氏之学者，宜于此求之矣"。然后借陈亮祭文，对孔子儒学的后世传承作评判，推尊吕祖谦。北宋学术思想大略可分二程性理、三苏文章、荆公新学，吕祖谦的学术思想有合北宋三派于一体的气象，只可惜年未满五十而逝。当时浙学中人以为叶适之学足以嗣吕学，叶适因札记《皇朝文鉴》而追记此故事。以《序目》而论，可以断言，叶适的学术思想呈现于从《六经》至《皇朝文鉴》的整个经史子集研读札记中，其视野气象已溢出吕祖谦《皇朝文鉴》所涵盖的北宋一代之学术思想，其识见论断也足以表征晚年叶适的卓绝独特已自成系统而超越吕氏婺学了。

（原载《学术界》2021年第9期）

后　记

　　起初，浙江人民出版社的同志示知有"知宋"丛书的出版计划，由包伟民教授主持，其中《知宋：宋学》一册嘱我选编，后定名《知宋·宋代之儒学》。"宋学"与"宋代的儒学"是不相同却易混用的指称。宋学是传统中国学术思想史的一种范式，与汉学相对，宋代的儒学则是一个断代的概念。由于宋学完型于宋代，宋代的儒学是宋学的典型，因此常常用"宋学"来简称"宋代的儒学"。今书名定为《知宋·宋代之儒学》，限定于断代，但因所收论文涉及"宋学"概念的使用，特作说明。

　　是编原定目标是通过这一文集窥知百年宋学研究的全貌，但经过文献调查，三思而确认自己既无此能力，亦无此兴趣。无能力，盖因百年来正是现代中国学术全面取代传统中国学术的历史阶段，无论是对于宋代的儒学，还是宋学，研究成果汗牛充栋，海内外名家众多，要于20余万字的论文选编集反映这一领域的整个学术史，断非能力所及。无兴趣，则因思想与经济、制度等史事有所不同，后者或可秉持科学的治史观念，获得一客观的认知，但前者无论是对象，还是研究，都是一主观的认知，个人旨趣构成了难以抹去的底色，故与其借客观之名以售主观之实，不如据实而行。

　　"知宋"丛书由包老师主编。包老师是徐规教授（1920—2010）的硕士，邓广铭教授（1907—1998）的博士，我第一次随徐先生参加宋史研讨会即与包老师住一起，得他照顾，《宋学：认知的对象与维度》亦是包老师当年嘱我撰写的，今以之代为是编导言，良有以也。整个文集的选编原则，一是海外研究一概不选，二是国内研究只选我的老师及其相关二三前辈的论著，加之我自己几篇拙稿，分为上、下两编。上编依年齿，首选了邓先生的《略说宋学》，邓先生是我的硕士生导师之一陈植锷教授（1947—1994）的博士生导师。再选了徐先生论述陈傅良与叶适的两篇论文，前者发表于1947年，后者初稿于1963年，改定发表于1989年，以见徐先生对故乡之学的专注。我与陈植锷老师都不是徐先生体制内的学生，但我因世谊，陈老师因乡谊，都是徐先生的门生。徐先生不仅是引我进入学术的启蒙老师，而且在宋学研究中具体指导我从永嘉学派入手，并带我参加宋史年会，引我加入宋史学会。徐先生是王禹偁专家，著有《王禹偁事迹著作编年》（中国社会科学出版社1982年版），陈老师的论文《试论王禹偁与宋初诗风》（《中国社会科学》1982年第2期）便是在徐师的指导下写成的，陈老师的博士论文《北宋文化史述论》（中国社会科学出版社1992年版）的清样亦是请徐师审校全稿的。然后是选了陈植锷老师通论宋学及其精神的两篇论文。三位前辈老师关于宋学的论著颇多，因已故，故所选全是我的主观。最后是陈来教授与王瑞来教授各一篇，他们分别是陈植锷老师的博士生学长、本科生同学，与陈老师既为学侣，又多年指点与帮助我，只是他俩都是著述宏富，我实不知如何选，故请他们自荐一篇。陈来教授选了他的代表作《朱子哲学研究》中专论朱子与李延平一章，真是甚合是编专重师承之意。王瑞来教授选了讨论江南儒学的新作，则是对我近年工作支持的表征。在此一并谢过。如果上编是"师说部分"，那么下编可谓是"续貂部分"，收入了我最近几年分析宋学初兴时的胡瑗湖学与宋学完型时的朱子理学、象山心学、水心事功学的四篇拙稿。"上编"一仍其旧，以见原貌；"下编"统一格式，略作技术处理。

虽然是编纯为一主观性的选编文集，但我仍然希望能引导读者对宋代儒学获得一个兼具宏观与微观的认知。若能进一步引导读者进入宋代儒学，体会到宋代儒学"学统四起"的精神自觉，并进而认同这样的精神自觉正是古今中外思想丰富多样性的动力与保证，则幸莫大矣。

何　俊

癸卯元宵后一日于雉城